Misión Mundial
EL PUEBLO DE DIOS
EN SU PLAN GLOBAL

Edición Hispanoamericana

Jonatán P. Lewis

Edición basada en

Misión Mundial: Propósito y plan de Dios, 4a edición

Copyright © 2015 Jonatán P. Lewis

All rights reserved.

ISBN-10: 1516977645

ISBN-13: 978-1516977642

ÍNDICE

	Prefacio	iv
	Instrucciones Generales	vi
Lección 1	Misión, la base de la Biblia	7
Lección 2	¿Están perdidos?	17
Lección 3	La historia de su gloria	25
Lección 4	¿Qué quiere Dios?	35
Lección 5	La responsabilidad de Israel	43
Lección 6	La respuesta de Israel	53
Lección 7	Venga tu reino	63
Lección 8	Cristo y el reino	71
Lección 9	Los discípulos y el reino	79
Lección 10	El mandato supremo	89
Lección 11	El ministerio apostólico de Pablo	101
Lección 12	El objetivo de la misión	111
Lección 13	Las diez épocas	121
Lección 14	Expansión cristiana	131
Lección 15	El movimiento misionero protestante	139
Lección 16	Misiones hacia América Latina	147
Lección 17	De campo misionero a fuerza misionera	157
Lección 18	Ocupándonos en la tarea	167
Lección 19	El llamado y la formación del misionero	177
Lección 20	La iglesia local y las misiones	187

PREFACIO

Esta edición está dirigida a las iglesias hispanoamericanas en todas las localidades donde se encuentran. Créalo o no, las iglesias locales son la clave para la evangelización mundial. Ellas son los semilleros de los misioneros y nutren todo el emprendimiento misionero. También tienen el rol de proveer intercesión constante y efectiva por la extensión del Evangelio no solo en su localidad, sino a todas las naciones, y de sustentar la obra con sus finanzas.

Lamentablemente, muchísimas iglesias ignoran su responsabilidad en la evangelización mundial o se quedan al margen por sus temores y propia ignorancia del tema. Se pierden la bendición de ser parte de la gran comisión de Cristo y el galardón que les espera a los que obedecen el mandato. Sin duda, la misión bíblica de Dios merece ser estudiada en la iglesia como tema preferido ya que nos muestra el propósito de Dios con ella. Es un tema vital para su propio bienestar y salud.

Misión Mundial: El pueblo de Dios en su plan global, ofrece una herramienta para levantar el espíritu misionero en las iglesias y guiarla en el desarrollo de la obra misionera. Está diseñado para estudiar en grupos pequeños que puedan profundizar sus temas sin necesitar un maestro que les enseñe. Guiado por un facilitador, el grupo delibera las preguntas intercaladas en el texto y este ejercicio estimula el aprendizaje del grupo. El estudio proveerá orientación al ministerio e impulsará la acción misionera desde nuestras iglesias en su esfera local y a todo el mundo. Nuestra oración es que Dios utilice este curso para despertar a miles de iglesias y empoderarlas para participar en las misiones mundiales a través de ministerios intencionales, bien organizados para su realización.

—Jonatán P. Lewis, EDITOR GENERAL
Agosto, 2015

DEDICATORIA

A mi amigo y mentor, Federico Bertuzzi, con quien publicamos la primera edición de Misión Mundial hace tantos años. Gracias Federico por tu largo compromiso con la difusión de la visión y por tu servicio como movilizador en la Argentina y como misionero al otro lado del charco.

RECONOCIMIENTOS

Misión Mundial: El pueblo de Dios en su plan global, es una nueva edición del material que se ha publicado en años pasados en los tomos de *Misión Mundial: un análisis del movimiento cristiano mundial.* El material de las primeras ediciones fue mayormente traducido del libro en inglés *Perspectives on the World Christian Movement* (Winter R. y Hawthorne, S., William Carey Library, Pasadena, CA) y adaptado para un público latinoamericano. Su primera impresión fue en 1986 en la Argentina y luego distribuida durante el proceso del primer Congreso Misionero Iberoamericano realizado en San Pablo, Brasil, en noviembre de 1987. Su segunda edición fue publicada por UNILIT en 1991, y la tercera edición vio la luz en forma digital en 2006.

La edición Hispanoamericana se prepara para su impresión por demanda y utilización por los E-lectores como Kindle. Sigue siendo un valioso recurso para grupos de estudio, tanto en instituciones de educación teológica como también grupos informales de estudio inductivo en iglesias. Se ofrece capacitación y apoyo para los facilitadores del curso, que puede recibirse a través de www.goglobalnet.org/cursos.

INSTRUCCIONES GENERALES

Misión Mundial: El pueblo de Dios en su plan global, es una obra que puede ser utilizada por grupos de estudio en ambientes formales o informales. La obra examina las raíces de la misión, su origen y su desarrollo a través de los tiempos, como también el estado actual de la evangelización mundial y como implementar un plan de trabajo en la iglesia local.

El presente tomo contiene veinte lecciones. Las lecciones contienen artículos —o extractos— escritos por destacados misionólogos y eruditos de la Biblia. Las introducciones y resúmenes de cada lección proporcionan cohesión al material. Las preguntas intercaladas en el material guían al estudiante en la retención de los conceptos más importantes y forman una parte de la interacción con su grupo de estudio.

Cada lección termina con dos actividades. La primera, «Tarea integral», contiene preguntas o trabajos que ayudan al estudiante a procesar la información y fijar los temas importantes en su mente. Estas tareas lo desafían a la investigación y al desarrollo de su habilidad para comunicar lo que está aprendiendo. Los grupos de estudio informales deberán usar estas tareas como material de aprendizaje que realizan en conjunto. La segunda actividad, «Para reflexionar», hace énfasis en cuestiones personales provocadas por los temas estudiados. Recomendamos que cada estudiante escriba sus pensamientos como una memoria de cómo Dios le está hablando.

Dios los bendiga grandemente al realizar este estudio. Deseamos que el Señor de la mies despierte vocación misionera en sus corazones, y en el corazón del sus iglesias.

Jonatán P. Lewis

Lección 1
Misión, la base de la Biblia

«De tal manera amó Dios al mundo... » (Juan 3.16)

Introducción

El mensaje de Juan 3.16 es tan sencillo que hasta un niño lo puede entender, pero tan profundo que aun los teólogos más sabios continuarán explorando sus implicaciones hasta el fin del mundo.

Muchos hemos experimentado personalmente la salvación que Dios nos ofrece por medio de su hijo Jesucristo. Pero, ¿hemos empezado a comprender el amor del Padre hacia toda la humanidad? ¿Hemos entendido que el Padre verdaderamente ama a todo el mundo? En el cumplimiento de sus propósitos, Él creó al hombre, lo colocó en un paraíso y se regocijó con él en un compañerismo perfecto. Sin embargo, el hombre eligió frustrar esa camaradería cuando se rebeló contra Dios. Él le pudo haber destruido pero, conforme a su propósito divino, inició un plan para salvar a todos los descendientes de Adán y Eva que aceptaran su redención. Denominamos a ese plan de Dios Misión Mundial.

En esta lección consideraremos nuestra fuente principal de información acerca de la misión redentora de Dios.

La misión de Dios: cimiento de la Biblia

La mayoría de los cristianos cree que se puede encontrar bases bíblicas para la obra misionera. Pero la verdad es que la misión redentora de Dios es la razón por la cual existe la Biblia. Si Dios no hubiera propuesto redimir a la humanidad, la revelación divina hubiera sido muy distinta. Porque, aparte de esta misión, no hubiera existido la historia del pueblo de Dios que se encuentra en el Antiguo y el Nuevo Testamento, ni tampoco la vida y obra de Jesucristo, el Mesías. La única revelación hubiera sido la de la creación, la rebelión y pecado del hombre, y de su muerte y juicio.

Gracias a Dios, ¡Él propuso redimir a la humanidad! La Biblia es la historia de esta misión mundial y de los medios que Él ha provisto para la salvación humana. La redención de toda la humanidad es el propósito de Dios, y su pueblo está muy involucrado en su plan liberador. La evangelización no es solamente una actividad buena, sino que es asociarse con Dios en sus propósitos divinos. Es aunarse a la visión de la profecía de Apocalipsis 11.15: «Los reinos del mundo han venido a ser de nuestro Señor y de su Cristo; y Él reinará por los siglos de los siglos».

El manual para la misión

La misión de Dios es el cimiento de la Biblia y por lo tanto, lo que nos revela desde sus primeros capítulos hasta los últimos, nos provee una amplia base para conocer esta misión e involucrarnos en ella. En el siguiente artículo el profesor John R. Stott nos ayuda a entender el papel de la Biblia en el cumplimiento de la misión mundial de Dios.

La Biblia en la evangelización mundial

John R. Stott[1]

Sin la Biblia la evangelización del mundo sería no sólo imposible, sino realmente inconcebible. La Biblia es la que pone sobre nosotros la responsabilidad de evangelizar el mundo, nos da un mensaje para proclamar, nos dice cómo proclamarlo y nos asegura el poder de Dios para la salvación de todo hombre perdido. Además, es un hecho histórico notorio, tanto pasado como presente, que el grado de compromiso de la iglesia con la obra de la evangelización mundial está estrechamente ligado con su grado de convicción en cuanto a la autoridad de la Biblia. Cuando los cristianos dejan de tener confianza en la Biblia también pierden su celo por la evangelización. Igualmente, cuando existe en ellos una convicción en cuanto a la autoridad de la Biblia, crece su deseo y responsabilidad por la difusión de su mensaje. Permítame desarrollar cuatro razones porque la Biblia es indispensable a la evangelización mundial.

1. ¿Por qué es fundamental para las misiones tener la plena confianza de que la Biblia es la Palabra de Dios?

El mandato para la evangelización mundial

Primeramente, la Biblia nos da el mandato de evangelizar al mundo lo realmente es una necesidad hoy en día. Existen dos fenómenos que avanzan continuamente en todas partes: el fanatismo y el pluralismo religioso. El fanatismo despliega una clase de celo irracional que, si pudiera hacerlo, utilizaría la fuerza para obligar a creer y erradicar (si pudieran) la incredulidad. Por otro lado, el pluralismo («todas las religiones nos llevan a Dios») alienta una tendencia totalmente contraria.

Siempre que se presenta el espíritu de fanatismo o su contraparte, el de indiferencia, la evangelización mundial se resiente amargamente. Por un lado, para los fanáticos religiosos, el evangelio representa un rival al cual rehúsan tolerar y por otro lado, los pluralistas, rechazan las afirmaciones exclusivas del evangelio. Al evangelista cristiano se lo ve como a alguien que anda metiéndose en los asuntos personales de los demás.

A la luz de dicha oposición necesitamos ser específicos acerca del mandato que nos da la Biblia. No se trata solamente de la Gran Comisión (con toda su importancia), sino de toda la revelación bíblica. Permítasenos exponerlo brevemente.

Existe un solo y verdadero Dios viviente, Creador del universo, el Señor de las naciones y Dios de los espíritus de todos los seres vivientes. Hace aproximadamente 4.000 años Dios

---

[1] Stott, John R: adaptado de una plenaria presentada en la *Consulta sobre la evangelización mundial*, Pattaya, Tailandia, junio de 1980. Traducido con permiso.

llamó a Abraham e hizo un pacto con él, prometiéndole su bendición no sólo a él, sino en la posteridad, a todas las familias de la tierra (Génesis 12.1-4). Dicho texto bíblico es una de las piedras fundamentales de la misionología cristiana porque los descendientes de Abraham (a través de quien son benditas todas las naciones de la tierra) son de Cristo y el pueblo de Cristo. Ahora bien, si por fe somos de Cristo, somos también hijos espirituales de Abraham y tenemos una responsabilidad para con toda la humanidad. Los profetas del Antiguo Testamento advirtieron que Dios iba a hacer de su Cristo el Heredero y la Luz de todas las naciones (Salmos 2.8; Isaías 42.6; 49.6).

2. Según Stott, ¿qué "heredamos" por ser hijos espirituales de Abraham?

Así que, cuando Cristo vino, dichas promesas nos fueron endosadas en Él. Es cierto que durante su ministerio terrenal estuvo restringido a «las ovejas perdidas de la casa de Israel» (Mateo 10.6; 15.24), pero también profetizó que «vendrán muchos del oriente y del occidente y se sentarán con Abraham e Isaac y Jacob en el reino de los cielos» (Mateo 8.11; Lucas 13.29). Además, después de su resurrección y antes de su ascensión, Jesús declaró: «toda potestad me es dada en el cielo y en la tierra» (Mateo 28.18). Fue como consecuencia de esta potestad universal que Él mandó a sus seguidores que hicieran discípulos de todas las naciones, bautizándolos como iniciación a su nueva forma de vida y transmitiéndoles todas sus enseñanzas (Mateo 28.19).

Y fue así que, cuando el Espíritu de verdad y poder cayó sobre los primeros cristianos, éstos comenzaron a cumplir con aquel mandato. Se hicieron testigos de Cristo hasta lo último de la tierra (Hechos 1.8). Aún más, lo realizaron «por amor de su nombre» (Romanos 1.5; 3 Juan 7). Reconocieron que Dios había exaltado a Cristo sentándolo en el trono a su diestra y dándole la posición más elevada, para que toda lengua confiese su señorío.

Además, algún día, Él regresará gloriosamente para salvar, juzgar y reinar. Entonces, ¿qué ocupará el tiempo entre su primera y segunda venida? ¡La misión mundial de la iglesia! Jesucristo dijo que no vendría el fin de la historia hasta que el evangelio alcanzara lo último de la tierra (Mateo 24.14; 28.20; Hechos 1.8). Estos dos eventos coincidirán.

Por lo tanto, nuestro mandato para la evangelización mundial es la Biblia entera. Lo encontramos en la creación (debido a la cual todo ser humano es responsable ante Dios), en el carácter de Dios (como Dios amoroso y compasivo, no deseando que ninguno perezca sino que todos se arrepientan), en las promesas de Dios (que todas las familias de la tierra serán bendecidas en Abraham y que llegarán a ser la herencia del Mesías), en el Cristo de Dios (ahora exaltado con autoridad universal, para recibir loor universal), en el Espíritu de Dios (que da convicción de pecado, es testigo de Cristo e impulsa a la iglesia hacia la evangelización) y en la iglesia de Dios (la cual es una comunidad misionera internacional, bajo las órdenes de evangelizar hasta que Cristo regrese).

La dimensión global de la misión cristiana es irresistible. Los individuos e iglesias que no están comprometidos con la evangelización mundial están contradiciendo, por ignorancia o desobediencia, una parte integral de su identidad cristiana. No se puede escapar al mandato bíblico para la evangelización del mundo.

3. ¿Por qué es que iglesias que no están comprometidas con la misión de Dios contradicen una parte integral de su identidad?

El mensaje para la evangelización mundial

En segundo lugar, la Biblia nos proporciona el mensaje para la evangelización del mundo. El Pacto de Lausana[2] (Congreso Internacional de Evangelización Mundial) definió la evangelización en términos de la Escritura. El párrafo cuatro comienza de la siguiente manera: «Evangelizar significa predicar las buenas nuevas de que Cristo murió por nuestros pecados y se levantó de entre los muertos conforme a las Escrituras y que, como Señor, ahora nos ofrece el perdón de nuestros pecados y el don liberador del Espíritu Santo a todos aquellos que se arrepienten y creen».

Vemos así que nuestro mensaje proviene de la Biblia. Sin embargo, a medida que nos dirigimos a ella para hallar un fundamento para el mismo nos enfrentamos con un dilema: por un lado, se nos ha dado un mensaje ya definido, no tenemos que inventarlo; simplemente nos ha sido confiado como, un «depósito» precioso, el cual, como mayordomos fieles, debemos guardar y dispensar a la casa de Dios. Por otro lado, dicho mensaje no se nos ha entregado a la manera de una simple y sencilla fórmula matemática, sino que nos ha sido dado en una diversidad de formas, en las cuales se han utilizado una amplitud de ejemplos y metáforas.

Por lo tanto, hay un solo evangelio, en el cual todos los apóstoles coincidieron (1 Corintios 15.11), y Pablo aun se atrevió a llamar anatema a todo aquel, incluyéndose a sí mismo, que predicara un evangelio diferente del apostólico de la gracia de Dios (Gálatas 1.6-8). Sin embargo, los apóstoles lo predican de maneras diversas: ahora sacrificio (el derrame y rociamiento de la sangre de Cristo); mesiánico (la presentación de la ley prometida de Dios); legal (el gran Juez que declara justos a los injustos); personal (el Padre que se reconcilia con sus hijos descarriados); salvador (el Libertador Celestial que viene a auxiliar a los desamparados); cósmico (el Señor del universo que reclama su dominio universal) y todo esto resulta tan sólo una parte de todo lo que es.

4. Cuando se refiere al mensaje de la Biblia, sólo hay un evangelio pero muchas formas, imágenes y metáforas usadas para comunicarlo. ¿Por qué es importante entender esta diversidad en la comunicación del mensaje cuando se trata de la evangelización de otras culturas?

Por lo tanto, tenemos que saber que el evangelio es uno solo y sin embargo diverso. Ya está definido, pero también se adapta culturalmente a todos aquellos a quienes se predica. Una vez que comprendemos esto evitamos caer en dos errores opuestos: al primero lo llamaremos «fluidez completa». Al error opuesto lo llamaremos «rigidez estricta». En ese caso el evangelista se comporta como si Dios hubiera dado una serie de fórmulas precisas, que habría que seguir más o menos palabra por palabra, y de ciertas imágenes que, invariablemente, habría que utilizar. Esto nos llevaría a estar atados, ya sea a las palabras o a las imágenes, o a ambas cosas. Así, algunos evangelistas caerían en lo que es pura palabrería y otros se sentirían obligados a mencionar «la sangre de Cristo» en cada ocasión, o la «justificación por fe», o «el reino de Dios», o alguna otra imagen.

---

[2] El Pacto de Lausana es una declaración de compromiso con la evangelización del mundo, elaborado por participantes en el Congreso Internacional de Evangelización Mundial, Lausana, Suiza, julio de 1974.

Entre estos dos extremos existe una tercera posición que es mucho mejor. Esta combina el compromiso de la revelación con la contextualización. Acepta que las formulaciones bíblicas del evangelio son permanentemente normativas y que todo intento de proclamarlo en el lenguaje moderno deberá justificarse por sí mismo como una expresión auténtica del evangelio bíblico.

Pero si no se rehúsan eliminar las formulaciones bíblicas, tampoco se rehúsa recitarlas en forma mecánica y sin imaginación. Contrariamente, tenemos que involucrarnos en la lucha continua (en oración, estudio y discusión) para relacionar el evangelio definido con una situación determinada. Debido a que el evangelio proviene de Dios debemos guardarlo, pero interpretarlo teniendo en cuenta que está dirigido a hombres y mujeres de todos los tiempos. Procuraremos combinar la fidelidad (mediante el estudio constante del texto bíblico) con la sensibilidad (examinando consecuentemente la escena contemporánea). Solamente así podremos relacionar con seguridad y relevancia, la Palabra con el mundo, el evangelio con el contexto y la Escritura con la cultura.

5. Entre la fluidez y la rigidez en la comunicación del evangelio, ¿cuál es la posición centrada que el autor sugiere?

El modelo para la evangelización mundial

En tercer lugar, la Biblia nos proporciona el modelo para la evangelización del mundo. Además del mensaje (qué debemos proclamar), necesitamos un modelo (como lo debemos proclamar). La Biblia no solamente contiene el evangelio sino que es el Evangelio. A través de su Palabra Dios mismo está evangelizando, es decir, está comunicando directamente las buenas nuevas al mundo. Recordemos la afirmación de Pablo sobre Génesis 12.3 que «da Escritura… dio de antemano la buena nueva a Abraham» (Gálatas 3.8). Toda la Escritura predica el evangelio; Dios evangeliza a través de ella.

Ahora bien, si aceptamos que la Escritura es en sí una evangelización divina, es razonable suponer que podemos aprender de ella cómo predicar el evangelio, considerando la forma en que Dios lo ha hecho. En el proceso de la inspiración bíblica Dios nos ha dado un modelo hermoso.

Lo que nos impacta de inmediato es la grandeza de la condescendencia de Dios. Queriendo revelarse a sí mismo, su justicia, su salvación completa, y a su Ungido, decidió hacerlo a través del vocabulario y la gramática del lenguaje humano, a través de hombres, de conceptos y de culturas humanas. Sin embargo, mediante dichos medios tan insignificantes, Dios estaba hablando su propia Palabra.

Nuestra doctrina evangélica sobre la inspiración de la Escritura hace énfasis en su doble paternidad literaria: Dios habló y también lo hizo el hombre. El hombre habló de parte de Dios (2 Pedro 1.21) y Dios habló por medio del hombre (Hebreos 1.1). Las palabras habladas y escritas son igualmente de Él y de ellos. Él decidió lo que quería decir y sin embargo, no suprimió la personalidad del hombre. Así, el hombre hacía uso de sus facultades libremente pero no distorsionaba el mensaje divino.

Los cristianos deseamos afirmar algo similar en relación con la encarnación, el clímax del Dios que se revela a sí mismo. «El Verbo se hizo carne» (Juan 1.14). Es decir, la Palabra eterna de Dios, que desde la eternidad estaba con Dios y era Dios, el agente por medio del cual fue hecho el universo se hizo hombre, con toda la particularidad de un judío palestino del primer siglo. Se hizo pequeño, débil, pobre y vulnerable. Experimentó el dolor, el hambre y se expuso a la tentación. Todo esto se encontraba en la «carne», en el ser humano en que se había convertido. Sin embargo, cuando se hizo como uno de nosotros, no dejó de ser Él mismo; siguió siendo siempre el Verbo eterno o Hijo de Dios.

El mismo principio se ilustra esencialmente tanto en la inspiración de la Escritura, como en la encarnación del Hijo. El Verbo se hizo carne, lo divino se comunicó a través de lo humano. Se identificó con nosotros sin renunciar a su propia identidad. Dicho principio de «identificación sin pérdida de la identidad» es el modelo para todo evangelismo, especialmente para el evangelismo transcultural.

6. *En esta parte, Stott presenta la encarnación como el modelo de misión. ¿Qué nos dice este modelo en cuanto a cómo realizar la misión en otros contextos que son distintos al nuestro?*

Algunos mensajeros transculturales rehusamos identificarnos con la gente a la cual decimos estar sirviendo. Seguimos siendo nosotros mismos y no nos convertimos en uno de ellos. Permanecemos apartados. Nos aferramos desesperadamente a nuestra propia herencia cultural con la idea equivocada de que es una parte indispensable de nuestra identidad. No queremos alejarnos de ella, y no solamente mantenemos nuestras costumbres con fiera tenacidad, sino que tratamos a la herencia cultural de nuestra gente adoptiva sin el respeto que merece. Por lo tanto, nos vemos envueltos en la práctica de una clase de doble imperialismo cultural, imponiendo nuestras propias costumbres a otros y despreciando las de ellos. Pero esa no fue la forma en que Cristo actuó. Él se despojó de su propia gloria y se humilló a sí mismo para servir.

Otros mensajeros del evangelio cometen el error opuesto. Determinan identificarse con la gente a la cual son enviados de tal forma, que renuncian a sus propios valores y normas cristianas. Tampoco esa fue la forma como Jesús actuó ya que al hacerse hombre no dejó de ser divino. El pacto de Lausana expresa dicho principio en las siguientes palabras: «Los evangelistas de Cristo deberán buscar humildemente el despojarse a sí mismos de todo menos su autenticidad personal, para convertirse en servidores de otros» (párrafo 10).

Tenemos que luchar en contra de las razones por las cuales la gente resiste al evangelio y, en particular, dar debida importancia a los factores culturales. Algunas personas lo rechazan no porque perciben que es falso sino porque perciben que es foráneo. Otros rechazan el evangelio porque creen que es una amenaza a su propia cultura.

Es un hecho que Cristo reta a todas las civilizaciones. Cada vez que presentamos el evangelio a los budistas, judíos, musulmanes, secularistas, marxistas, Jesucristo los confronta con su demanda de deshacerse de todo aquello que los comprometa con otras lealtades para reemplazarlo por formar su lealtad a él. Él es el Señor de toda persona y de toda cultura. Esa amenaza, esa confrontación no puede evitarse. Pero, analizando la situación, el evangelio que proclamamos, ¿presenta a las personas alguna otra amenaza innecesaria, debido a que demanda la abolición de costumbres inofensivas?, o ¿presenta la apariencia de ser destructivo del arte, la arquitectura, la música o los festivales nacionales?, o ¿estamos demasiado orgullosos de nuestra propia cultura y, por lo tanto, estamos culturalmente ciegos?

Para resumir, cuando Dios nos habló por medio de la Escritura, utilizó el lenguaje humano; cuando nos habló por medio de Cristo, tomó naturaleza humana. Para revelarse a sí mismo se despojó y se humilló. Ese es el modelo de evangelismo que nos proporciona la Biblia. Existe la auto negación y la auto humillación en todo evangelismo auténtico; sin esto, contradecimos al evangelio y no presentamos bien al Cristo que proclamamos.

7. ¿Cuáles son algunas de las razones por las que la gente de otra cultura rechaza el evangelio y cuál es la respuesta ante este desafío?

A continuación lea la sección final del artículo de Stott.

El poder para la evangelización mundial

En cuarto lugar, la Biblia nos otorga el poder para la evangelización del mundo. No es necesario hacer énfasis en la necesidad que tenemos de recibir poder, ya que sabemos acerca de la debilidad e insuficiencia de los recursos humanos en comparación con la magnitud de la tarea que tenemos que realizar. También sabemos de la dureza y de las defensas del corazón del hombre. Y peor aún, conocemos acerca de la realidad personal del diablo, de su malevolencia, de su poder y de las fuerzas demoníacas que están a su mando.

La gente puede ridiculizar nuestra convicción y verla como una caricatura, pero nosotros los cristianos evangélicos somos suficientemente ingenuos para realmente creer lo que enseñaron Jesús y los apóstoles. Para nosotros es una solemne verdad lo que dice Juan cuando expresa: «el mundo entero está bajo el maligno» (1 Juan 5.19). Porque, en tanto Cristo no los libere y los traslade a su reino, todo hombre y toda mujer son esclavos de Satanás. Podemos también observar el poder del maligno en el mundo actual: en la oscuridad de la idolatría y en el temor a los espíritus; en la superstición y el fatalismo; en la devoción a dioses que no son dioses; en el materialismo egoísta del Occidente; en la proliferación del comunismo ateo y de los cultos irracionales; en la violencia y agresividad y en la desviación, tan difundida, de toda norma de verdad y bondad. Todo esto es la obra de aquel que la Escritura llama mentiroso, engañador, acusador y homicida.

Por lo tanto, la conversión y la regeneración cristianas continúan siendo milagros de la gracia de Dios. Son la culminación de la lucha entre Cristo y Satanás o, en una descripción vívidamente apocalíptica, entre el Cordero y el dragón. El saqueo de la casa del «hombre fuerte» (Mateo 12.29), es posible sólo porque éste ha sido atado por Aquel que es aún más fuerte y por quien, a través de su muerte y resurrección, ha deshecho y destruido las obras y principados de los poderes del mal (Mateo 12.27-29; Lucas 11.20-22; Colosenses 2.15).

¿Cómo podremos pues, tomar posesión de la victoria de Cristo y derribar las obras del diablo? Dejemos que Lutero nos dé la respuesta a esta pregunta: «Ein Wórtlein will ihn fallen» (una pequeña palabra lo derribará). Hay poder en la Palabra de Dios y en la predicación del evangelio. Quizás la expresión más dramática en cuanto a esto en el Nuevo Testamento se encuentra en 2 Corintios 4. Pablo describe allí al «dios de este siglo» quien ha «cegado las mentes de los incrédulos para que no les resplandezca la luz del evangelio de la gloria de Cristo...» (versículo 4).

Si las mentes están cegadas, ¿cómo podrán entonces ver? Sólo mediante el poder creador de la Palabra de Dios. Porque Dios fue quien dijo: «Y brille la luz en las tinieblas», la cual ha alumbrado en nuestros corazones para «iluminación del conocimiento de la gloria de Dios en la faz de Jesucristo» (versículo 6). Así que, vemos cómo el apóstol compara el corazón no regenerado con el caos original de la oscuridad y atribuye la regeneración al mandato divino: «Sea la luz».

8. Según Stott, ¿Cuál es el poder único que tiene la Palabra de Dios y cuál es el efecto que produce su predicación?

Si Satanás ciega las mentes de los hombres y Dios brilla en el corazón de la gente, ¿cómo podemos nosotros contribuir a dicho encuentro? ¿No sería más fácil que nos retirásemos del campo de batalla y permitiéramos que ellos dirijan la situación? No, esa no es la conclusión a la que llega Pablo.

Por el contrario, entre los versículos 4 y 6, los cuales describen las actividades de Dios y Satanás, el versículo 5 muestra el trabajo del evangelista: «Nosotros predicamos... a Jesucristo como Señor». Debido a que el diablo quiere evitar que la gente vea la luz y que Dios brille en sus corazones y debido a que dicha luz es el evangelio, ¡más vale que lo prediquemos! La predicación del evangelio, lejos de ser innecesaria, es indispensable. Es el medio señalado por Dios para derrotar al príncipe de las tinieblas y para que la luz brille en el corazón de las personas. Hay poder en el evangelio de Dios, es su poder de salvación (Romanos 1.16).

Puede ser que seamos débiles. A veces yo quisiera que fuésemos más débiles. Confrontados con las fuerzas del mal, en algunas ocasiones somos tentados a dar una exhibición de poder cristiano e involucramos en una pequeña trifulca evangélica de sablazos. Pero, es en medio de nuestras debilidades donde se perfecciona el poder de Cristo y en la debilidad de las palabras humanas se manifiesta el poder del Espíritu. Por lo tanto, vemos que cuando somos débiles, entonces somos fuertes (1 Corintios 2.1-5; 2 Corintios 12.9-10).

¡Dejemos que fluya por el mundo!

No consumamos nuestras energías argumentando acerca de la Palabra de Dios; más bien, empecemos a usarla. Ella demostrará su origen divino mediante su poder divino. ¡Dejémosla fluir en el mundo! Si cada misionero y evangelista cristiano proclama el evangelio bíblico con fidelidad y sensibilidad, y si todo predicador cristiano es un fiel expositor de la Palabra de Dios, entonces ésta desplegará su poder salvador.

Sin la Biblia la evangelización del mundo sería imposible, ya que sin ella no tenemos ningún evangelio que llevar a las naciones, ni autorización para hacerlo, ni idea de cómo realizar la tarea, ni tampoco la más leve esperanza de éxito. La Biblia es la que nos da el mandato, el mensaje, el modelo y el poder que necesitamos para la evangelización mundial. Así que, volvamos a tomar posesión de esto mediante su estudio concienzudo y la oración. Oigamos su llamado, retengamos su mensaje, sigamos sus instrucciones y confiemos en su poder. ¡Alcemos nuestras voces y comuniquemos sus buenas noticias!

Tarea integral

La misión de Dios y la Biblia son indispensables la una para la otra. Haga un bosquejo de los puntos que usaría para dar una charla sobre esta tesis.

Preguntas para la reflexión

¿Cuál es tu respuesta ante el hecho de que Dios tiene un plan y propósito para los siglos?

La misión de Dios es la base de la Biblia y la Biblia es la base de la misión de Dios. La Biblia es nuestro manual actual para la evangelización del mundo. Por medio de la Biblia vemos que Dios ha revelado un mandato, un mensaje, un modelo y el poder para su cumplimiento. En la próxima lección, queremos entender porque es importante y urgente que la Palabra de Dios se predique a toda creatura en todas las naciones.

Lección 2
¿Están perdidos?

¿Qué pasa con los que no tienen la oportunidad de aceptar la oferta de salvación tal lo plantea la Biblia?

Para contestar esta pregunta, es importante aclarar que no es nuestra búsqueda de Dios lo que define la verdad, sino lo que Él nos ha revelado por medio de su Palabra. De hecho, la tolerancia es un alto valor cristiano. También la aceptación de personas sin prejuicio alguno. No es nuestro papel juzgar a nadie. Pero Dios sí es Juez. Y Él nos ha dado a entender que las personas que no se han reconciliados con Él por medio del Señor Jesucristo, están "perdidos" (Juan 3:16). No es nuestro papel infundir un sentido de miedo o de culpa en las personas. Pero sí, deberíamos advertirlos del juicio venidero. Y al hacerlo, el Espíritu Santo se encarga de convencerlos. A nosotros que ya somos parte de su familia, nos ha encargado el mensaje de perdón y salvación. Nuestra tarea es demostrar, explicar y anunciar que esta salvación es real y eficaz. Esto sí son Nuevas Buenas. Es una parte importante de la demostración de amor hacia el prójimo.

En el siguiente artículo, Miguel Ángel DeMarco nos presenta una perspectiva bíblica y balanceada que nos alienta a la tarea de anunciar las buenas nuevas de salvación a todo el mundo.

¿Qué les espera?
Miguel Ángel DeMarco[3]

«Vayan, pues, a las gentes de todas las naciones, y háganlas mis discípulos… dijo... el Señor Jesucristo» (Mateo 28.19). Dios ha puesto en marcha toda la majestuosa campaña de salvación al mundo, y nos ha invitado a ser protagonistas llevando el mensaje. Es más, nos ha dado una orden, un mandato categórico: «Como el Padre me envió a mí, así yo los envío a ustedes» (Juan 20.21). «Vayan por todo el mundo y anuncien a todos la buena noticia. El que crea y sea bautizado, obtendrá la salvación; pero el que no crea, será condenado» (Marcos 16.15).

---

[3] DeMarco, Miguel Ángel, 1996, adaptado de *Ellos y Nosotros*, Año 2, No. 4, 1996, «El cielo nos espera… ¿qué les espera a los no alcanzados?» pp. 10-15, © Latín Editores Asociados, 1997. Todas las citas bíblicas de este artículo se han tomado de la versión *Dios llega al hombre*, usadas con el debido permiso de Sociedades Bíblicas Unidas.

No es manipulación, como algunos arguyen; es lisa y llanamente la Palabra de Dios que expresa aquí la esencia del kerigma:[4] la humanidad ya está condenada, y la obra de Jesucristo. El espíritu negativo lo pone como amenaza de muerte, más quien ha conocido a Cristo lo ve como una epopeya de esperanza: la tarea de llevar las Buenas Nuevas, «pues no quiere que nadie muera, sino que todos se vuelvan a Dios» (2 Pedro 3.9).

Toda vida es valiosa de manera incalculable. Dios ha creado cada una de ellas y tiene un estricto control de lo que sucede con su amada Creación. La abundancia de la muerte parece minimizar el valor de los que fallecen, a menos que hayan ocupado un lugar importante en nuestras vidas. Al desconocer la suerte y existencia de millones, permanecemos insensibles al drama completo de la humanidad. «Ojos que no ven, corazón que no siente», decían nuestras abuelas.

Cada segundo, una persona en nuestro mundo pasa a la eternidad sin Cristo. El infierno recibe miles de almas cada hora. Todos los días, en todas las horas, ya sea por guerras, vejez, enfermedades, accidentes o crímenes, el eterno destino recibe personas para quienes la oportunidad (si realmente la hubo) ya pasó.

Toda vida es valiosa por ser criatura de Dios. Todo ser humano tiene valor intrínseco y trascendental desde el momento que ocupa un lugar clave en el corazón y en los planes de nuestro Dios. Todos los demás valores son temporales. Y Dios tiene un plan que incluye a cada uno de los seres humanos, «pues no quiere que nadie muera» (2 Pedro 3.9).

¿Por qué perecen muchos, aun en contra del deseo de Dios? Sencillamente porque ya hemos sido condenados por nosotros mismos. Nuestro pecado ha hecho división eterna entre nosotros y Dios. «Las maldades cometidas por ustedes han levantado una barrera entre ustedes y Dios; sus pecados han hecho que él se cubra la cara y que no los quiera oír» (Isaías 59.2). «Pero Dios prueba que nos ama, en que, cuando todavía éramos pecadores, Cristo murió por nosotros» (Romanos 5.8). Él hizo lo que nosotros no podíamos hacer; ahora nos pide que lo acompañemos en la divulgación. Él quiere adelantar el Reino a través de su Espíritu, ¡y a través nuestro! Quiere llegar a cada corazón que aún permanece en oscuridad, y para ello espera nuestra obediencia y nuestra entrega. Por lo demás, como diría Job, «yo sé en quién he creído», y conocemos también la grandeza de su corazón misionero. Dios los ama y quiere bendecirlos, así como ha bendecido ya a cada uno de los que lo conocemos personalmente y esperamos su regreso.

1. ¿Por qué es valiosa cada persona?

2. Si Dios es bueno, ¿por qué se pierden muchas almas?

Desconocemos, pero somos testigos

Muchos han quedado inmóviles ante el mandato, excusándose en la impotencia o en la ignorancia. «No sabemos; realmente no conocemos», y con eso pretenden excusarse de obedecer. Mordecai Richler, comentarista canadiense, expresó: «Lo que me asusta de esta generación, es la medida en que se parapeta en la ignorancia, muchos se aferran a ella pensando que "están a salvo" de futuras recriminaciones».

---

[4] *Kerigma*, palabra proveniente del griego κήρυγμ. Y significa *proclamación*. En teología suele ser usada también para simbolizar lo esencial del mensaje de redención, y es como es usada en esta ocasión.

Aun cuando nos sentimos impotentes ante la inmensidad del problema humano y lo implacable de la perdición de muchos, también hemos sido testigos de muchas cosas preciosas que Dios ha venido haciendo en cada generación cuando sus hijos le obedecen. Cada vida cambiada, cada cristiano que pasa a la eternidad, cada familia restaurada es un testimonio viviente de la obra de Dios en las gentes. La obra de Jesucristo ha llegado a millones y millones de vidas y las ha transformado, desde ahora y para la eternidad.

Que desconocemos mucho de la eternidad y de los planes de Dios, no nos queda ninguna duda. No obstante, también conocemos mucho, porque Dios lo ha dado a conocer. Dios ha dado su Palabra, maravillosamente contundente, y miles de sus hijos la han puesto por obra.

Nosotros mismos, los cristianos de hoy en día, somos fruto de la obediencia de muchos que nos precedieron. La esperanza y la dicha de vida eterna que gozamos se deben al amor de Dios, y a la obediencia de varones y mujeres que llegaron hasta donde estábamos. Y la historia del cristianismo, tan vapuleada, manoseada y ensuciada por muchos, es también una larga sucesión de gloriosos testimonios de cómo el Evangelio llegó a ser real en la vida de la gente.

«Es decir que, en Cristo, Dios estaba poniendo al mundo en paz consigo mismo, sin tomar en cuenta los pecados de los hombres; y a nosotros nos encargó que diéramos a conocer ese mensaje. Así que somos embajadores de Cristo», escribió San Pablo en 2 Corintios 5.19, 20. Más de 1500 millones de personas en el mundo permanecen sin la más remota idea del Evangelio. ¿Cómo aceptarán a Cristo si no lo conocen? ¿Cómo podrán tener una esperanza de gloria, tal como nosotros la tenemos, si no tienen oportunidad para escoger?

3. ¿Por qué ha dependido nuestra propia salvación de la obediencia de otros?

La misión nace en el corazón de Dios

Dios tiene un corazón misionero, y en su propio seno planificó toda la obra de la redención del hombre. Juan 3.16 dice: «Pues Dios amó tanto al mundo, que dio a su Hijo único, para que todo aquel que cree en él no muera, sino que tenga vida eterna».

Dios tuvo un hijo y lo hizo misionero. Lo envió a la tierra y Jesucristo trajo las Buenas Nuevas. Vivió su misión y ofrendó su vida en sacrificio vicario. Su muerte fue en nuestro lugar, y su resurrección garantiza la aplicación de esa redención. Él regresará a buscar a los suyos y a inaugurar una etapa nueva y eterna.

Cuando uno recorre las páginas de la Biblia puede ver desde sus inicios el deseo ferviente en el corazón de Dios de rescatar, perdonar y restaurar a los hombres, de bendecir a todas las familias de la tierra, de manifestar su bendición sobre todo pueblo y nación. «Por medio de ti bendeciré a todas las familias del mundo», le dijo a Abraham (Génesis 12.3b).

Fue Él quien no sólo envió profetas a Israel sino también a predicar a otros pueblos (Amós, Jonás, Nahum, Isaías, etc.) Y aun cuando era inminente el castigo sobre Moab, el mismo Dios clama: «Mi corazón pide socorro para Moab... por eso lloro... y derramo lágrimas... Mi corazón se estremece como un arpa por Moab y por Quir-haréset» (Isaías 15.5; 16.9, 11). Luego diría a Israel: «No basta que seas mi siervo sólo para restablecer [a]... Israel; yo haré que seas la luz de las naciones, para que lleves mi salvación hasta las partes más lejanas de la tierra» (Isaías 4.6). «...No quiero la muerte del malvado, sino que cambie de conducta y viva»... (Ezequiel 33:11). Él inspiró el Salmo 67: «Dios tenga misericordia de nosotros y nos bendiga; haga resplandecer su rostro sobre nosotros; para que sea conocido en la tierra tu camino, en todas las naciones tu salvación».

Es allí donde nacen las misiones, en el mismo corazón de Dios. Y su mandato para que nos involucremos en esa gesta forma parte del plan global de alcanzar a todos los pueblos con el Evangelio de Jesucristo.

4. Si la misión nace y reside en el corazón de Dios, ¿qué implica este hecho para los que decimos amar a Dios?

Confusión frecuente entre justicia y compasión

En los debates populares sobre el tema de la perdición de los no cristianos hay una confusión que queremos abordar aquí. Hemos sido creados a imagen de Dios, y entre otras cosas, eso nos ha provisto varias características importantes. Entre ellas, el sentido de justicia (lo que correcto), la capacidad intelectual (el entender), la capacidad de compasión (afecto fraternal hacia el necesitado), y todas ellas interactúan cuando se dialoga sobre el destino eterno del ser humano.

El deseo intrínseco de todo ser humano promedio es el triunfo del bien y el castigo de los malvados (sed de justicia), así como el deseo de entender (sed intelectual), y el deseo de ayudar a los menos favorecidos de este mundo (compasión). Entendemos que hay personas que no sólo practican la maldad sino que también se gozan en ella y en su triunfo, pero esto es en casos en que el pecado ha hecho estragos mayores en las almas de esas personas, o sencillamente porque hay una acción demoníaca intencional. Pero esas características (sed de justicia, sed intelectual, compasión) están muy claras en el ser humano. Por supuesto que, como otras, están afectadas por la caída, por el pecado, y en ocasiones no 'funcionan' bien, pero siguen estando allí, y es por eso que nuestro interior clama por respuestas sobre algo que no *entendemos bien. Por eso, es difícil para algunos aceptar por qué* alguien va a ser condenado por algo que no sabía. O por qué Dios, «si es tan bueno, perfecto y lleno de misericordia», permitirá que se pierdan aquellos que no hubieran sido favorecidos por escuchar el mensaje de salvación. Muchas personas, al no entender, aducen que la perdición de los no creyentes no es tal, por falta de lógica.

En realidad, se trata de una confusión entre justicia y misericordia, frecuente en el pensamiento popular. La vemos en la parábola de los obreros de la viña, en Mateo 20, donde algunos obreros confundieron el concepto de pago justo con el de regalo; mezclaron justicia con misericordia. Entonces cuestionaron la lógica del dueño de la viña. La misericordia no se cuestiona ni se legisla, es precisamente eso: misericordia, el acto de dar aun cuando el destinatario no lo merece; va «más allá» de la justicia. En el tema de la salvación y perdición, los hombres y mujeres ya estamos en condenación, porque todos hemos pecado. El acto de justicia está satisfecho en nuestra condena, y la misericordia de Dios actúa a posteriori, como un plan de rescate de su parte. El perdón no es parte del acto de justicia sino del de compasión. «Cuando el pecado aumentó, Dios se mostró aun más bondadoso» (Romanos 5.20b). Por eso, si queremos dar lugar correcto a nuestra sed de justicia, debemos estar de acuerdo con Dios en que la humanidad lo ha ofendido gravemente y por eso somos pasibles de condenación final. Por eso, no hay nada más maravilloso que participar en el plan de compasión de Dios, uniéndonos a su gesta de rescate.

5. Si la condenación eterna nos parece demasiado severa es porque no entendemos la santidad de Dios ni la maldad guardada en el corazón del

hombre. ¿Por qué es tan importante entender la misericordia de Dios en el contexto de la justicia que procede de su santidad?

Un mandato que responde a la realidad

Juan 3:16 dice que Jesús vino y llevó en su propio cuerpo la obra de la cruz «para que todo aquel que en Él cree no se pierda». Pablo, en esa simplísima pero magistral presentación de la necesidad de hacer misiones de Romanos 10:13 al 15, declara: «Porque esto es lo que dice: "Todos los que invoquen el nombre del Señor, alcanzarán la salvación."» Y luego agrega: «Pero ¿cómo van a invocarlo, si no han creído en Él? Y ¿cómo van a creer en Él, si no han oído hablar de Él? Y ¿cómo van a oír, si no hay quien les anuncie el mensaje? Y ¿cómo van a anunciar el mensaje, si no son enviados?», para luego concluir con la preciosa declaración sobre las misiones: «Como dice la Escritura: "¡Qué hermosa es la llegada de los que traen buenas noticias!"»

El mandato de Cristo responde a una suma de realidades: a la situación del mundo, su destino de perdición, la oscuridad reinante en muchos pueblos sobre la obra de Cristo, la necesidad de ser salvo, etc. Es un mandato que reconoce dónde es necesario enfocar la misión: a todas las naciones, para que conozcan y crean.

6. *Según el Apóstol Pablo, ¿Por qué es necesario enviar personas para anunciar el evangelio?*

Los mandatos de Dios

La Gran Comisión es específica, debido a que la inercia de nuestra vida no nos lleva naturalmente a las misiones. Es por eso que Dios da la orden. No tenemos mandatos de amar a nuestros amigos, sino a nuestros enemigos. Jesús, reconociendo la tendencia de la naturaleza humana, hizo referencia a lo obvio en este sentido: veamos Mateo 5.44 al 48. De igual manera, no tenemos mandatos para ocuparnos de nosotros mismos sino de nuestro prójimo en necesidad. No tenemos mandatos de amar a nuestros novios, sino a nuestro cónyuge, después de varios años de vivir juntos. No hay mandatos a obtener propiedades, sino a compartir las que tenemos. Y no hay ordenanzas hacia la pereza sino a trabajar, para compartir con los necesitados el fruto de nuestras manos. De igual forma, no hay un mandato de meramente disfrutar la salvación sino a ocuparnos de ella y a compartirla con aquellos que aún no han tenido acceso a la misma. Al dar tan enfático mandato, Dios reconoce que de la propia naturaleza humana no saldrá el camino hacia la misión. Por eso el Señor ha hablado; Él ha dado su Gran Comisión para que su pueblo camine en obediencia. «Creo yo», dijo Guillermo Carey ante una asamblea de líderes cristianos que debatían sobre el ministerio, «que debemos obedecer a la Palabra de Dios, y si allí dice que debemos ir a los perdidos, pues entonces nuestra parte es cumplirlo».

7. *¿Por qué es que Dios necesita «mandarnos» a ir y predicar?*

Precisamente, obediencia

«Las grandes doctrinas de la creación, la revelación, la redención y el juicio implican todas, que el hombre tiene el ineludible deber de pensar, y de actuar según lo que piensa y sabe», escribió John Stott, pensador cristiano contemporáneo. En buen castellano, significa enterarse, reflexionar, entender y actuar en función de lo que hemos comprendido.

Una misionera inglesa llamada Gladys Aylward vivía y ministraba en la China. Convencida de que Dios amaba tanto a los tibetanos lejanos como a los chinos que tenía a su lado, emprendió un viaje para predicar el Evangelio a los lamas (sacerdotes budistas) del Tíbet. Después de muchas penurias llegó con su acompañante hasta un desolado paraje, un lugar aislado de todo el mundo conocido. «Desde hace mucho los esperamos para que nos hablen de ese Dios que ama», fue la frase con que los recibió el primer sacerdote que vieron allí. Luego otros dos les dijeron: «¿Quiere explicarme cómo y por qué murió? ¿Podría decirme por qué me pudo amar?» «Estos hombres jamás dudaron que Dios los amaba», relata Aylward. Ellos habían recibido tiempo atrás una copia de los evangelios y allí leyeron Juan 3.16, lo cual los dejó asombrados. También leyeron: «Id por todo el mundo y predicad el evangelio». La misionera cuenta que el principal del monasterio le dijo: «Ante esa orden, entonces, alguien tenía que venir a decirnos más acerca de ese maravilloso Dios. Todo lo que teníamos que hacer era esperar, y cuando Dios lo enviara, estar listos para recibirlo».

Somos hijos de Dios, pero no hemos dejado de ser sus siervos. Jesús dijo que ya no nos llamaría así porque prefería llamarnos amigos; sin embargo, no por eso dejamos de ser siervos. Hablando más propiamente, somos esclavos. Jesús ha dado la orden, y lo lógico es que sea obedecida sin cuestionamientos.

Podemos reflexionar en el mandato y debatir con Dios; es la libertad que sólo Él da. Pero eso no quita que la orden debe ser cumplida. Hasta los lamas tibetanos creen que una orden divina será irremediablemente obedecida. ¿Qué creemos nosotros? ¿Qué actitud tomamos ante ese mandato?

Hace unos quince años atrás me encontraba en un grupo de trabajo de unos ochenta pastores, en el cual se debatía acerca de cómo trabajar mancomunadamente para saturar con el Evangelio a mi país, Argentina. Comenzamos hablando de las causa por las cuales, después de 150 años de haber llegado el mensaje a esas tierras, todavía había tanto por hacer. Las razones esgrimidas fueron muchas, hasta que de pronto un joven pastor se puso de pie, y dijo: «Tal vez debamos reconocer que la razón principal ha sido la desobediencia de muchos de nosotros al mandato de Jesús». Todo quedó en silencio. Los presentes miraron a este joven colega y después bajaron sus cabezas. Luego de varios e incómodos segundos, el coordinador del grupo dijo: «Bueno…, seguimos mañana…».

Abraham tuvo la promesa de ser protagonista de toda la gesta de salvación, debido a su obediencia. En Génesis 22.18 leemos: «En tu simiente serán benditas todas las naciones de la tierra, por cuanto obedeciste a mi voz». Esto también se puede leer de la siguiente forma: «Puesto que fuiste obediente, decreto que sea de tu descendencia de donde saldrá la bendición que alcanzará a cada grupo étnico de todo el globo terráqueo». Dios cumplirá su plan, pero nuestra obediencia es un factor clave.

Podemos discutir y racionalizar mucho sobre las misiones; nada nos impide pensar y dialogar. Mientras tanto, vayamos, enviemos, apoyemos, intercedamos, sirvamos, ¡y prediquemos!

8. Si el ir es «mandato», ¿quién es responsable por el hecho de que todavía hay millones que no han tenido la oportunidad de escuchar el evangelio?

¿Qué pasará, entonces, con quienes nunca se enteraron acerca de Jesucristo?

La Palabra de Dios nos dice que «Él gobernará a los pueblos del mundo con rectitud e igualdad» (Salmo 98.9), y que todo ser humano pasará frente a su Suprema Corte (2 Timoteo 4.1). Dios no condenará a una persona por rechazar a un Cristo del que nunca escuchó hablar. No obstante, la Palabra de Dios es final y definitiva al decir que el Evangelio es una buena noticia de salvación que irrumpe en un mundo ya caído, ya condenado. La Palabra de Dios dice que quien no cree en Jesucristo ya está condenado por algo más elemental, por algo previo: «Todos han pecado y están lejos de la presencia gloriosa de Dios» (Romanos 3.23).

Además, Dios se ha revelado a todos por medio de su Creación. Cada persona puede saber lo suficiente de Dios, a tal punto que nadie tiene ninguna excusa (Romanos 1.20). Miguel Horner concluye: «Es por esa supresión, distorsión y rechazo del conocimiento verdadero de Dios, y por la violación concurrente de las leyes de Dios, que estamos condenados». Creer en Jesucristo nos da la salvación; el no creer en Él nos deja en el estado previo: «…ya han sido condenados» (Juan 3.18-21). De allí la importancia de ir con las Buenas Nuevas a quienes permanecen en oscuridad.

9. ¿Qué posibilidades nos presenta la Biblia para los que no han escuchado el mensaje de salvación en Cristo?

No hay otra opción

«Yo soy el camino, la verdad y la vida. Solamente por mí se puede llegar al Padre», dijo Jesucristo (Juan 14.6). Nuestro Señor fue terminante, no dejando lugar dudas acerca de cualquier otro camino para llegar al Cielo. Los apóstoles aprendieron muy bien, y en uno de los primeros encuentros públicos posteriores a la ascensión de Cristo, Pedro, de pie ante gentes de muchas culturas y trasfondos religiosos, dijo: «En ningún otro hay salvación, porque en todo el mundo Dios no nos ha dado otra persona por la cual podamos salvarnos» (Hechos 4.12). Y luego, ante los gentiles en la casa de Cornelio, afirmará: «Y Él nos envió a anunciarle al pueblo que Dios lo ha puesto como Juez de los vivos y de los muertos. Todos los profetas habían hablado ya de Jesús, y habían dicho que quienes creen en Él reciben por medio de Él el perdón de los pecados» (Hechos 10.42, 43). Más tarde Pablo escribirá: «Pues nadie puede poner otro fundamento que el que ya está puesto, que es Jesucristo» (1 Corintios 3.11), concluyendo ante Timoteo de la siguiente forma: «Porque no hay más que un Dios, y un solo hombre que sea el mediador entre Dios y los hombres: Cristo Jesús» (1 Timoteo 2.5). No hay otra opción para ningún hombre o mujer en la tierra. Sólo Jesucristo puede darles la salvación, la vida eterna, la esperanza de gloria.

Para la gloria de Dios

Trabajemos, pues, para llevar el Evangelio a los que se pierden. Seamos agradecidos a Dios y entreguemos nuestras vidas y recursos para que muchos puedan sumar sus voces y alabar al Cordero, por los siglos de los siglos. Y ya sea que nos mueva la obediencia, la compasión o el agradecimiento, marchemos como cristianos en la misión de la Iglesia, buscando que el Reino de Dios avance en aquellos territorios que aún se le han negado, en los corazones que permanecen en la oscuridad, para que muchos puedan disfrutar la misma esperanza que tiene usted, que tengo yo. Y que, por sobre todo, Dios sea alabado y engrandecido porque su obra ha sido realizada y su palabra cumplida. ¡Amén!

La misión parte de la presuposición que el hombre está perdido sin Cristo como lo plantea la Biblia desde Génesis a Apocalipsis. Dios requiere un cambio de actitud hacia él y ofrece perdón por medio de la obra redentora. Es nuestro gozo y deber anunciar este evangelio. Es lo que Dios quiere.

Tarea integral

¿Puede salvarse la gente sin un conocimiento de Cristo y su obra redentora? Presente su razonamiento apoyado por textos claves de las Escrituras.

Preguntas para la reflexión

¿Qué parte tienen el arrepentimiento y la humillación ante Dios para recibir su misericordiosa salvación? La rebelión está firmemente arraigada el corazón del hombre como lo plantea Génesis 6:5. ¿Sigue siendo un problema hoy en día? Lea el Salmo 51 y examine su propio corazón.

Lección 3
La historia de su gloria

Dios ha propuesto revelar su gloria a todas las naciones, y la Biblia es la historia de su gloria. La palabra "gloria" se refiere a la hermosura y grandeza de Dios y también a la gloria que recibe cuando seres humanos entran en una relación con Él y le adoran debidamente.

Los nombres de Dios revelan distintos aspectos de su gloria por manifestar distintos atributos y su carácter. Es la intención de Dios que todas las naciones le adoren por medio de Jesucristo, quien les ofrece la salvación y la manera de entrar en una relación personal con Él como verdaderos adoradores. Como alguien ha dicho, misiones es la tarea de reclutar miembros para el gran coro que se encuentra adorando ante el Trono en Apocalipsis 7.10.

Nuestra adoración expresa nuestro amor y lealtad a Dios. En tanto, Dios responde con amor y misericordia a los que le aman. Es esencialmente nuestra manera de expresar que consideramos de mucho valor nuestra relación con Dios. También sirve para expresar el carácter de Dios.

El enfoque sobre la adoración nos trae coherencia a la tarea misionera. Hay una relación directa entre una pasión por Dios, y el desarrollo de una pasión por las almas. Sabemos que eventualmente, todas las naciones tendrán una representación en este grupo de adoradores (Apocalipsis 7.10). Esto nos ayuda a definir la misión y traer integración a sus actividades. Y porque todas las naciones necesitan ser representadas en el coro de adoradores, nos pone en claro la importancia de iniciar movimientos autóctonos de obediencia a Cristo y adoración, en cada pueblo y nación. En el siguiente artículo, Steve Hawthorne nos ayuda a entender con profundidad la importancia y relación de la gloria de Dios y la obra misionera.

La historia de su gloria

Steven C. Hawthorne[5]

La Biblia es básicamente una historia acerca de Dios. Cuando la observamos en su totalidad, desde el punto de vista de Dios, la gran historia de amor toma sentido: no es simplemente que Dios ama a los seres humanos. Los está transformando para que puedan amarlo plenamente a Él. Dios está atrayendo hacia sí a adoradores que, inspirados por el amor, le rindan gloria libremente. Dios sólo puede ser amado cuando se lo conoce. Es por eso que la

---

[5] Steven Hawthorne es el fundador y director de WayMakers, en Austin, Texas. Luego de co-editar en 1981 el curso y el libro *Perspectivas del movimiento cristiano mundial*, inauguró el "Proyecto Josué", una serie de expediciones para hacer una investigación sobre grupos humanos no alcanzados por el evangelio en las ciudades principales del mundo. Fue co-autor, con Graham Kendrick, de *Prayerwalking: Praying on site with insight* (Caminatas de Oración: la oración perceptiva en sitio), y ha escrito numerosos artículos.

La historia de su gloria

historia de la Biblia es la historia de un Dios que se revela a sí mismo. Teniendo como núcleo el amor apasionado de Dios, la Biblia es verdaderamente la historia de Su gloria.

Para trazar la historia de Dios tal cual la presenta la Biblia, necesitamos tomar tres ideas interrelacionadas que definen la historia a cada paso: la gloria, el Nombre de Dios y la adoración.

La gloria

No se deje despistar por la palabra «gloria», con su dejo religioso. La gloria es la belleza de una relación que todo corazón humano aspira ver, y al cual aún puede aspirar a entrar. La palabra «gloria», en las Escrituras, se refiere al valor esencial, la belleza y el gran precio de los seres humanos, de lo creado, y por supuesto, del Creador mismo. La palabra hebrea que significa «gloria» es una palabra que habla del peso, la esencia de algo y, al mismo tiempo, el brillo o belleza radiantes que posee. Glorificar a alguien significa reconocer su valor intrínseco y su belleza, y declarar esa cualidad públicamente. Glorificar a Dios significa alabarle o hablar de Él abiertamente y haciendo honor a la verdad. La gloria es el corazón mismo de la adoración a lo largo de las Escrituras: «Todas las naciones que hiciste vendrán y adorarán delante de ti, Señor, y glorificarán tu nombre (Salmo 86.9). Nosotros... servimos a Dios en espíritu... nos gloriamos en Cristo Jesús» (Fil. 3.3).

La idea de «gloria» también se refiere a la honra que puede ser dada u otorgada. Cuando alguien es exaltado o engrandecido, está, en cierto modo y en el sentido bíblico, siendo glorificado. Dios tiene tanta gloria que puede otorgar honores extravagantes a sus siervos humanos sin menoscabar de modo alguno su propia majestad. Jesús sacó a luz nuestra costumbre de buscar «gloria los unos de los otros», y al mismo tiempo, «no buscar la gloria que viene del Dios único» (Juan 5.44).

1. ¿Cuál es el sentido bíblico de la palabra 'gloria'?

El Nombre de Dios

A lo largo de la historia central de la Biblia, los autores bíblicos usan el concepto del «Nombre de Dios» como idea clave. Podemos distinguir tres funciones que cumple el Nombre: referencia, revelación y reputación.

Referencia: En primer lugar, están los nombres mismos que se utilizan para referirse a Dios en la Biblia. Dios nunca es anónimo en su historia. Utiliza muchos nombres, y cada uno lo identifica y distingue. Es tan apropiado referirse al Dios de las Escrituras como «el Señor de los ejércitos» como lo es referirse a Él como «Dios todopoderoso» o «Juez de toda la tierra» o «Rey de gloria». Cada uno de estos nombres es verdaderamente el Nombre de Dios.[6]

---

[6] ¿Qué decimos acerca del nombre "Yahweh"; o, como está en algunas traducciones, "Jehová"? Es, sin duda, un nombre importante. Pero debemos tener cuidado de no pensar en el Dios viviente como si poseyera un solo nombre legal, "verdadero", como si tuviera un certificado de nacimiento en algún archivo. La Biblia es muy consecuente en pedir que conozcamos a Dios del modo que aspira a ser conocido mundialmente. La pregunta de Éxodo 3.13 probablemente no tiene el sentido de referencia (Moisés, ¿a cuál Dios estás representando?). Era, más bien, cuestión de la reputación de Dios (¿Qué tipo de trayectoria tiene este Dios, que nos movería a cometer un acto suicida como lo es la rebelión contra el Faraón? ¿Hay fundamento para pensar que Dios es fiable?) Es posible entender el tetragrámaton (YHWH) en el sentido de "Yo haré que sea lo que ha de ser", que concuerda

Revelación: En segundo lugar, Dios se complace en revelarse fielmente a través de cualquiera de los nombres bíblicos. Esta función es la de revelación. Por ejemplo, cualquiera que dedica algunos minutos a reflexionar sobre el nombre bíblico «Jehová mi pastor», llegará a comprender mejor la bondad protectora de Dios.

Reputación: El tercer uso de la frase «el nombre de Dios» es el que más abunda en la Biblia, aunque no es muy ampliamente reconocido. «El Nombre de Dios» generalmente se refiere a su renombre. Esta función del nombre es la de recalcar la reputación de Dios.

El Nombre de Dios es su apodo mundial. Es la memoria pública, basada en eventos históricos, que

LISTA PARCIAL DE NOMBRES DE DIOS EN HEBREO Y GRIEGO			
Idioma	Nombre	Traducido	Referencia y significado
Hebreo	Elohim	Dios	Gen 1:1 Dios altísimo
			Gen 17:1 Dios todopoderoso
			Gen 21:33 Dios eterno
	Adonai	Señor	Gen 15:2 Señor Dios
	YHWH	Señor	Gen 22:14 El Señor proveedor
	Yahweh	Jehová	Ex 17:15 El Señor mi estandarte
			Jue 6:24 El Señor nuestra paz
			Ex 31:13 El Señor que santifica
			Salmo 23:1 El Señor mi pastor
			Jer 23:6 El Señor nuestra justicia
			Gen 2:4 El Señor Dios
Griego	Teos	Dios	Mt 1:23
	Kurios	Señor	Rom 9:29
	Páter	Padre	Jua 4:23

establece para el futuro una reputación digna de confianza. El Nombre de Dios es el conjunto de verdades acerca sí mismo, que Él ha desplegado y declarado en el relato que va desarrollándose a lo largo de la historia bíblica. El pueblo hebreo debía no sólo atesorar esta historia, sino también contarla. A diferencia de muchas religiones, la revelación de Dios nunca fue un asunto secreto reservado para algunos pocos. Isaías llama a Israel a «hacer conocer entre los pueblos sus obras», a fin de que se recuerde permanentemente a las naciones «que su nombre es enaltecido» (Isa.12.4). Como veremos, gran parte de la historia de la Biblia relata lo que Dios ha hecho para que Su Nombre sea engrandecido entre las naciones.

2. ¿Por qué hay tantos nombres para Dios en la Biblia?

La Adoración

¿Por qué es que Dios desea ser conocido con tanta precisión? Lo que quiere Dios no es meramente gozar de fama mundial, desea ser adorado «en verdad».

Dios revela gloria a fin de recibir gloria

La gloria de Dios fluye en dos sentidos. En primer lugar, su gloria fluye hacia el mundo. Muestra su gloria a los pueblos en todo el mundo. Revela quién es y lo que ha hecho, a fin de lograr que la gloria fluya en el otro sentido: que la gente le dé gloria a través de la adoración en amor. Dios revela su gloria a todas las naciones a fin de que pueda recibir

---

perfectamente con un Dios que es tanto Creador como cumplidor de lo prometido. El contexto más amplio recalca la respuesta final de Dios al interrogante del pueblo: "Así dirás a los hijos de Israel: 'Jehová, el Dios de vuestros padres, el Dios de Abraham, el Dios de Isaac y el Dios de Jacob, me ha enviado a vosotros. Este es mi nombre para siempre; con él se me recordará por todos los siglos.'" (Éxodo 3.15).

gloria de la gente, a través de su adoración. El salmo 96 muestra la gloria de Dios fluyendo en estos dos sentidos. Dios manda que su gloria sea declarada a las naciones en los versículos 2 y 3: «Anunciad de día en día su salvación; Proclamad entre las naciones su gloria, En todos los pueblos sus maravillas.»

¡Qué descripción elocuente de la evangelización del mundo! Pero a continuación, el salmista nos dice el propósito de la evangelización del mundo, describiendo en los versículos 7 al 9 el segundo aspecto de la gloria de Dios, la respuesta de gloria de las naciones hacia Dios: «Tributad a Jehová, dad a Jehová la gloria y el poder. Dad a Jehová la honra debida a su Nombre; Traed ofrendas y venid a sus atrios. Adorad a Jehová en la hermosura de la santidad; Temed delante de él, toda la tierra.»

El propósito central de las misiones fluye en esta asombrosa economía de la gloria:

> *DIOS REVELA SU GLORIA A TODAS LAS NACIONES*
> *A FIN DE RECIBIR GLORIA DE TODA LA CREACIÓN.*

Un propósito que va más allá de la salvación

Cierto es que la gente es salva a través de la proclamación global de la salvación de Dios, pero el valor supremo de su salvación se ve, no en aquello de lo cual ha sido salvada; lo que realmente importa es para qué ha sido salvada. La gente es salva para servir a Dios en adoración. En este sentido, podemos decir que la evangelización mundial es para Dios. Aunque estemos muy acostumbrados a pensar que los seres humanos son de suprema importancia, la Biblia es clara: el fundamento de la misión es la colosal dignidad de Dios. Observe la lógica del Salmo 96.2-4: «Anunciad de día en día su salvación; Proclamad entre las naciones su gloria, En todos los pueblos sus maravillas, Porque grande es Jehová y digno de suprema alabanza; Temible sobre todos los dioses.»

Una razón que va más allá de la supremacía de Dios

La razón que da origen a la misión parece sencilla: ya que Dios es supremo, toda criatura debiera postrarse en sujeción a Él. ¿Pero es realmente ésta la lógica central del universo? Nuestros corazones no están de acuerdo. Hay algo más. Las Escrituras proclaman en voz alta la verdad que Dios es Amor. Dios llama a los seres humanos a amarle con todo lo que son.

La adoración es una interacción de relación genuina con Dios. Es por eso que Dios siempre nos invita a adorarle trayendo ofrendas. Dios no necesita las ofrendas de adoración. Pero la ofrenda lleva al que lo trae. Es por eso se exhorta a las naciones a venir trayendo ofrendas, a ofrecerle a Dios lo más valioso (Salmo 96.8 y muchos otros pasajes). A través de sus sacrificios y de sus ofrendas, las naciones se ofrecen a sí mismas.

3. ¿Por qué es la adoración una ofrenda que va mas allá de algo que Dios merece por su supremacía? ¿Por qué es tan importante esta ofrenda para nosotros?

Brindando plenamente Su amor

¿Por qué tanto desea Dios la adoración? Hay dos razones: se deleita en el amor sincero que le llega a través de la adoración genuina. Pero hay algo más: al atraer a los seres humanos hacia una adoración verdadera, Dios puede brindarles su amor plenamente. Se ve esto en el Salmo 96.6. «Gloria y esplendor hay delante de él; Poder y hermosura hay en su santuario.»

«Gloria y esplendor» no se refieren a lo que Dios siente. Más bien, juntamente con «poder y hermosura» (el pasaje paralelo en 1 Crónicas 16.27 dice «alegría»), se trata de aspectos de la presencia de Dios que han de experimentar los que se acercan a Él en verdadera adoración. No hay cosa más espléndida o majestuosa para un ser humano que sentirse levantado y colocado en la hermosa y emocionante grandeza de la presencia real de Dios.

El ser humano da gloria a Dios mediante la adoración. Mirándolo desde el punto de vista de Dios, podemos ver que la adoración es también el medio que Dios usa para glorificar a los seres humanos en el mejor sentido—el de permitirlos entrar al lugar de supremo honor. La adoración satisface el amor de Dios. Ama tanto a las personas, que está dispuesto a exaltarlas a algo que es mayor que cualquier grandeza humana; desea hacerlas llegar a un lugar de honor cerca de sí mismo. Nunca podremos percibir el alcance de lo que Dios ha preparado para los que le aman, aunque lo intentemos con toda nuestra mente y corazón (1 Cor. 2.9).

Quizás Juan vislumbró la «gloria y esplendor» de la corte celestial en Apocalipsis 5.1-14. Escuchó a las huestes celestiales levantar sus voces aclamando la maravilla de la redención de gente de toda tribu y lengua, efectuada por Dios mismo. ¿Por qué ha redimido Dios a los seres humanos tan indignos al extravagante precio de la sangre de su Hijo? Es más, ¿por qué ha comprado a algunos representantes de cada uno de los grupos étnicos? ¿Qué valor tienen éstos? Su extraordinario valor es el siguiente: ellos serán sus sacerdotes. Representantes de cada pueblo gustosamente ofrecerán a Dios los honores distintivos y las glorias redimidas de sus pueblos. Cada uno de estos pueblos tiene un valor eterno a causa de la sangre de Cristo. Cada uno de los pueblos tiene un sitio señalado delante de Dios. Dios se ha propuesto en su corazón poderoso traerlos a ese lugar. Debe ocurrir. La pasión de este amor de Dios sin respuesta por cada uno de estos pueblos, es la esencia misma de toda verdadera empresa misionera.

El salmista refleja el celo de Dios por los grupos humanos de la tierra. Dios llama a cada una de las «familias de las gentes», es decir, aquellos que están ligados por sangre y matrimonio con antecedentes generacionales. Cada una de estas familias extendidas tiene una historia y un destino ante Dios. Cada una recibe una invitación formal a entrar en su presencia real (Salmo 96.7-9). No deben presentarse con las manos vacías, sino que deben ofrecer a Dios una muestra de la gloria y la fuerza peculiares de su pueblo. Los pueblos han de ofrecer ofrendas de alabanza a Dios en sus muchos idiomas; pero ningún grupo debe ofrecer especulaciones acerca de lo que constituye la verdadera alabanza. Sólo la verdad de lo que Dios ha revelado respecto de sí, «la gloria de su Nombre» es la esencia y medida fiel de lo que es la alabanza digna (versículo 8).

4. ¿Por qué son las misiones indispensables como medio para completar el coro de adoradores de todas las etnias y naciones?

La historia de su gloria

La gloria de Dios en Cristo

Cristo es el punto culminante de la historia de la gloria de Dios. Cuando lleguen a su fin todas las cosas, Él habrá comprado y llevado a gentes de toda tribu y lengua para honrar al Padre. No es de sorprender, por tanto, que cada paso que dio fue parte del movimiento de la historia de la gloria de Dios hacia su culminación por todas las naciones.

Jesús resumió Su ministerio refiriéndose a la gloria global que traería al Padre: «Yo te he glorificado en la tierra; he acabado la obra que me diste que hiciera.»

¿Y cuál fue la obra?: «He manifestado tu nombre a los hombres que del mundo me diste; tuyos eran, y me los diste, y han guardado tu palabra» (Juan 17. 4, 6).

Santifica tu Nombre

La oración que Jesús enseñó a sus discípulos puede ser fácilmente malentendida a causa de la traducción española anticuada: «Santificado sea tu Nombre» como expresión pasiva. La oración no es una alabanza. Es, en el idioma original, sino una declaración explícita. «Padre... ¡santifica tu Nombre!» Parafraseándolo: «Padre, levanta en alto, resalta, exalta, manifiesta, y revela tu Nombre a los pueblos de la tierra. Hazte famoso a causa de lo que realmente eres. Haz que los pueblos de la tierra te conozcan y te adoren». Es innegable que esta es la oración primordial de todo creyente y debe ser entendida. Sin duda, Jesús está enseñando a la Iglesia a declararse una con el cumplimiento de los antiguos propósitos revelados en la Ley, en la historia, en los cantos, y en las profecías de Israel ¡para la gloria de Dios!

En un encuentro significativo con la mujer samaritana, no judía, Jesús declaró el futuro que tenía Dios para ella y para otras naciones gentiles: «la hora viene, y ahora es, cuando los verdaderos adoradores adorarán al Padre en espíritu y en verdad, porque también el Padre tales adoradores busca que lo adoren» (Juan 4.23).

5. ¿Por qué se puede entender el "Padre Nuestro" como una declaración de alianza con Dios y sus propósitos?

Una casa de adoración de todos los pueblos

En su hora más pública y más enardecida, Jesús sacó a relucir el tema de la adoración de todos los pueblos. Limpió el templo del comercialismo religioso que había bloqueado prohibitivamente el acercamiento de las naciones a Dios. Citó Isaías 56.7: «mi casa será llamada casa de oración para todos los pueblos». Los dirigentes religiosos que lo estaban escuchando recordaron de inmediato el resto del pasaje que Jesús estaba citando, Isaías 56.6-7: «Y a los hijos de los extranjeros que sigan a Jehová para servirle, que amen el nombre de Jehová para ser sus siervos; a todos los que guarden el sábado para no profanarlo, y abracen mi pacto, yo los llevaré a mi santo monte y los recrearé en mi casa de oración; sus holocaustos y sus sacrificios serán aceptados sobre mi altar, porque mi casa será llamada casa de oración para todos los pueblos.»

Justo antes de encaminarse a la muerte, Jesús destacó el propósito de su vida y el propósito de su muerte próxima (Juan 12.24-32). Consideró abiertamente la opción de pedirle al Padre que lo rescatara de morir: «¿y qué diré? ¿Padre, sálvame de esta hora?» Pero no pidió escapar; en cambio, dijo: «Pero para esto he llegado a esta hora». ¿Cuál era el propósito? El propósito irrumpe de su corazón en la afirmación que sigue. Se convierte en la oración de Su muerte y de Su vida: «Padre, ¡glorifica tu nombre!» Y luego, ante el asombro confuso de los que estaban cerca, Dios Padre en persona respondió desde el cielo: «lo he glorificado (refiriéndose a su Nombre), y lo glorificaré otra vez».

Aún es atronadora la respuesta de Dios desde el cielo si es que usted puede oírla. Es la respuesta de Dios a cualquiera que entrega su vida al Padre para mayor gloria de Su Nombre. Jesús dijo que la respuesta no había venido por Él, sino por Sus seguidores, quienes también pasarían por momentos semejantes de tener que escoger seguirle (12.30) en conformidad con el propósito original de Dios. ¿De qué modo podría la muerte de Jesús glorificar el Nombre de Dios? «…cuando sea levantado de la tierra, a todos atraeré a mí mismo» (12.32).

6. ¿Cuál fue el propósito de Cristo por su vida y su muerte? ¿Por qué es importante entender esto como sus discípulos?

El propósito del ministerio de Pablo

Pablo comprendió que su vida era continuación de ese antiguo propósito de lograr un rebosamiento masivo global de obediente adoración por todas las naciones. El enunciado más preciso del propósito de su misión fue «conducir a todas las naciones a la obediencia de la fe por amor de su nombre» (Rom. 1.5). Pablo vio al mundo entero dividido en dos sectores: donde Cristo era «nombrado» y donde Cristo no era aún nombrado. Pablo dio decidida prioridad a los esfuerzos que contribuían a la obra donde Cristo no había sido nombrado (Rom. 15.20)[7].

Podemos ver la dirección doble de la gloria de Dios en el ministerio de Pablo. Por una parte, trabajó para glorificar a Dios, revelando a Cristo a las naciones, logrando que Cristo fuera «nombrado». Pero su más grande celo, su mayor gloria, era lo que regresaría a Dios desde las naciones. «…por la gracia que de Dios me es dada para ser ministro de Jesucristo a los gentiles, ministrando [como sacerdote][8] el evangelio de Dios, para que los gentiles le sean como ofrenda agradable, santificada por el Espíritu Santo. Tengo, pues, de qué gloriarme en Cristo Jesús en lo que a Dios se refiere» [9] (Rom. 15.15-17).

7. ¿Cómo ejemplificó Pablo el mismo propósito que tuvo Jesús?

---

[7] Un examen cuidadoso del contexto nos indica lo que quiso decir Pablo al hablar de que Cristo fuera "nombrado". No era cuestión de que el mensaje de Cristo fuera anunciado alguna vez por un misionero, sino, más bien, que se echara un "fundamento" (Rom. 15.20). Pablo ha estado hablando de regiones específicas dentro de las cuales el evangelio se ha predicado "en toda su plenitud" (LBA), "todo lo he llenado" (RV95; Rom. 15.19). Algunas traducciones que utilizan frases como "plenamente predicado", o "plenamente proclamado" ponen demasiado énfasis en la transmisión cognitiva de la información acerca del evangelio, sobre todo a la luz de la lista de actividades evangélicas que se encuentra en 15.18-19. A la luz del modo en que Pablo emplea la palabra "fundamento" en otros lugares (en especial en 1 Cor. 3.8-15), llego a la conclusión de que "Cristo es nombrado" cuando se ha establecido un movimiento creciente de enunciar y demostrar la vida de Cristo a toda la comunidad. Esto es lo que muchos considerarían una iglesia.

[8] Pablo emplea el concepto de sacerdote y lo transforma en un verbo, de modo que dice, en efecto, que está "sacerdotando" el evangelio. La imagen es la de un sacerdote hebreo cuya tarea principal era la de ayudar al pueblo a presentar sus ofrendas de adoración a Dios.

[9] La idea es "hacia el rostro de Dios", como en un templo.

Ensayando para la gloria eterna

Al finalizar la historia, nos asombrará la magnitud de lo que ha logrado el amor de Dios. Su amor habrá triunfado, ganando la devoción apasionada de todos los pueblos. Jesús habrá cumplido totalmente la promesa hecha al Padre: «Les he dado a conocer tu nombre y lo daré a conocer aún, para que el amor con que me has amado esté en ellos...» (Juan 17.26).

Más allá de la historia, habremos descubierto que todo el servicio de adoración de las muchas naciones a lo largo de las generaciones, no ha sido más que un ensayo, en preparación para despliegues mayores de amor y de gloria, despliegues que seguirán demostrando la gloria hermoseada de todo pueblo. El cielo llenará la tierra: «El tabernáculo de Dios está ahora con los hombres. Él morará con ellos, ellos serán su pueblo[10] y Dios mismo estará con ellos como su Dios» (Apoc. 21.3).

Los pueblos existirán eternamente. La ciudad que es el cielo en la tierra será adornada por reyes de los pueblos que continuamente traerán el tesoro y el fruto de los pueblos al trono de Dios (Apoc. 21.22-26). Serviremos a Dios, asombrados y honrados al tener su Nombre en nuestros rostros. Y mirando su rostro, le serviremos como sacerdotes amados (Apoc. 22.1-5).

Cambios en nuestras prácticas

Hasta ahora hemos clamado: «¡Que la tierra escuche Su voz!» No dejemos nunca de enunciar su Palabra a toda criatura. Pero hay otro clamor, mucho más antiguo. Es un grito que proclama el destino de la tierra. Debe alzarse hoy más que nunca: «¡todos los pueblos te alaben!» (Salmo 67.3-5). Escuchemos ya la adoración creciente de las naciones. Concentremos pues nuestros afectos más profundos y nuestros planes más osados en la visión de todos los pueblos amando a Dios con lo mejor de una sociedad santificada. ¡Qué esperanza magnífica!

Más que nunca debemos trabajar juntos con una misma pasión para que Cristo sea nombrado y para que Cristo sea alabado en todo pueblo. Una visión «doxológica» (es decir, que tenga que ver con su gloria) de la evangelización mundial nos ofrece sabiduría práctica que es esencial para poder completar la tarea restante. Metiéndonos en la historia de su gloria nos ayudará en tres maneras prácticas:

1. Profundizar nuestra motivación: amando la gloria de Dios

La evangelización del mundo es para Dios. Generalmente obramos motivados por una preocupación por la penosa situación de la gente. Deseamos verlos salvados del infierno, o verlos salvados para lograr la integridad en sus relaciones con otros, o ambas cosas. Tal compasión es bíblica y es necesaria. Sin embargo, nuestro amor por los pueblos adquiere equilibrio y poder cuando nuestra pasión suprema es que Dios sea honrado por los actos bondadosos ofrecidos en Su Nombre; y aún más, que Dios reciba el agradecimiento personal de aquellos que han sido transformados por el poder del evangelio.

Los esfuerzos misioneros cuya motivación surge de una respuesta compasiva a la crisis humana tienen un alcance limitado. La apelación a ayudar a los que están doloridos o

---

[10] Algunos manuscritos bien auténticos conservan en este pasaje el vocablo plural "pueblos".

perdidos, basada en un sentimiento de culpa, ablanda un poco nuestros corazones. En la práctica, sin embargo, cansa y endurece a los creyentes, de modo que el resultado es una obediencia mínima, como «una simple muestra». La necesidad del hombre exige un trabajo costoso y difícil. Tal obra no puede ser sostenida por un celo momentáneo, huidizo, generado por apelaciones a favor de almas desesperadas y moribundas. El propósito global de Dios es mucho más que la respuesta a una necesidad urgente; es un plan que Él trazó desde el principio. Ahora más que nunca los creyentes deben ser estimulados a un celo de largo alcance por la gloria de Dios. Teniendo la certidumbre de que Dios cumplirá con su promesa, podemos experimentar profunda compasión por las necesidades de otros, y al mismo tiempo, actuar osadamente para cumplir con el propósito de Dios.

8. ¿Por qué el autor hace hincapié en una motivación basada en la gloria de Dios y no en la necesidad humana?

2. Definiendo la tarea: aumentando la gloria de Dios

En ningún momento ha habido tanta preocupación por parte de los cristianos por alcanzar a todos los pueblos del mundo con el evangelio. El reconocimiento de la existencia de grupos sociales y culturales nos ayuda a diseñar formas eficaces para comunicar el evangelio a grupos humanos específicos. El tener en cuenta los grupos étnicos y sociales parece ser útil para evaluar el progreso y para repartir distintas tareas, a fin de lograr una colaboración eficaz. Pero nuestra meta no debe reducirse a llegar a los pueblos «impactándolos» como si fueran «blancos». Debemos ir más allá del encuentro evangelístico. Nuestra meta debe ser la de ver como resultado una adoración obediente a Dios, que puede ser distintiva para ese grupo específico. Lo que propongo no es que el enfoque del trabajo por grupos sociales es importante, sino que el resultado en estos grupos sí lo es. ¿Cuál es el resultado del evangelio? Seguramente no es simplemente que cada persona tenga la oportunidad de rendir un veredicto en cuanto al mensaje. Dios ha prometido obtener gloria obediente para sí de toda tribu y lengua. Anhela la corriente singular de amor, justicia, sabiduría y adoración que puede surgir de cada pueblo. Esta sería la mejor razón para sembrar iglesias autóctonas. Tal perspectiva realza el valor distintivo de cada grupo social, y al mismo tiempo, realza el valor de lograr la irrupción del evangelio en todo lugar. La geografía tiene importancia. Cada ciudad y lugar adquiere una significación mayor como asiento de una exhibición única del Reino de Dios.

9. ¿Cuál es el resultado final de la evangelización de todos los pueblos de al tierra?

3. Integrando los esfuerzos: glorificando a Dios

Un enfoque doxológico pone a un lado la dicotomía, claramente errónea, entre la evangelización y la acción social. Al discutir el tema, la cuestión que se plantea es: ¿Cuál aspecto del ser humano es el más importante? ¿Es más importante salvar un alma o sanar una comunidad? La pregunta es repugnante para todos. La respuesta más común ha sido una generalización poco específica que dice que debemos encarar ambos aspectos, en vez de oponerlos entre sí. Posiblemente podamos hacer algo aún mejor. ¿Qué ocurriría si ambos aspectos fueran examinados cuidadosamente y luego adoptados según cual sea el resultado para Dios?

Dios recibe gloria tanto de la proclamación del evangelio como de un acto bondadoso realizado en Su Nombre. Resuena mayor gloria cuando comunidades enteras ven la mano de Cristo transformando sus vidas.

La historia de su gloria

Dentro de la visión para la gloria de Dios yace la sustancia de una verdadera unidad entre las iglesias. Cuando existe un celo para que Dios reciba gloria singular de todo pueblo, se pueden fácilmente poner de lado las exigencias de uniformidad de culto y de conducta. Nos podemos deleitar en una variedad de estilos de justicia, paz, y gozo, en tanto aumenta nuestro celo por aquella verdad, confesada por todos: la persona de Cristo.

10. ¿Qué beneficios tiene la obra de la evangelización mundial cuando se realiza con la perspectiva de aumentar la gloria de Dios, en vez de propagar una doctrina o una iglesia?

En un mundo que cada vez mas enfatiza el yo, es difícil entender que el evangelio se debe propagar no porque las almas se pierden, sino para traer gloria a Dios. Aunque la compasión por las almas perdidas también nos emociona e impulsa a compartir con ellos, el resultado final es que se cumplan sus propósitos y que Dios reciba la gloria que el merece. Al perder el enfoque en SU GLORIA, también perdemos el poder para vivir vidas que le glorifican. Reconocemos que Dios es soberano, justo y bueno.

Nos aunamos a sus propósitos. ¡Para la gloria de Dios! ha sido y debería seguir siendo nuestra motivación y lema en la evangelización mundial.

Tarea Integral

El Padre Nuestro fue dado por Jesús como el patrón de la oración. A simple vista, puede parecer algo seco y rutinario. Véalo con otros ojos analizándolo frase por frase, porque su contenido es profundo. Establece nuestra relación con Dios como 'padre, nos compromete con que su nombre sea glorificado y que su reino avance, y nos incentiva a participar en su obra donde veamos las necesidades humanas. Crea un bosquejo para una charla titulada "El Padre Nuestro—agenda diaria para cada uno de sus discípulos."

Preguntas para la reflexión

Dios logrará la obediencia a su voluntad, ya sea que sea ejercido por medio de su soberanía suprema, o por una respuesta de nuestra parte a su misericordia y amor. Uno también puede rendir gloria a Dios obligadamente como Creador soberano, o por amor a Él, su creación, su hijo y su iglesia. La ley de Moisés expresó la obligación de amar y glorificar a Dios. Pero Cristo nos mostró como glorificar a Dios por amor. Medite sobre Juan 17. Escriba sus pensamientos sobre como Dios es glorificado a través de tu vida. Renueva tu compromiso con Él.

Lección 4
¿Qué quiere Dios?

Como seres humanos, tenemos un entendimiento finito e incompleto. Pero la Biblia nos ayuda a comprender el propósito que tuvo Dios al crear el cosmos y nosotros. La creación fue «buena» y llena de propósito. Pero la rebelión de Satanás y del hombre cambió todo. El siguiente artículo presenta dos «problemas» que Dios enfrenta y dos «soluciones».

El gran plan de Dios

Stanley A. Ellisen[11]

El reino eterno de Dios

La Biblia describe a Dios como Rey eterno: «Jehová es Rey para siempre» (Salmos 10.16). También declara su soberanía sobre todas las cosas (Salmos 103.19). Siendo infinito, se encuentra en todas partes. Por lo tanto, en todo momento y en todo lugar, en las vastas riquezas de su universo, Dios está en total control de todo. Dios nunca ha comprometido la prerrogativa suprema de su señorío. El hacer una cosa semejante lo reduciría a ser menos que Dios. Es necesario reconocer su soberanía absoluta si queremos tener una visión adecuada acerca de su reino. La obra de su creación, con todos sus riesgos aparentes, es el resultado de su soberanía.

La primera rebelión

En el manejo de su reino, Dios gobierna mediante el principio de la delegación de autoridad. Dios organiza a los ángeles en jerarquías, asigna niveles de responsabilidad y esferas de servicio. Con el fin de que actuara como su principal lugarteniente en la dirección de su reino, Dios dotó de belleza refulgente, inteligencia y poder a un arcángel específico (Ezequiel 28.12-17; Judas 9). Lo llamó Lucero y le dio un trono desde donde pudiera gobernar (Isaías 14.12-14). Dicho ángel gobernó como el primer ministro de Dios.

No aparece registrada la duración de dicho arreglo tan armonioso del pasado. Habiendo sido dotado de libre albedrío, la prueba crucial era su fidelidad a la voluntad de Dios. Esa prueba le llegó a Lucero cuando optó por alabarse a sí mismo en razón de los rasgos de belleza que le fueron conferidos por Dios. Deslumbrado por su propia grandeza, declaró su independencia y presumió ser «semejante al Altísimo» (Isaías 14.14). En ese momento de

---

[11] Ellisen, Stanley A.: *Biography of a Great Planet*. Tyndale House Publishers Wheaton, Il 1975, págs. 16-26. Traducido con permiso.

decisión él mismo se arrojó fuera del eje estabilizador de la voluntad de Dios e inició la gran caída al olvido de un ser sin Dios. Su decisión fue final y nunca se arrepintió de ella.

Sin embargo, Satanás no fue el único en su elección. Es evidente que fue seguido por una tercera parte de los ángeles del cielo (Apocalipsis 12.4-7), lo cual permite presuponer la capacidad persuasiva de su liderazgo. Con dicha multitud de rebeldes Lucero formó su propio reino, el falso reino de las tinieblas. Su nombre fue cambiado por el de «Satanás» (adversario) de acuerdo con su conducta. Si Dios es soberano, ¿por qué no destruyó de inmediato a ese rebelde tan astuto? ¿Por qué no llevó a cabo una ejecución en masa de toda esa horda de ángeles desobedientes? O, cuando menos, ¿por qué no los encerró para siempre en los abismos del infierno?

La respuesta es que Dios tiene planeado hacer eso, pero temporalmente está utilizando a dichos rebeldes para lograr otro propósito. Dios tiene un gran plan en el desarrollo de su programa. No es un plan rígido en el cual Él se ha encasillado sino que es flexible a los cambios y resultados que la batalla presente. Tan profunda es su soberanía que es capaz de hacer que la ira de los hombres lo alabe y que sus enemigos lo sirvan (Salmos 76.10). La ironía devastadora para sus adversarios es que terminan por servirle a pesar de ellos mismos. Encadenó a algunos de los ángeles caídos hasta el día del juicio y a otros les ha permitido una libertad limitada hasta que se logre su propósito final.

El hecho central que debemos observar es que Dios permitió que se formara un reino de las tinieblas. Este reino fue constituido por las fuerzas voluntarias guiadas por Satanás, no a través de la creación de Dios. Por lo anterior, se convirtió en el polo opuesto del reino de luz de Dios y en una opción tentadora para todas las criaturas en ejercicio de su libertad moral. Es un falso reino que opera simultáneamente con el verdadero reino de justicia. Algunas veces parece ser dominante, no solamente desviando a las personas, sino hasta ganándoselas. Esto se debe a su «modus operandi». Contra muchas opiniones ingenuas, el diablo no es aquella figura horrible con un tridente, sino que más bien es un ángel engañador e hipócrita, cuya meta en la vida es falsificar las obras de Dios. Esa ha sido su ambición más grande desde que decidió rebelarse. Su primera intención registrada termina con las siguientes palabras: «seré semejante al Altísimo» (Isaías 14.14). Dicho esfuerzo falsificador es su maniobra más efectiva, ya que mientras más pueda imitar las obras de Dios, los hombres se verán menos inclinados a buscar a Dios y hacer su voluntad.

1. ¿Cómo se explica la soberanía de Dios con todo el mal y el sufrimiento humano que la rebelión de Satanás ha producido?

El reino de Dios se inicia con la creación del hombre

Después de la caída de Satanás, Dios empezó otra creación: el hombre. También a éste dotó Dios de libre albedrío, a pesar de que ello fuera peligroso. Si tanto el hombre como la mujer iban a ser hechos a la semejanza de Dios, entonces el libre albedrío vendría a ser esencial para la personalidad humana ya que el gran diseño de Dios es reproducirse a sí mismo en ella y, en especial, reproducir sus rasgos de amor y santidad. Dichas características divinas sólo pueden crecer en un terreno de libertad moral, requerida a la vez, por la comunión.

Mediante dicha libertad Dios buscó establecer al hombre y a la mujer en un perfecto vínculo con su soberanía. Trató de relacionarse con ellos por medio del amor y no de la fuerza. El lazo del amor es mucho más firme que el de la fuerza. Con esto en mente, creó a Adán y a Eva haciéndolos partícipes de su reino. Como prueba inicial, les fue prohibido comer del «árbol del conocimiento del bien y del mal» (Génesis 2.17). Se les permitió escoger la obediencia o la desobediencia. El árbol no fue puesto allí como una provocación o una trampa, sino como una prueba inevitable. Se le dio a la pareja la capacidad de elegir entre ser leales a Dios o someterse a las opciones engañosas que les ofrecía la serpiente. Si hubieran rechazado la tentación del maligno para contraer un pacto firme con Dios, se les hubiera permitido comer del «árbol de la vida» y hubieran sido confirmados eternamente en justicia (Génesis 3.24; Apocalipsis 22.2). Sin embargo, cada uno desobedeció la orden directa de Dios y se consumó la caída de la raza humana.

Mediante esa acción deliberada declararon su independencia de la voluntad de Dios y su adhesión al reino de las tinieblas de Satanás. La causa de dicho desastre no fue el árbol, ni tampoco la serpiente o el diablo detrás de ésta (Apocalipsis 12.9), sino que ellos propiciaron la ocasión para que los dos expresaran su libre albedrío con relación a la voluntad de Dios. La causa del desastre fue su decisión. Fracasaron en la prueba de su lealtad y por ello cayeron, junto con el ejército de los ángeles caídos anteriormente. Aparentemente esta segunda caída de la creación da el aspecto de haber acabado con las esperanzas de Dios de extender su reino a agentes morales. Al hombre se le dieron las responsabilidades cósmicas de ejercer dominio sobre la tierra, pero la realidad fue que no se le podía confiar ni un trozo de fruta. ¿Sería dicho don la ruina suicida de toda la raza humana? Lo cierto es que daba la apariencia de ser contraproducente para los propósitos de Dios, ya que el pecado aparentaba levantarse como vencedor.

2. ¿Qué paralelismos hay entre la caída de Satanás y la caída del hombre?

Los dos problemas resumidos

Hasta este punto el conflicto puede resumirse en dos problemas que Dios adquirió en el proceso creativo. Uno es que su lugarteniente, Satanás, falló e inició un reino falso, robando la lealtad de un gran contingente de ángeles y el otro es que el hombre, hecho a imagen de Dios, también falló y cayó en un estado de pecado y desintegración personal. Por lo tanto el reino de Dios fue dividido y usurpado parcialmente.

La pregunta que se hace con mucha frecuencia es: ¿por qué Dios se tomó la molestia de llevar a cabo el plan de salvación? ¿Por qué no destruyó todo y comenzó nuevamente? Claro que eso no estaba dentro de su plan soberano, ni tampoco sería una solución real al gran reto que presentaba la doble rebelión. Dios no solamente hizo frente al reto incidental del pecado, sino que su gran misericordia inició un programa que redimiría maravillosamente a los pecadores. En dicho plan Dios se dirigió hacia dos problemas: 1) cómo restablecer su reino usurpado y 2) cómo propiciar la redención para toda la humanidad. La solución que Dios buscaba no podía tratar con ambos problemas de una manera separada. Por lo tanto, diseñó un plan por medio del cual la victoria sobre el reino falso proporcionara salvación para la humanidad. No podía lograrse por un simple despliegue de fuerza divina. La respuesta no estaba en hacer sonar el látigo. El cataclismo, e incluso el juicio, serían pospuestos. Requería de la acción y del poder de su mayor atributo: el amor.

3. ¿Cuál es el doble "problema" en el cual Dios se encontró al unirse el hombre a la rebelión de Satanás?

El reino de Dios y sus programas redentores

Cuando Adán y Eva pecaron por primera vez, Dios inició su juicio para con la serpiente (Génesis 3.14). En dicho juicio también dio el prototipo del evangelio, anunciando el propósito redentor del hombre. A la serpiente le dijo: «y pondré enemistad entre ti y la mujer, y entre tu simiente y la simiente suya; ésta te herirá en la cabeza, y tú le herirás en el calcañar». Dicho mensaje era obviamente para el hombre así como para Satanás y quizás aún más; Dios profetizó que después de una enemistad recíproca surgirían dos encuentros violentos. La cabeza de la serpiente sería aplastada por la simiente de la mujer y el calcañar de la simiente de ella sería dañado por la serpiente. Los dos personajes de este conflicto posteriormente serían declarados como Cristo, la simiente de la mujer (Gálatas 4.4) y Satanás, llamado la «serpiente antigua» (Apocalipsis 20.2).

Mediante el análisis de estos dos encuentros violentos nos damos una idea del plan de Dios con respecto a Satanás y al hombre. La primera frase, «Esta te herirá en la cabeza» fue un anuncio de que Cristo destruirá al diablo. Cristo mismo mencionó que Él ataría a Satanás, «el hombre fuerte» de este sistema mundial, y lo echaría fuera (Mateo 12.29; Juan 12.31). La muerte de Cristo en la cruz proporcionó el medio para la aniquilación final de Satanás ya que, «el que construye el cadalso también colgará de él». Y con el juicio final del diablo, también el falso reino, obra de él, será destruido. Esto último, claro está, todavía no ocurre, sino que sucederá después del reinado milenial de Cristo. Todo este proceso, mediante el cual Dios reclama su autoridad sobre todos los reinos y detiene por completo toda rebelión, se puede denominar como el «programa del reino de Dios».

El segundo golpe anunciado en Génesis 3.15 es la herida en el calcañar de la simiente de la mujer por parte de la serpiente. Este asalto diabólico se cumplió en la cruz, donde Satanás fue el que provocó la crucifixión de Cristo. La herida en el calcañar nos permite ver la naturaleza temporal de la muerte de Cristo en contraste con el aplastamiento de la cabeza de la serpiente. La muerte de Cristo en la cruz sirvió como base para el programa redentor de Dios, mediante el cual hizo provisión para la salvación del hombre.

Podemos, pues, ver en el protoevangelio del Edén en forma bosquejada, el doble plan de Dios para su reino y la redención del hombre. Finalmente, Dios recuperará la totalidad de su reino mediante la destrucción de Satanás y su reino falso, redimiendo también a todos los creyentes por el proceso de la muerte de Cristo.

4. ¿Cómo demuestran la muerte y resurrección de Cristo una respuesta cabal al doble problema que Dios está enfrentando?

El doble programa de Dios es revelado

El resto del Antiguo Testamento describe el desarrollo progresivo del doble propósito de Dios en la tierra. El Señor escogió a dos hombres de fe mediante los cuales inició dichos propósitos y los puso en movimiento. El primero de estos hombres fue Abraham, quien vivió aproximadamente en el año 2.000 A.C. Dios hizo un pacto con él y le prometió, entre otras cosas, una simiente que sería de bendición a todas las naciones. A dicha simiente el Apóstol Pablo la identificó con Cristo y a la bendición que vendría a través de Él, como redención o justificación (Gálatas 3.6-16). La simiente de Abraham propiciaría la redención del hombre, ejecutando así el programa redentor.

Para dar cumplimiento al propósito de su reino Dios escogió a David, del mismo linaje, aproximadamente 1.000 años A.C., e hizo un pacto con él acerca de un reino y una simiente real (2 Samuel 7.12-16). Dicha simiente de David posteriormente reinaría sobre la casa de Israel para siempre. Además, de reinar sobre Israel, después se reveló que su Ungido extendería su reino sobre todo el mundo (Amós 9.12; Zacarías 14.9). Mediante la simiente de David, Dios cumpliría el programa de su reino, destruyendo a todos los rebeldes y gobernando al mundo en justicia.

Los dos hijos tipos de Cristo

Es muy interesante notar que a cada uno de estos dos hombres se le dio un hijo que tipificó aquella simiente prometida. Isaac, el hijo de Abraham, tipificaba a Cristo en su acción redentora, siendo ofrecido en el monte Moriah como un sacrificio vivo. Salomón, el hijo de David, tipificaba a Cristo en su realeza, siendo un rey de gloria y esplendor. Estos dos hijos tipificaron, de manera sorprendente, a aquella simiente de Abraham y David que buscó con tanta anticipación en el resto del período del Antiguo Testamento. A la luz de esto no es de asombrarse que el Espíritu de Dios comience el Nuevo Testamento presentando a la figura central como «el hijo de David, hijo de Abraham» (Mateo 1.1).

Dos animales tipos de Cristo

El Antiguo Testamento también describe las funciones de la redención y del reinado de Cristo mediante dos animales simbólicos. El cordero para el sacrificio lo tipifica en su obra redentora como «el Cordero de Dios que quita el pecado del mundo» (Juan 1.29). Lo describe como el Siervo de Jehová que es llevado «como un cordero... al matadero» (Isaías 53.7).

El otro animal que tipifica a Cristo en el Antiguo Testamento es el león (Génesis 49.9-10). Juan, en Apocalipsis 5.5, se refiere a esta metáfora del Antiguo Testamento cuando describe a Cristo como «el León... de la tribu de Judá». Como rey de las bestias, el león representa autoridad real. El punto clave es que de la tribu de Judá saldría un Gobernador que reinaría sobre Israel y el resto del mundo.

5. ¿Cuáles con las evidencias de que hay dos programas sincronizados que Dios está implementando para enfrentar el doble problema?

Los dos programas se relacionan

Aunque esas dos funciones de Cristo se relacionan entre sí a través de toda la Biblia, son distintas en cuanto a su propósito; el relativo al reino es principalmente para Dios y está ligado a su reclamo de lo que perdió de su reino, y el propósito redentor lo es para el hombre, propiciando la base de su salvación. Aunque el objetivo del reino es más amplio, extendiéndose hasta el plano espiritual, no podría lograrse sin el programa redentor para el hombre. Observe cómo Juan relaciona ambos programas en su visión profética de Apocalipsis 5. Después de ver a Cristo como el León y el Cordero, escucha a las multitudes celestiales aclamar a gran voz: «El cordero que fue inmolado es digno de tomar el poder, las riquezas, la sabiduría, la fortaleza, la honra, la gloria y la alabanza» (Apocalipsis 5.12). No solamente había probado sus derechos sino también su dignidad para reinar como el León de Dios al ser inmolado como el Cordero de Dios. Antes de comenzar a destruir el reino de las tinieblas con su ira tuvo que andar por el fuego del juicio para salvar a los pecadores, dando su vida como un cordero. Vemos entonces, que estas dos partes se entrelazan pero apuntan

¿Qué quiere Dios?

hacia dos direcciones distintas y muestran dos cualidades diferentes de la naturaleza de Dios.

Finalmente Cristo entregará al Padre este reino recuperado (1 Corintios 15.24) y dicha entrega constituirá el cumplimiento de la doble comisión del Padre en su papel de simiente de la mujer. Es importante destacar que el medio por el cual Él recuperará el reino será su amor redentor y no su poder soberano. Esa gracia redentora es el fundamento de su doble propósito y también constituye la base de su comunión eterna con el hombre. La comunión divina, y humana no estará basada en el temor o la fuerza sino en el amor.

6. ¿Cuál es el acto histórico/cósmico que señala la realización del plan de Dios y el cumplimiento de sus dos propósitos?

La rebelión no significa que Dios ha perdido su suprema autoridad. La retiene por completo. Perdió la lealtad de un grupo de ángeles y la del hombre. La rebeldía le costó a Satanás y sus seguidores el Cielo. Al hombre le costó Edén y su íntima comunión con Dios. Pero por su amor, Dios está enfrentando este problema. Él toma la iniciativa misionera. Por medio de los profetas, restablece comunicación. Y por medio la obra de Cristo, la comunión íntima con Él. Con el tiempo, sujetará a Satanás y restablecerá su gobierno completo sobre toda su creación.

El propósito de Dios puede ser resumido así:

Redimir a un pueblo de todos los pueblos y ser Soberano de un reino que reemplazará a todos los reinos

El comienzo del plan redentor

Los primeros capítulos de Génesis comienzan a desarrollar la historia del plan de Dios a través de los siglos. Los capítulos uno y dos de Génesis describen la creación y el ambiente ideal en que se encuentran Adán y Eva. El capítulo tres relata la caída del hombre y predice las trágicas consecuencias que esa desobediencia traerá para él mismo y para toda la creación. También proclama el «proto-evangelio», el anuncio en Génesis 3.15 que el vencimiento de Satanás es seguro, y será por la semilla de la mujer.

7. Los primeros dos capítulos de la Biblia, Génesis 1-2, y los dos últimos, Apocalipsis 21-22, son los únicos que NO enfocan la misión de Dios. Todos los demás describen esa misión. ¿Por qué se puede arribar a esta conclusión?

En los capítulos cuatro al siete, vemos un alejamiento progresivo de la raza humana con respecto a Dios y una degeneración moral como consecuencia de ello. Dios envía una destrucción sobre la faz de la tierra en forma de un enorme diluvio. Comienza de nuevo con la familia de Noé, pero la rebeldía está muy arraigada en el corazón del hombre.

8. ¿Qué evidencia hay en estos capítulos de que la rebelión está bien arraigada en el corazón del hombre?

El capítulo 11 nos pinta un paisaje oscuro de una raza monolítica con un solo lenguaje, unida en su rebelión contra Dios. Como consecuencia, Dios confunde su idioma y los desparrama por toda la tierra. Y desde ese escenario oscuro y pagano, Dios llama a un hombre y a su familia para comenzar a trabajar un plan por medio de ellos. Con Abraham, comienza la historia del Pueblo de Dios. Y con el seguiremos en el próximo capítulo.

Si el hombre hubiese tenido éxito en hacerse un GRAN nombre, tal vez hubiera rechazado aún más la oferta redentora de Dios e incluso con esa actitud de rebelión, hubiera sido más difícil todavía quebrar su autosuficiencia.

9. ¿En qué medida fue el esparcimiento de las naciones necesario para el plan de Dios? ¿Cómo dificulta la obra misionera?

Tarea integral

¿Cuáles son los dos aspectos del problema causado por la rebelión de Satanás y la unión del hombre a esa rebelión? Describa el doble programa que Dios está usando para dirigirse a este problema y como se desarrollan a través de las Escrituras.

Preguntas para la reflexión

Como creyentes, ninguno de nosotros está libre de la responsabilidad de servir a nuestro Rey en su gran causa. ¿Cómo espera Él que usted le sirva? Establezca un tiempo diario para buscar la voluntad del Señor para su vida.

Dios es Justo pero también es Amor, y el amor existe solo dentro de la posibilidad de aceptarlo o rechazarlo. Satanás, y luego el hombre eligieron rechazar el amor de Dios. Esta rebelión ha presentado un doble problema para Dios que el enfrenta con un plan. Después de fracasos en el huerto, con el gran diluvio, y la torre de Babel, la humanidad se encuentra totalmente esparcida. Dios inicia la segunda etapa de su plan eligiendo a un hombre, Abraham, por medio del cual comienza a desarrollar un plan para lograr sus propósitos.

Lección 5
La responsabilidad y la oportunidad

«Y le fue dado dominio, gloria y reino, para que todos los pueblos, naciones y lenguas le sirvieran... » (Daniel 7.14)

La misión de Dios a las naciones no empezó con la Gran Comisión de Mateo 28.18-20, sino en Génesis. Después de los sucesos contados en los primeros once capítulos de Génesis, que confirman una rebelión fijada en el corazón del hombre, el Señor cambia su manera de trabajar. Hasta este punto, Dios se revela en términos universales, como todavía lo hace. Toda la creación da testimonio a su Creador y muchos lo buscan en y por medio de esa creación. Pero en Génesis capítulo 12, comienza a revelarse en forma específica. Además de dirigirse al mundo en forma general, comienza una etapa de revelación específica. Por esta revelación, comienza a implementar un plan de alcanzar al mundo, familia por familia, nación por nación. El resto de la Biblia registra cómo Dios lleva a cabo este plan misionero hasta el fin del mundo.

Dios inicia su plan revelándose a un hombre, Abraham, e involucrándolo por medio de un pacto. Con él, forma un pueblo para realizar su misión de restauración a todos las naciones. Aunque muchos se fascinan con la idea de la nación Judía como pueblo «elegido», esta no fue una acción arbitraria ni exclusivista, sino una iniciativa estratégica en la ofensiva para reclamar su reino en toda la tierra. Esta acción no fue una actitud limitada de Dios en crear un pueblo que recibiera su afecto y bendición, a exclusión de otras, sino la creación de una nación para comunicar su mensaje de redención a las demás. El propósito del «pueblo de Dios», cual sea su composición cultural e histórica, siempre ha sido llevar a cabo Su misión.

Un tema interpretativo del Antiguo Testamento

Mucho del material del Antiguo Testamento puede entenderse mejor utilizando un bosquejo de tres puntos, los cuales revelan la función de Israel en el plan misionero de Dios para todas las naciones del mundo:

Responsabilidad. Le es encomendado a Israel el mandato de compartir las bendiciones de Dios con otras naciones.
Oportunidad. Le son dados a Israel los medios para cumplir esta tarea.
Respuesta. Israel, con pocas excepciones, falla en el cumplimiento de su obligación, y contra su voluntad, es enviado a las naciones.

Todas las historias del Antiguo Testamento toman un nuevo significado cuando son vistas desde esta perspectiva. En lugar de considerarlas como un número de relatos, casi inconexos, se puede ver la razón detrás de los acontecimientos. Aún historias tan conocidas como las de José, Daniel y Jonás, toman un nuevo significado cuando se leen desde la perspectiva de la misión de Dios. Hagamos un breve repaso del Antiguo Testamento, usando el mencionado bosquejo como guía.

El propósito de Dios, como se revela en el Antiguo Testamento, comprende toda la humanidad. La Biblia empieza con Adán, el padre de la raza humana, no con Abraham el padre de los judíos. Los primeros once capítulos de Génesis, registran los esfuerzos de Dios tratando con los hombres en su totalidad. Luego, cambia su estrategia, formando una nación, que llevaría a cabo su plan. El pacto que Dios hace con Abraham es claro en sus expectativas.

Al examinar el pacto abrahámico en Génesis 12.1-3, observamos que las promesas del Señor no son hechas con la intención de excluir a las demás naciones de su bendición, sino de proveer una manera por la cual todas ellas pudieran recibir las bendiciones que Él ofrece. Pero, ¿qué papel tendría Israel en todo esto?

Muchos cristianos creen que la función principal del pueblo de Israel en el plan redentor, era proveer una línea biológica para la venida del Salvador. Aunque este concepto contiene una verdad, no deberíamos aceptar esta función pasiva como único motivo para la creación de esta nación. Dios dio a su pueblo un papel protagónico como receptores de su revelación específica, ejemplo de una nación santa, y el papel de sacerdocio real a todas las naciones. Aunque Israel demostró poca iniciativa para realizar estas funciones, no debemos interpretar esta indiferencia como la voluntad de Dios.

Lo que nos ocupa como propósito de este estudio, es la expectativa de que Israel funcione como portavoz de Dios a las demás naciones de la tierra. Examinemos tres pasajes claves del Antiguo Testamento y varios otros textos de apoyo, los cuales demuestran claramente la obligación bajo la cual estaba Israel de dar a conocer el mensaje de Dios a los gentiles. Estos tres pasajes son: Génesis 12.1-3; Éxodo 19.5-6 y Salmo 67. Al estudiarlos, tengamos en mente que también se aplican a nosotros. Como hijos espirituales de Abraham y «herederos de la promesa», tenemos la misma obligación.

El pacto abrahámico

La piedra fundamental de la relación de Dios con el género humano se muestra en varios pactos (o contratos) que Él ha hecho con sus hijos, a través de los tiempos. Los pactos con Adán, Abraham, Moisés y David han tenido un efecto significativo en la teología, pues han provisto las perspectivas básicas, por medio de las cuales, han sido vistas e interpretadas las doctrinas más importantes. En nuestro estudio de la misión mundial, el pacto abrahámico es de particular importancia, ya que muestra claramente cómo Dios planea obrar a través de su pueblo, en el cumplimiento de su misión.

1. Lea Génesis 12.1-3: ¿Cuáles son las bendiciones que Dios promete a Abraham en el pacto que le ofrece?

Como hijos espirituales de Abraham y herederos de la promesas de Dios, entendemos que el pacto abrahámico tiene vigencia hoy. Esto es fundamental para entender la expectativa que tiene Dios con la iglesia. En el cumplimiento de su propósito eterno, Dios también nos bendice para que podamos ser sus agentes de bendición a otros. En cualquier contrato, ambos firmantes están bajo la obligación de cumplir su parte del acuerdo. No hay duda que Dios ha cumplido su parte, pero sus hijos han fallado al no acatar de buena gana su obligación.

Los términos del pacto fueron reafirmados a Abraham en varias ocasiones durante el curso de su vida, y también, transferidos específicamente a sus descendientes. En Génesis 17, cuando Abraham tiene noventa y nueve años y puede llegar a dudar que Dios cumpla su promesa por causa de la esterilidad de Sara, nuevamente el Señor se le aparece y le asegura que obrará como le ha dicho. Aproximadamente un año más tarde, Sara le da un hijo.

Isaac, el hijo del pacto de Abraham, heredó los términos del mismo pacto establecidos por Dios para él en Génesis 26. De igual manera, según Génesis 28, Jacob, el hijo de Isaac y heredero por derecho de nacimiento, recibió los términos del mismo pacto reiterado por Dios en Betel. A través de este período patriarcal registrado en Génesis, Dios obra fielmente cumpliendo su parte del acuerdo. Él bendice abundantemente a Abraham, Isaac y Jacob dándoles riquezas fabulosas, tierras, fama y una familia poderosa. Aún la transición a Egipto y los cuatrocientos años de cautividad son de bendición en forma disimulada. En el fértil valle del Nilo, un puñado de descendientes de Jacob llega a ser un pueblo multitudinario. Condicionados por la dureza de la esclavitud, se vuelven una nación vigorosa, cuya virilidad e instinto para sobrevivir les ayudan a perseverar hasta hoy.

2. ¿Por qué es que el pacto abrahámico sigue vigente aun para nosotros?

«Y Abraham le creyó a Dios y le fue contado por justicia...» (Santiago 2.23). No es menos lo que hacemos nosotros cuando creemos el testimonio de Dios de que en Cristo tenemos el perdón de pecados. La fe es actuar en base a la certeza de la Palabra de Dios (Hebreos 11.1). Abraham estaba seguro que Dios cumpliría hasta la última letra del contrato. También nosotros podemos estar igualmente seguros de ello.

A través del pacto abrahámico, entendemos que Dios intenta llevar a cabo su misión por medio de sus hijos. Él los bendice a fin de que puedan ser agentes de bendición para el mundo. Por medio del ejemplo de Abraham y de la multitud de sus descendientes espirituales sabemos que Dios es siempre fiel en el cumplimiento de sus promesas.

El Éxodo

El pacto abrahámico fue un contrato. Había condiciones que debían ser observadas por ambos, Abraham y Dios. Aunque a veces la sombra de la duda cruzó el sendero de Abraham, éste permaneció fiel en su creencia de que Dios cumpliría su Palabra. Por esta razón fue llamado «el padre de la fe». Pero no todos sus descendientes físicos demostraron esa misma fidelidad, aunque está claro que el Señor quiso que fueran herederos de la misma promesa.

Los primeros capítulos del Éxodo registran las maravillosas formas en que Dios obra al liberar a la nación de Israel de la esclavitud en Egipto. En cada paso del camino la poderosa mano del Señor está obrando. Tres meses después de esta gran liberación encontramos a Israel acampando en el desierto, al pie del monte Sinaí. Allí, Dios les habla.

3. Lea el mensaje de Dios en Éxodo 19.3-6. ¿Cómo sostuvo Dios su parte del pacto? ¿Qué se esperaba de Israel, a cambio de ser su «especial tesoro»?

La intención del Señor era que su mensaje fuese transferible a otros. Por eso lo confió a un pueblo humano. Israel se estableció como sacerdocio real y nos llama la atención que era la nación entera que es nombrada a esta función sacerdotal, no un grupo exclusivo. La función sacerdotal es principalmente la de ser un intermediario entre Dios y la gente. Descubre la voluntad de Dios y lo comunica al pueblo. A la inversa, escucha las necesidades y peticiones del pueblo y las presenta como peticiones a Dios. Como sacerdocio santo, la función de todo el pueblo de Israel – como nación escogida – era de ser un intermediario entre Dios y los demás pueblos. Como su «especial tesoro», era receptor de la Palabra de Dios, y de su gracia—el pueblo elegido para recibir sus bendiciones y por la cual las demás naciones de la tierra serian bendecidas.

Para recibir esta unción y bendiciones, tenían que obedecer a Dios. Para ejercer su función sacerdotal, Israel tenía que mantenerse como una nación santa y pura, totalmente separada de la contaminación moral de las naciones vecinas. No tenía que adorar a otros dioses ni seguir las mismas vanidades y pecados que consumían a los pueblos gentiles; por el contrario, debía entregarse completamente a Dios y a sus propósitos divinos.

El éxodo de Egipto y la conquista de Canaán fueron dos sucesos que sirvieron para establecer esa identidad de separación. De este modo, Dios santificó su nombre, apartándolo de aquellos dioses que las naciones no hebreas adoraban. Y a través del éxodo y de la conquista de Canaán, Dios continuó siendo fiel a su pacto con su pueblo y, por medio de hechos poderosos realizados por Israel, su nombre fue exaltado entre las naciones.

El pacto continúa

Los términos básicos del pacto que Dios establece con Abraham son repetidos, en una forma u otra, en más de cincuenta pasajes y versículos del Antiguo Testamento. El más conocido de estos es el Salmo 67, identificado como el padrenuestro del Antiguo Testamento.

Probablemente este salmo fue cantado en la fiesta anual de acción de gracias de Pentecostés (Hechos 2). ¡Cuán certeras debieron hallarse estas palabras con tan tremendo cumplimiento profético en el primer día de Pentecostés de la era cristiana!

4. Lea el Salmo 67. En los versículos 1-2, ¿cuál es la razón por la cual Dios bendice a Israel?

5. Según los versículos 3-5, ¿por qué los pueblos deben alabar a Dios?

La justicia de Dios es ensalzada. Él es el gobernante justo de las naciones. Él bendice a Israel a fin de que todas las naciones puedan reconocer su soberanía; ha cumplido su parte del contrato y su pueblo reconoce la responsabilidad que le corresponde.

La oportunidad

El hecho de que Israel poseía la obligación bien definida de ministrar a las naciones es certísimo. Como un reino de sacerdotes, ellos tuvieron el papel de mediadores entre Dios y los otros pueblos. Pero, ¿cómo iban a hacer para cumplir con esta parte? ¿Qué clase de oportunidades iban a buscar? ¿Evangelizarían activamente a las naciones de su alrededor, o se sentarían a esperar que las naciones vinieran a ellos?

Las dos fuerzas

En el cumplimiento de la responsabilidad de Israel, estaban obrando dos fuerzas. La primera de éstas era "centrípeta", una fuerza atrayente. Esta fuerza tenía su centro y su foco en el templo, que representaba el lugar donde moraba el nombre de Dios. Era un lugar santo, el corazón de las ceremonias y prácticas religiosas de Israel. Sin embargo, no se pretendía que sólo serviría a Israel como centro de adoración a Dios.

6. Lea los siguientes pasajes: 1 Reyes 8.41-43; 1 Reyes 8.54-61; 1 Reyes 10.1-9; Isaías 56.6-8 ¿Cuáles fueron los propósitos más importantes del templo?

La segunda fuerza en operación era «centrífuga». Esta fuerza expansiva sirvió para llevar el mensaje de Dios más allá de los límites de Israel. Esta responsabilidad implícita de ir a las naciones y actuar cómo mensajeros de Dios, aparece repetida- mente a través del Antiguo Testamento. Algunos de los ejemplos más obvios son los testimonios de cautivos como José, o de exiliados, como Daniel y Ester. Considere también a Jonás, a quien se le mandó que predicara el arrepentimiento a Nínive. Los libros proféticos, además, contenían muchos mensajes que debían ser comunicados a las naciones que rodeaban Israel. Dios no sólo usó a los grandes en esta tarea; fue una pequeña esclava israelita quien anunció a Naamán, el poderoso capitán del ejército sirio afectado con lepra, el gran poder de Dios para sanarlo. No solo se sanó, sino que también se convirtió e adorador del Dios de Israel.

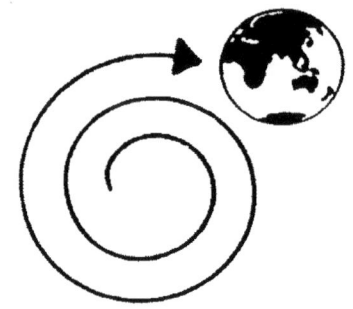

Algunos estudiosos de la Biblia pueden argumentar que estos casos fueron excepciones a la regla, señalando que muchos de estos ejemplos son de personas que estaban cautivas, o bien, ministrando contra su voluntad. Sin embargo, Dios los usó como testigos a las naciones. Es aún más razonable asumir que si Israel hubiera respondido con mayor fidelidad a su responsabilidad misionera, los desolados capítulos de sus cautiverios y exilios no se hubieran escrito.

Ambas fuerzas son importantes para cumplir la misión de Dios.

Al considerar estas dos fuerzas, también es importante notar que Dios colocó a Israel en un lugar físicamente estratégico, para la comunicación del mensaje divino que debía transmitir al mundo. La tierra de Israel se hallaba en el centro geográfico de tres continentes: Asia, África y Europa. Era el principal cruce de caminos del mundo antiguo, así que tenía muchas oportunidades para exponer la verdad de Dios a los viajeros y comerciantes de diversas naciones. A la vez, constituía una buena base, desde la cual, Dios podía enviar sus emisarios a las naciones.

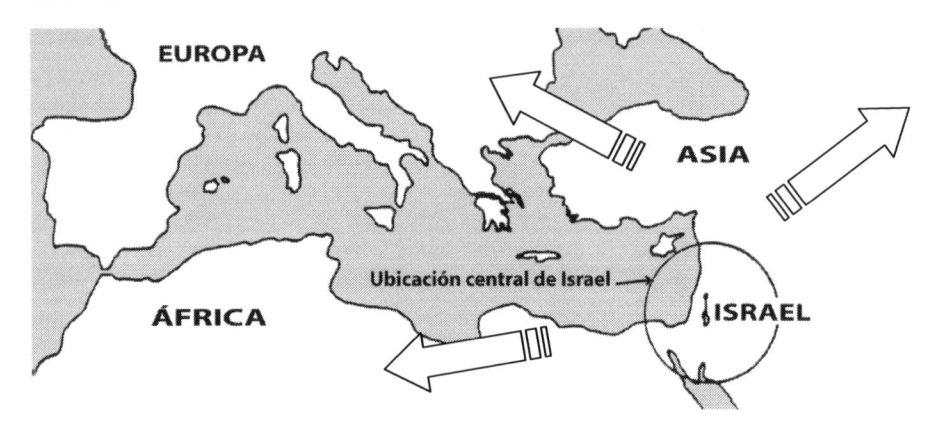

Israel tuvo la oportunidad de actuar como el mensajero de Dios a las naciones, así como también la de recibir «buscadores» provenientes de ellas. Ambas fuerzas, centrípeta y centrífuga, estuvieron obrando durante los tiempos del Antiguo Testamento, como hoy día. Las dos, actuando a la vez, describen una tensión dinámica existente entre la consolidación del pueblo de Dios y su propagación.

El mensaje

El pacto abrahámico de Génesis 12, Dios no sólo prometió a Abraham que sería bendecido, sino que también él y sus descendientes serían una bendición para todas las naciones. El pacto con Israel en el Sinaí (Éxodo 19) especificó la función de Israel como mediador y agente portador de bendición a otros grupos culturales. Pero, ¿cuál era el mensaje que Israel tenía que proclamar? Aún no podían anunciar el evangelio de Jesucristo tal como lo conocemos hoy. ¿Qué anunciarían a las naciones?

Abraham reverenció al Señor en una «obediencia de fe». Caminó en una vital y confiable comunión con un Dios viviente. Esta fe en un Dios que se interesa por cada persona y que busca la sumisión en amor a su voluntad en cada área de la vida, es lo que Dios siempre ha buscado. Lo demanda por derecho y lo impulsa por su amor. El mensaje era y todavía es un mensaje de juicio pero también de amor y misericordia al quien le busca y le hace Señor de su vida.

En Lucas 10.25-28, cuando un abogado de la ley de Moisés le preguntó a Jesús como podría heredar vida eterna, él le cito Deuteronomio 6.5: «Amarás al SEÑOR tu Dios con todo tu corazón, con toda tu alma y con toda tu fuerza.» Luego, baja este amor a lo práctico y le agrega la esencia de la expresión del amor a Dios—el amor al prójimo: «y at tu prójimo como a ti mismo.» Este es el mensaje tanto del Antiguo como del Nuevo Testamento.

Así pues, los hijos espirituales de Abraham caminan con Dios, proclaman su mensaje a las naciones, y practican el amor hacia el prójimo. En las palabras de Miqueas, «El te ha declarado, oh hombre, lo que es bueno. ¿Y qué es lo que demanda el SEÑOR de ti, sino sólo practicar la justicia, amar la misericordia, y andar humildemente con tu Dios?»

La identidad y el carácter de Dios

Si las naciones iban a someterse a la soberanía de Dios, primero tendrían que conocer quién era Él. Su nombre viene a ser el punto focal de su identidad. Jehová, el gran «Yo Soy», el pre-existente Creador no creado, fue el título que Él escogió cuando se reveló por primera vez a Moisés en el Sinaí (Éxodo 3.13-15). Cada uno de sus muchos nombres revela un aspecto de su carácter: Calificativos como «el Juez de toda la tierra» (Gen. 18:25), Jehová Jireh «el que provee» (Gen 22:14), Jehová Rapha «sanador» (Ex. 15:26), Jehová Nissei «mi bandera» (Ex 17:15) demuestran sus atributos. El mensaje se proclamaba a través de su nombre porque así se conocía su posición soberano, todos los aspectos de su carácter, su poder y demás atributos, y su gran amor. Dios mismo se encargaría de avalar al mensajero y exaltar su nombre por medio de poderosos hechos. Comprobaría su derecho de ser reconocido, temido, amado y adorado como Dios Soberano del universo.

7. ¿Cómo se entrelazan el mensaje, la identidad de Dios, y el mensajero?

El poder salvador de Dios

El estudio de los nombres de Dios es extenso. No sólo revelan su identidad, carácter y preeminencia, sino que son el punto focal de su poder para salvar. A través de toda la Escritura encontramos repetidas referencias de hombres que «invocaron el nombre del Señor» u otras alusiones al poder salvador del nombre de Dios.

Los cristianos frecuentemente tienen dificultades para entender cómo fueron salvadas las personas antes de la muerte y resurrección de Cristo. El perdón ofrecido en la cruz fue suficiente y eficaz para todos los seres humanos por todos los tiempos. Y el proceso para recibir esa salvación no fue muy distinto al de ahora. Siempre ha requerido un cambio de actitud en el ser humano—un vuelco hacia Dios. Los creyentes genuinos de todos los tiempos consistentemente han reconocido al único Dios santo y soberano, su pecado ante Él, y su necesidad de reconciliación con el. Han puesto su fe en su misericordia y deseo de salvarlos, y han entrado en la obediencia de fe que busca una vida en sumisión a su voluntad.

El Nuevo Testamento amplía nuestro conocimiento en lo que en el Antiguo Testamento todavía era un «misterio» (Ef. 1.9-12). Entendemos mucho mejor de la justificación y la manera como Dios llevó a cabo su programa de redención a través de Cristo. Pero los creyentes del Antiguo Testamento no tenían menos confianza que la que nosotros tenemos hoy en la provisión de Dios para su salvación. Fue así como Job, en la antigüedad, pudo afirmar confiadamente: «Yo sé que mi Redentor vive, y al fin se levantará sobre el polvo; y después de deshecha está mi piel, en mi carne he de ver a Dios; al cual veré por mí mismo, y mis ojos lo verán, y no otro...» (Job 19.25-27).

8. En los siguientes textos, ¿qué conceptos claves se desenvuelven en la expresión «invocar el nombre del Señor» que todavía son vigentes? Génesis 4.26; Génesis 12.8; Salmo 50.15; Salmo 55.16; Isaías 55.6, 7; Romanos 10.12, 13.

La victoria definitiva de Dios

Como lo aseveró Job, los creyentes del Antiguo Testamento también miraban hacia adelante al día del regreso de Dios a la tierra y del restablecimiento literal y físico de su reino. En los Salmos y en los Profetas, Israel declara la conquista espiritual de las naciones. En los libros históricos demuestra su poder soberano y su determinación de restaurar su reino y liberar a las personas de la esclavitud de Satanás y de las tinieblas. Los creyentes de todas las épocas lo han reconocido a este Dios como Señor y se han sometido a Él. Todos nos hemos unido en la esperanza de su regreso y de la restauración de su reino en la tierra.

9. Lea los siguientes pasajes y escriba el pensamiento clave de cada cita, con respecto al establecimiento del gobierno de Dios: Salmo 66.4; Salmo 86.8-10; Isaías l2; Jeremías l6.19-21; Sofonías 3.8-9; Zacarías 14.9.

Dios bendijo a Israel. Cumplió perfectamente con su parte del pacto con Abraham. Le dio no solo la ley para guiarlos en el desarrollo de sus vidas y su nación, también les bendijo con una tierra, bienes, y protección divina. Les encargó su mensaje como nación santa sacerdotal, y les avaló como sus mensajeros. Los colocó en un lugar estratégico para la evangelización de todas las naciones. ¿Cómo respondió Israel al pacto? En la siguiente lección, veremos su respuesta a la maravillosa oportunidad que Dios le dio como pueblo privilegiado.

Tarea integral

Usando como base Génesis 12.1-3, Éxodo 19.5-6 y Salmo 67, prepare un bosquejo conciso para un breve discurso titulado: «Dios nos bendice para que todas las naciones de la tierra sean bendecidas».

Preguntas para la reflexión

«Abraham creyó a Dios y le fue contado por justicia» (Santiago 2.23). Nuestra justicia está también basada en nuestra fe que Dios hará lo que dice su Palabra. Hay una relación directa entre la profundidad de nuestra comprensión de la Palabra de Dios y habilidad para actuar sobre ello. ¿Está usted entregado al conocimiento íntimo de la Palabra de Dios? Si aún no lo ha hecho, lea la Biblia entera. Planifique un horario diario para esta actividad. Renueva su compromiso con la Palabra de Dios. Escriba su compromiso en su diario.

Lección 6
La respuesta de Israel

Uno no tiene que ser un gran estudiante del Antiguo Testamento para darse cuenta que Israel falló tristemente en su responsabilidad de ser «agente de Dios» para bendición. Aún durante los tiempos en que Dios estaba demostrando su poder a favor de él, reveló un corazón idólatra e incrédulo. En algunas ocasiones, siendo castigado por la disciplina del Señor, o animado con los éxitos que Él le concedía, parecía que se sometería a la voluntad de Dios y seguiría su llamado. Pero, después de gozarse de su relación especial con Él por unos años, una complacencia invadía su actitud, dando lugar nuevamente al pecado y la idolatría.

Dios bendijo a Israel en cada paso de su desarrollo como nación. Lo libró de Egipto y lo alimentó en el desierto. Venció a sus enemigos por todos lados y le apoyó plenamente para tomar posesión de la tierra prometida. Le dio la ley mosaica, una «constitución» que si era obedecida le garantizaba salud, riqueza y seguridad. Y Él quiso continuar gobernando y rigiendo a Israel por a través de sus jueces escogidos. Pero el pueblo demostró continuamente su infidelidad al Señor. Desobediencia e idolatría fueron su respuesta a la bendición divina. Por último, hasta cambió el benigno régimen de Dios por la tiranía de un rey humano.

1. Lea 1 Samuel 8.4-22. ¿Por qué quería el pueblo un rey y por qué Dios se lo permitió?

El reino

La decisión de Dios fue evidente. Samuel ungió a Saúl como primer rey de Israel, pero su desobediencia le costó el trono. Sin embargo, Dios empezó a conceder liberación de sus enemigos al pueblo bajo el gobierno de Saúl. Más tarde, el rey David fue ungido y demostró ser un hombre conforme al corazón de Dios. Bajo su gobierno, la nación prosperó y expandió sus fronteras. Su hijo Salomón edificó sobre los logros de su padre y llevó el reino a su época de oro. Pero, durante la última parte del reinado, su corazón sé alejó de Dios. Aunque evidentemente había gran riqueza en Israel durante ese tiempo, la misma fue adquirida por medio de la explotación del pueblo (1 Reyes 12.4). La advertencia de Samuel vino a ser realidad. Y, de una manera más que significativa, el rey Salomón permitió que el pueblo se alejara de Dios debido a las concesiones que hizo a sus esposas.

2. Lea 1 Reyes 11.1-13. ¿Cuál fue el inicio del pecado de Salomón y como lo podría haber evitado?

La historia de Israel después de la muerte de Salomón fue de tragedia y de gradual desintegración. De inmediato estalló la guerra civil con la coronación de su hijo Roboam. Esto finalmente trajo la división del reino. Poco después de la coronación de Roboam, el rey de Egipto invadió el país y saqueó a Jerusalén, iniciando así una larga era de opresión y dominio sobre este pueblo por parte de sus vecinos. Aunque hubo breves reavivamientos en el caminar espiritual de Israel los cuales afectaron su fortuna nacional, nunca demostró un fiel compromiso con sus obligaciones del pacto. A pesar de las muchas advertencias que le hicieron sus profetas, insistió en seguir su propio sendero idólatra.

3. Jeremías fue profeta durante los años de declinación del reino. Lea el mensaje de Dios a Israel en Jeremías 3.1-14. ¿Desde qué punto de vista contemplaba Dios a Israel? ¿Cuál era la actitud de Dios hacia Israel?

Dios era amorosamente persistente con Israel, deseoso siempre de recuperarlo en cualquier momento. Pero Israel no respondía ni a su oferta de perdón, ni a sus disciplinas y constantes reproches. Por último, Dios permitió que su pueblo fuera llevado en cautividad.

Exiliados los israelitas de su patria y colocados de nuevo en una posición de servidumbre, Dios comenzó el proceso de seleccionar un remanente, el cual se habría de ceñir a los términos del pacto. Ezequiel, el gran profeta del exilio babilónico, enumera un registro de los tratados de Dios con Israel. En Ezequiel 20, describe el proceso que el Señor usará para asegurar la fidelidad de su pueblo al restaurar un remanente a su patria.

4. Lea Ezequiel 20.30-44. ¿Qué hará Dios para purificar a Israel y asegurar su fidelidad?

Esta vez, Dios no iba a permitir que Israel corriera tras sus propias aspiraciones paganas. Nunca más Israel iba a exhibir un tipo de vida idólatra ante las naciones.

Sería injusto recalcar la desobediencia de Israel y sus fracasos, sin autoexaminarnos bajo la misma luz. Es verdad que Israel adoró ídolos, fue rebelde y etnocéntrico, pero, ¿estamos completamente seguros que no somos culpables de los mismos pecados y fracasos?

Jonás

El libro de Jonás es uno de los ejemplos más destacado en el Antiguo Testamento de la preocupación de Dios por todas las naciones. Dios envía a un israelita (aunque mas allá de su propia voluntad) para llevar su mensaje de salvación a una nación enemiga de Israel. Jonás no quiere nada que ver con el tema. Huye su responsabilidad pero Dios se ocupa de asegurar que llegue a su destino. Ejerce su rol como mensajero de Dios y cuando la gente se arrepiente, se deprime. Es fácil criticar a Jonás, pero su problema no es solo suyo. Si estudiamos este libro y permitimos que nos hable, puede también mostrarnos algunas actitudes etnocéntricas acertadas hacia las naciones en nuestras vidas e iglesias. Antes de comenzar esta siguiente porción, lea el libro de Jonás por completo.

El libro de Jonás

Johannes Verkuyl[12]

El libro de Jonás es muy significativo para entender las bases bíblicas de la misión, porque muestra el mandamiento de Dios a su pueblo con referencia a las naciones no judías, y por lo tanto, sirve como un paso preparatorio al mandato misionero del Nuevo Testamento. Asimismo, es importante para tener una idea de la profunda resistencia que enfrenta este mandato por parte de los mismos siervos que Jehová escoge para realizar su obra por todo el mundo.

Hoy en día se habla y escribe mucho sobre «educación de la congregación» y «educación del personal» para misiones. Jonás es una lección muy apropiada para la preparación de aquél que quiere ser un misionero. Revela la necesidad de una conversión radical de las tendencias naturales de cada uno y de una completa reestructuración de su vida, para hacerla útil para la obra.

Antecedentes del libro

En los días del rey Jeroboam II (788-746 A.C.) vivía un profeta llamado Jonás Ben Ammitai. El título del libro es pues, el nombre personal de este profeta. Es obvio, sin embargo, que la intención de esta «midrash» (enseñanza) no fue detallar simplemente los eventos de la vida de este hombre. El autor usa este nombre personal para describir a un misionero que no tiene corazón para los gentiles y, como los fariseos más tarde, no puede tolerar a un Dios que les muestre misericordia. Según las palabras del holandés Miskotte, «el escritor intenta representar a una persona que es exactamente lo opuesto a un apóstol». El libro de Jonás advierte a sus lectores contra esa actitud intolerante y establece delante de ellos la pregunta que cuestiona si están dispuestos o no, a ser transformados en siervos que trabajen para llevar a cabo los mandatos de Dios.

Tal como el autor lo ve, Israel se torna tan preocupado por sí mismo que no dirige más sus ojos hacia las naciones. Israel, el recipiente de toda la revelación de Dios, rehúsa poner su pie en territorio extraño para decir a los pueblos su mensaje de juicio y de liberación. Pero, el libro también está dirigido a la congregación del Nuevo Testamento que trata de evadir el mandato del Señor de predicar su palabra a todo el mundo.

Los astutos esfuerzos de una evasión por parte de Jonás, simbolizan a una iglesia infiel y perezosa que no presta atención al mandamiento de su Señor. Dios tiene que luchar contra el estrecho etnocentrismo de Israel, que trata de restringir su actividad solamente a sus límites geográficos y contra el eclesiocentrismo de la iglesia, que rehúsa ir al mundo a proclamar su mensaje y hacer su obra. El escritor está inclinado a convencer a sus lectores de que el radio activo de liberación de Dios es lo suficientemente amplio como para cubrir a ambos, a Israel y a los gentiles.

Es un milagro que el libro de Jonás, con su fuerte advertencia contra el etnocentrismo, implantara su trayectoria en el canon de la Escritura. Se establece tan firmemente contra el atentado del hombre de sabotear el plan mundial de Dios, que sus lectores (Israel, la iglesia

---

[12] Johannes Verkuyl (1908-2001) fue profesor de misionología y evangelismo de la Free University en Ámsterdam.

neotestamentaria y nosotros), pueden escuchar lo que el Espíritu Santo, por medio de este corto libro, está tratando de decirles.

Un breve examen de las ocho escenas del libro

La primera escena empieza cuando Jonás recibe el mandamiento de ir a Nínive. Mientras que en el Antiguo Testamento generalmente se les dice a las naciones que vengan a Sión, el monte de Dios, a Jonás, así como a los discípulos del Nuevo Testamento se les dice que ¡vayan! En la Septuaginta,[13] Jonás usa la palabra «poreúomai» en el capítulo 1.2-3 y nuevamente en 3.2-3. Es el mismo verbo usado por Jesús en su Gran Comisión registrada en Mateo 28. ¿A dónde debía ir Jonás? A Nínive. De todos los lugares, Nínive era el centro de la brutalidad total y de las actitudes bélicas; además, era notoria por sus vergonzosas acciones canallescas, torturas viciosas y por ser una imperialista descarada para quienes se oponían a sus reglas. Dios quiere que su siervo advierta a Nínive del inminente juicio y le dé la llave del arrepentimiento. ¡Él quiere salvar a Nínive!

Pero Jonás rehúsa ir. Se prepara, pero solamente para huir del rostro de Dios, quien es Señor de todo.

En la segunda escena, Dios responde a la huida de Jonás con una tempestad (1.4-6). El viento obedece al mandato de Jehová, pero el desobediente Jonás duerme en el fondo de la nave, inconsciente ante el hecho de que la tormenta es causada por su actitud. A veces, la iglesia también duerme, precisamente en la tormenta del juicio de Dios que pasa sobre el mundo, asegurándose a sí misma que el viento de afuera no tiene nada que ver con ella. Mientras la tripulación busca en vano las causas del temporal, Jonás confiesa que él adora y teme a Dios, que hizo el mar y la tierra, el único Dios que está sobre todas las naciones. Más tarde declara: «Tomadme y echadme al mar, y el mar se os aquietará, porque yo sé que por mi causa ha venido esta gran tempestad sobre vosotros».

En esta escena la tripulación representa a los gentiles, hacia quienes Jonás permanece totalmente indiferente. Sin embargo, son ellos los que están interesados ahora en salvarlo. Después de una segunda orden de Jonás, lo arrojan al mar y la tormenta cesa. Casi incrédulos ante lo que están viendo con sus propios ojos, los marineros prorrumpen en alabanzas al Dios de Jonás. Ellos estaban más abiertos hacia el Señor que el mismo profeta.

La tercera escena (1.17) describe a un gran pez, que por instrucciones de Jehová abre su boca, traga a Jonás y, a su debido tiempo, lo vomita en la playa. Jonás no puede escapar tan simplemente del mandato misionero de Dios. El Dios que batió los vientos tempestuosos y dirigió a los marineros para lograr su propósito, ahora guía a un pez como parte de su plan para salvar a Nínive. Jehová continúa su obra de formar y preparar a su misionero, a fin de que sea un instrumento perfecto para sus planes.

En la cuarta escena (2.1-10), Jonás implora a Dios que lo rescate del vientre del pez. El que no tuvo misericordia de los gentiles y rehusó aceptar que la palabra de Dios se extendiera hacia ellos, apela ahora a la misericordia divina y, citando frases de varios salmos, suspira tras esas promesas clamadas por los adoradores en el templo de Dios. Jehová reacciona. Le habla a la bestia, y Jonás, aterriza sano y salvo sobre la playa. Sólo por su rescate Jonás fue —sin querer— un testigo de la salvadora misericordia de Dios. Aunque cubierto con hierbas marinas, Jonás fue nada menos que un testimonio de que Dios no se complace en la muerte de los pecadores y saboteadores, sino más bien se regocija en su conversión.

---

[13] Traducción del hebreo al griego del Antiguo Testamento.

En la quinta escena (3.1-4), Dios repite su orden al hombre cuya vida afirma la verdad de lo que él confesó en el vientre del pez: «La salvación es de Jehová». La versión Septuaginta usa el término «kérygma» en 3.1-2. Esa sola palabra resume la misión de Jonás: él debe proclamar que Nínive, tan impía como pueda ser, es aún objeto del cuidado de Dios y, a menos que se arrepienta, será destruida. Su mensaje debe ser de trato, como también de promesa; de juicio, como también de evangelio.

En la sexta escena (3.5-10), Nínive responde ante el llamado de Jonás al arrepentimiento. El orgulloso y déspota rey baja de su trono real, cambia sus ropas por polvo y ceniza e impone a todos los hombres y animales que sigan su ejemplo. Lo que Israel continuamente rehusara hacer, los gentiles paganos lo hicieron: el cruel rey de Nínive es como el antitipo de los desobedientes reyes de Judá.

El pueblo se une al rey en su arrepentimiento. Cesa toda su obra maligna y los terribles cuarteles de coacción de injusticia política se detienen. En profunda penitencia, dejan a los ídolos para servir a Dios, quien es el Señor de cada nación y de toda la creación. Todo esto viene a ser posible porque Jehová es Dios y el mundo de los paganos es un campo misionero potencialmente productivo por esta sola razón.

La cortina se cierra en esta escena con las siguientes palabras de asombro: «Y vio Dios lo que hicieron, que se convirtieron de su mal camino, y se arrepintió del mal que había dicho que les haría y no lo hizo». Jehová es fiel a sus promesas. Todavía hoy su voluntad para Moscú y Pekín, para Londres y Ámsterdam, para Buenos Aires y México, no es menos que lo que fue para Nínive, llena de gracia y misericordia. Lutero, que amaba predicar sobre el libro de Jonás, decía: «la mano izquierda de la ira de Dios es reemplazada por su mano derecha de bendición y libertad».

La séptima escena (4.14) relata el hecho de que los obstáculos más grandes a vencer para cumplir el mandato misionero no son los marineros, ni el pez, ni la ciudadanía, ni el rey de Nínive, sino que es Jonás mismo, la iglesia reacia y de mente estrecha. El capítulo 4 describe a Jonás, que había deseado, desde que partió, encontrar albergue en la ciudad al este de las fronteras. El período de los cuarenta días de arrepentimiento había pasado, pero ya que Dios había cambiado de parecer acerca de su destrucción, Nínive continúa alimentada por la gracia y misericordia, más allá de los límites de Israel a los gentiles. Él quería un Dios de acuerdo a su propio modelo: un Señor frío, duro, de naturaleza cruel, con una voluntad inconmovible contra los gentiles. No podía soportar el pensar que los gentiles formaran parte de la historia de la salvación.

5. ¿Cuál es la lección principal en esta enseña sobre el libro de Jonás?

Este es el pecado de Jonás, el pecado de un misionero cuyo corazón no está en su misión. Él, que una vez imploró a Dios misericordia para que lo librara del desolado aislamiento en el vientre de un pez, está ahora enojado porque este Dios muestra misericordia a las naciones. El profeta desahoga su furia en una oración que se encuentra en 4.2, el texto clave de todo el libro: «Ahora, o Jehová, ¿no es esto lo que yo decía estando aún en mi tierra? Por eso me apresuré a huir a Tarsis; porque sabía yo que tú eres Dios clemente y piadoso, tardo en enojarte, y de grande misericordia, y que te arrepientes del mal». Parte del texto viene de una antigua liturgia israelita, la cual todo judío sabe de memoria y puede recitar en el templo o en la sinagoga aún estando medio dormido (Éxodo 34.6; Nehemías 9.17; Salmos 86.15; 103.8; 145.8). Pero Jonás no podía detenerse a pensar que esta liturgia no sólo era verdad para Jerusalén, la localización del templo de Dios, sino también para otros lugares: Nínive, San Pablo, Nairobi, Nueva York, Lima y París.

¿Por qué está Jonás realmente tan enojado? Por una sola razón: porque Dios está tratando a los que están fuera del pacto, de la misma manera que a los que están dentro de él. Pero la ira de Jonás, en efecto, lo está poniendo a él mismo fuera de ese pacto, porque obstinadamente rehúsa conocer el propósito del mismo, que es traer salvación a los gentiles. Aún no ha aprendido que Israel no puede presumir sobre algunos favores especiales de Dios. Israel y los gentiles viven igualmente por la gracia que da el Creador a todas sus criaturas. Así pues, viene Dios a su profeta, pero ya no como a un miembro del pacto; viene como el Creador y pregunta a su criatura: «¿Haces tú bien en enojarte tanto?»

En la octava y última escena (4.5-11) uno puede ver a Dios obrar otra vez para enseñar sus lecciones a este misionero duro de entenderlas. El no aborda el tema de la tormenta, ni el de los marineros; ni del pez o de la conversión de Nínive porque no quiere. Ahora Jehová intenta un acercamiento más: un árbol milagroso. Una calabacera crece rápidamente, se marchita y muere, víctima de un gusano devorador. Jonás está furioso.

En este punto, Dios vuelve de nuevo a su misionero aprendiz, usando la calabacera como el objeto de su lección. El mismo Dios que dirige el curso completo de la historia, gobierna los vientos y los sacude y vuelve al arrepentimiento a miles de ninivitas, ahora pregunta amablemente: «¿Tanto te enojas por la calabacera? Tuviste tú lástima de la calabacera, en la cual no trabajaste, ni tú la hiciste crecer, que en espacio de una noche nació y en espacio de otra noche pereció. ¿Y no tendré yo piedad de Nínive, aquella gran ciudad donde hay más de ciento veinte mil personas que no saben discernir entre su mano derecha y su mano izquierda, y muchos animales?»

6. ¿Cuáles son las actitudes que demuestra Jonás? Sincerándonos, ¿son actitudes comunes y corrientes en nuestras iglesias o hemos aprendido a ser compasivos y obedientes?

Dios salva y rescata. El Dios de Jerusalén es el Dios de Nínive también. Dios es diferente a Jonás, Él no tiene «complejo gentil». Y aunque Él nunca fuerza a ninguno de nosotros, nos pide amablemente que pongamos nuestro corazón y alma por completo en la obra de la misión. Dios aún está interesado en transformar a «Jonases» obstinados, irritables, depresivos e iracundos en heraldos de las Buenas Nuevas que dan libertad.

El libro termina con una inquietante pregunta que nunca será contestada. Dios alcanzó su meta con Nínive, pero ¿qué pasó con Jonás? Nadie lo sabe. La pregunta de Israel, de la iglesia y de su obediencia aún está esperando respuesta. La cuestión es de tal importancia, que cada generación de cristianos debe contestarla por sí misma. Jacques Ellul, termina su libro «El Juicio de Jonás» con estas palabras: «El libro de Jonás no tiene conclusión, excepto la de aquella persona que se da cuenta de la plenitud de la misericordia de Dios y la de aquélla que de hecho, y no sólo místicamente, lleva a cabo la salvación del mundo».

La iglesia neotestamentaria debe poner mucha atención al libro de Jonás. Jesucristo es «más grande que Jonás» (Mateo 12.39-41; Lucas 11.29-32). Su muerte en la cruz, con su terrible clamor ante el desamparo de Dios, y su resurrección, con su jubiloso grito de victoria, son señales de Jonás para nosotros, indicando el profundo significado de su vida y confirmando claramente la manera tan grande en que Dios amó al mundo.

Si una persona acepta la sangre de Jesús para tener vida eterna, y sin embargo se niega a esparcir las buenas nuevas entre otros, está en efecto saboteando el propósito de Dios mismo. Jonás es el padre de todos aquellos cristianos que desean los beneficios de la elección, pero rechazan su responsabilidad. Tomás Carlisle termina un poema con estas líneas:

7. ¿Cuál es la pregunta con la cual nos deja el libro de Jonás?

**Y Jonás caminó pomposo
a su silla en la penumbra
para esperar
que Dios cediera
a su manera de pensar.**

**Y Dios está aún esperando
por una multitud de Jonases
que cedan
a su manera de amar.**

No podemos examinar las verdades del Antiguo Testamento sin ver también su aplicación a nuestra propia situación. Dios es inmutable y totalmente fiel. Lamentablemente muchos de sus hijos también son inmutables en su indiferencia a sus propósitos.

Un espiral descendiente

La idolatría y rebeldía contra Dios llevó el pueblo de Israel a la ruina como entidad política. Durante este tiempo, los profetas continuamente denunciaron la decadencia y la infidelidad del pueblo, y le recordaron su obligación con respecto al pacto abrahámico. Algunas veces tuvieron éxito e hicieron volver los ojos del pueblo hacia el Señor. Al hacerlo, Dios los bendecía y comenzaba a restaurarlos. Pero el éxito no fue duradero. El pueblo volvía a la idolatría y llegaban a ser piedra de tropiezo en el avance del reino de Dios. Por lo tanto, Dios los volvía a castigar. Este ciclo se repite varias veces en la historia de la nación.

A la larga, al estar el pueblo de Israel desprovisto de la protección y de la bendición de Dios, fue consumido por las naciones de su alrededor. Durante el gobierno del rey Joacim (609-587 A.C.), los judíos fueron deportados por la fuerza a Babilonia. Anteriormente, los israelitas del reino del norte habían sido exiliados a Asiria. En el año 587 A.C. Nabucodonosor, rey de Babilonia, destruyó a Jerusalén y señaló así el fin del reino de Judá como entidad política. Y no fue sino hasta el 536 A.C. que Ciro emitió su decreto por el cual permitió a los judíos iniciar el regreso a su tierra. Pero estos tuvieron que esperar muchos siglos antes de que su dignidad nacional fuera restaurada.

Fue solamente por medio de la pesada mano de la disciplina, que Dios empezó a cumplir su propósito a través de Israel. Muchos de los capítulos más lustrosos del Antiguo Testamento son los relatos de los israelitas que fueron llevados cautivos, y que a través de cuya fidelidad, el nombre de Dios fue exaltado y glorificado entre los gentiles.

En el fuego de la tribulación, el mejor elemento surgió y fue purificado. Dios obró, claramente cumpliendo lo que Él dijo que haría en Ezequiel 20.33-38. Por primera vez, desde que el Señor había llamado a la nación fuera de Egipto, Israel empezó a reconocer fielmente la soberanía del verdadero y único Dios. El remanente que sobrevivió a la cautividad nunca más se prostituiría con los dioses de otras naciones.

8. Al ver el ciclo de rebelión, castigo y arrepentimiento, y luego la restauración de la bendición de Dios, en la historia de Israel, ¿qué lección hay para la iglesia hoy en día?

La dispersión de Israel

Por medio de la dispersión, se llevó a cabo el propósito misionero de Dios con Israel. Si no iba a cumplir voluntariamente su obligación del pacto y ser una bendición a las naciones, Dios llevaría a cabo su propósito por la fuerza. Así empezó la dispersión de Israel, que no volvería a reunirse como entidad política por aproximadamente 2.500 años. Durante ese tiempo un remanente fiel de judíos diseminados por toda Babilonia y el imperio de Persia, difundió su Nombre entre las naciones. Fue en esa época cuando aparecieron por primera vez las sinagogas, donde pequeños grupos de judíos se juntaban para adorar a su Dios.

Durante el período de los imperios griego y romano, la dispersión continuó, principalmente por emigración. Los judíos se trasladaron a los más importantes centros de gobierno y comercio del mundo conocido. Allí prosperaron y se multiplicaron. Sin embargo, dondequiera que fueron mantuvieron su cultura y establecieron sus centros religiosos. Fue con esta «diáspora» de israelitas que Pablo tuvo su primer contacto, cuando viajó de ciudad en ciudad durante sus jornadas misioneras. Algunos judíos hasta empezaron a tomar en serio su responsabilidad de iniciar el trabajo misionero. Estos misioneros viajaron por tierra y mar para convertir gentiles a la fe hebrea. Más tarde, estos judíos prosélitos, como también los «temerosos de Dios» que habían creído pero no habían aceptado las normas de la cultura hebrea, eran los primeros gentiles que respondían al evangelio de Jesucristo.

Johannes Verkuyl, habla sobre este período intertestamentario en el siguiente párrafo:[14] «Investigando en el período de la diáspora judía, hay evidencias claras de un esfuerzo judío en hacer prosélitos, lo cual, a la vez, forjó definitivamente un trabajo misionero que más tarde fue realizado por los gentiles, como también, por los judíos cristianos. La versión Septuaginta[15] del Antiguo Testamento fue llevada a través del mundo civilizado y explicada en las sinagogas. El impacto misionero de la diáspora judía fue mucho mayor que lo que muchos piensan. Lo que es más, el judaísmo afectó a la primera cristiandad porque los judíos cristianos mantenían un fuerte contacto con las sinagogas de las comunidades. Las sinagogas tomaban una parte crucial porque atraían no sólo prosélitos (gentiles que habían adoptado el rango completo de creencias y prácticas, incluyendo la circuncisión), sino también una clase denominada «los temerosos de Dios» (gentiles que habían aceptado la mayoría de la ética del judaísmo y algo de sus cultos, pero rehusaban la circuncisión).»

9. Según el párrafo anterior, ¿cuáles fueron las características de la dispersión de Israel que establecieron el escenario para la venida del Mesías y la rápida expansión del cristianismo?

Como Israel no deseaba cumplir su obligación de exaltar el nombre de Dios entre las naciones, Dios usó la persecución y el exilio para dispersarlo por la tierra. Cuando empezó el período intertestamentario, que se extendería aproximadamente por cuatrocientos años, fue cuando finalmente el mundo

---

[14] Verkuyl, pág. 101.
[15] La traducción del Antiguo Testamento al griego.

comenzó a escuchar el mensaje destinado a Israel. En miles de hogares judíos y en lugares de reunión, esparcidos por todas las naciones, el mensaje fue fielmente proclamado: «¡Escucha Israel, el Señor tu Dios, uno es!»

Israel perdió la bendición por su actitud rebelde y egoísta. Pero Dios la utilizó igual para cumplir sus propósitos. ¿Quién sabe cómo habrá sido la historia de esta nación si hubiera sido fiel al pacto heredado de Abraham? En futuras lecciones veremos que no solo ha sido Israel reacia a cumplir con sus obligaciones, sino que también la iglesia ha demostrado un actitud similar. Es importante aprender de los errores para no volver a repetir la historia.

Tarea integral

Usando el ejemplo de Israel, crea un bosquejo para una charla sobre la obligación de cumplir como su pueblo con los propósitos de Dios y como actitudes contrarios llevan a la perdición.

Preguntas para la reflexión

La idolatría es rendir adoración a ídolos. Un ídolo es cualquier cosa que cautiva el corazón y hace que nuestro afecto se desvíe de Dios. Salomón permitió que su interés se centrara en sus esposas y concubinas y esto destrozó su relación con Dios. ¿Qué «ídolos» son las más grandes piedras de tropiezo para los creyentes de hoy? ¿Están sus afectos puestos solamente en Dios? Lea Salmo 42.1. Luego escriba en su diario un versículo que refleje el deseo que su propio corazón siente por Dios.

La respuesta de Israel

Lección 7
Venga tu reino

«Padre nuestro que estás en los cielos, santificado sea tu nombre. Venga tu reino...» (Mateo 6.9-10)

En las primeras lecciones, estudiamos el Antiguo Testamento como la base para la misión, y quedamos en claro que la Biblia hebrea contiene el mandato misionero. Desde los primeros registros del libro de Génesis, vimos que Dios estaba trabajando para redimir a la raza humana y restablecer su gobierno en la tierra. Usando el bosquejo interpretativo de Israel, su «responsabilidad», «oportunidad» y «respuesta», hallamos que Dios obró en la nación de Israel y a través de ella, tratando de hacer de la misma, un testigo para los pueblos gentiles. Al entrar en el Nuevo Testamento, encontramos que el interés de Dios por las naciones persiste como el propósito central de su relación con el hombre.

Malaquías, el último libro del Antiguo Testamento, contiene la última palabra profética de parte de Dios hacia Israel, antes de la era del Nuevo Testamento. Apropiadamente, el mensaje bosquejado en sus cuatro capítulos habla del pecado de Israel y de su fracaso al no ser un testigo para las naciones. Pero, también anuncia a alguien que «preparará el camino delante de mí; y vendrá súbitamente a su templo el Señor a quien vosotros buscáis, y el ángel del pacto, a quien deseáis vosotros...» (Malaquías 3.1). Esta palabra profética referida a la venida de Juan el Bautista y del Mesías, creó un sentido de anticipación en los judíos devotos.

Israel y el reino venidero

La posición política de Israel en el tiempo de Cristo era lamentable. Estaba bajo el yugo de Roma y, desde la época de los exilios, no había disfrutado de una verdadera autonomía política. Muchos judíos esperaban el día en que los gentiles fueran castigados e Israel recuperara una posición prominente dentro de las naciones. Para muchos, la venida del Mesías, el «Redentor de Israel», estaba asociado directamente con una independencia política.

Podemos suponer que numerosos líderes judíos en el tiempo de Jesucristo, tenían estas altas expectativas nacionalistas. Una visión del Mesías gobernando una sociedad favorecida, en la cual todas las naciones habrían de venir regularmente a Jerusalén para pagar su tributo, nubló el entendimiento del verdadero propósito del Mesías. Malaquías, claramente, les advirtió contra ese falso optimismo: «¿Y quién podrá soportar el tiempo de su venida? o ¿quién podrá estar en pie cuando él se manifieste? Porque Él es como fuego purificador, y como jabón de lavadores. Y se sentará para afinar y limpiar la plata; porque limpiará a los hijos de Leví, los afinará como a oro y como a plata, y traerán a Jehová ofrenda en justicia» (Malaquías 3.2-3).»

El propósito inicial de Cristo fue traer un fuego purificador para Israel y no la realización de sus esperanzas nacionalistas.

1. ¿Qué debía pasar para que Dios pudiera utilizar a Su pueblo en la realización de su plan para las naciones?

La naturaleza de su reino

Los líderes judíos erraron porque no entendieron la verdadera naturaleza del Reino. Cristo vino a establecer el reino de Dios, pero no lo que el liderazgo judío imaginó por «reino». Ellos esperaban un reino terrenal, y Cristo, trajo un reino espiritual.

Los evangelios registran varios encuentros que tuvo Jesús con los líderes judíos. Las respuestas de éstos a sus enseñanzas acerca del «reino» nos muestran la profundidad y firmeza de sus propios conceptos al respecto. Imaginemos cuál sería el posible pensamiento de los dirigentes judíos cuando Cristo proclamó su mensaje:

Jesús: «Arrepentíos, porque el reino de los cielos se ha acercado» (Mateo 4.17).
Judíos: «¿Qué tiene que ver nuestro arrepentimiento con el reino? Son los romanos quienes necesitan el arrepentimiento y mucho más. Vea su maligno sistema político y continuos atentados de injusticia social y opresión económica del pueblo escogido de Dios. ¡Llámelos a ellos al arrepentimiento!»

Jesús: «De cierto, de cierto te digo, que el que no naciere de nuevo, no puede ver el reino de Dios» (Juan 3.3).
Judíos: «¿Cómo puede ser esto? ¿Puede el reino ser otra cosa más que la manifestación política del gobierno de Dios a través de su pueblo Israel? ¿Qué significa este enigma de renacer?»

Jesús: «De cierto, de cierto te digo, que el que no naciere de agua y del Espíritu, no puede entrar en el reino de Dios» (Juan 3.5).
Judíos: «¿Que tiene que ver esta misteriosa plática acerca del nacimiento de agua y del Espíritu con el castigo de las naciones y el reino que los profetas predijeron?»

Muchos judíos devotos esperaban un Mesías que iba a conducir a la nación y los iba a despojar del maligno yugo romano. Jesús de Nazaret, con su mensaje del reino, fue tan diferente a sus expectativas que no tenían «ojos para ver ni oídos para oír». Únicamente podían responder con incredulidad y rechazo. Fue esta falta de entendimiento la que finalmente condujo al más significativo evento de la historia: la crucifixión y resurrección de Jesucristo. Aunque fueron muchos los factores que contribuyeron al rechazo del redentor por parte de Israel, los mismos brotaron de la falta de comprensión acerca del verdadero propósito y misión del Mesías. La veracidad de Cristo consistía, para los judíos, en que cumpliera sus propias expectativas. Como esto no fue así, llegaron a la conclusión de que Él era un blasfemo y un impostor.

Los profetas judíos predijeron que Cristo iba a traer un reinado eterno, y también la paz sobre la cual Israel iba a ser restaurada, y el juicio que iba a ser ejecutado sobre las naciones. Pero esto les cegó el entendimiento de muchos pasajes de la Escritura, en los cuales se predijo que el ministerio del Mesías era el de purificar a la nación de Israel y adquirir la redención para la humanidad.

Sin embargo, Jesucristo cumplió completamente con las expectativas de Dios. Él fue un ejemplo del perfecto acatamiento de la Ley y de los profetas. Él dio cuerpo a todo lo que Dios había deseado para el hombre, pero para muchos líderes judíos, fue una amarga contrariedad. Reaccionaron humanamente; ellos tenían sus corazones fijos en la realización de sus propias expectativas. Fueron confundidos y dudaron de Jesús y de su revelación. También ensordecieron sus oídos al mensaje y decidieron no ver la evidencia del reino a través de los milagros que Él realizó. Haciendo esto, fracasaron en su intento de entender el verdadero significado del reino.

2. ¿Por qué le fue difícil para los judíos aceptar a Jesús como el Mesías prometido?

Para aquellos que podían «ver» y «oír», Cristo reveló el reino. Este fue el tema central de su predicación y de su enseñanza. Sus trabajos demostraron que el reino verdaderamente se había acercado a ellos (Mateo 12.28); y Él propuso que todos los hombres entraran a ese reino del Espíritu a través de la puerta, difícil y angosta, del arrepentimiento y la fe en Dios.

El siguiente artículo ayudará a desarrollar un entendimiento más claro respecto del significado y naturaleza del reino.

El significado del reino de Dios
George Eldon Ladd[16]

Cuando la Biblia menciona el «reino de Dios», siempre se refiere a su señorío, su gobierno, su soberanía, y nunca a la realidad sobre la cual ejerce autoridad. Salmos 103.19: «Jehová estableció en los cielos su trono, y su reino domina sobre todos».
«El reino de Dios», su «malkuth», es su gobierno universal, su soberanía sobre toda la tierra. Salmos 145.11: «La gloria de tu reino digan, y hablen de tu poder». En el paralelismo de la poesía hebrea, las dos líneas expresan la misma verdad: El «reino de Dios» es su poder.

---

[16] Ladd, George Eldon *(1911-1982)* fue profesor de teología en el Fuller Theological Seminary, Pasadena, California. Este artículo es del libro: *El Evangelio del Reino*, Editorial Vida, Miami, FL 1974, págs. 20-23. Usado con permiso.

Salmos 145.13: «Tu reino es reino de todos los siglos, y tu señorío en todas las generaciones». La realidad del gobierno de Dios comprende cielo y tierra, pero este versículo no hace referencia al tiempo en que permanece esta realidad. El gobierno de Dios es eterno. Daniel 2.37: «Tú, oh rey, eres rey de reyes; porque el Dios del cielo te ha dado reino, poder, fuerza y majestad». Nótense los sinónimos de reino: poder, fuerza, majestad; todas, expresiones de autoridad. Estos términos identifican el reino como el «gobierno que Dios ha dado al rey». De Belsasar se ha escrito: «Contó Dios tu reino, y le ha puesto fin» (Daniel 5.26). Claro está que la realidad sobre la cual Belsasar gobernaba, así como el pueblo babilónico, no habían sido destruidos. Era el gobierno del rey lo que terminaba y era transferido junto a Babilonia a otro gobernante, a Darío el medo (Daniel 5.31).

Una referencia en nuestros evangelios pone bien en claro esta significación. Leemos en Lucas 19.11-12: «Oyendo ellos estas cosas, prosiguió Jesús y dijo una parábola, por cuanto estaba cerca de Jerusalén, y ellos pensaban que el reino de Dios se manifestaría inmediatamente. Dijo, pues: un hombre noble se fue a un país lejano para recibir un reino y volver». El señor noble no fue a tomar posesión de una realidad, una región sobre la cual gobernar. La realidad sobre la cual deseaba gobernar estaba a la mano. El territorio sobre el cual había de gobernar era el lugar que dejó. El problema consistía en que él no era rey. Necesitaba la autoridad, el derecho de gobernar. Fue a obtener un «reino, realeza, autoridad En la versión del Nuevo Testamento Dios Llega al Hombre, se ha traducido «para ser nombrado rey».

Esto mismo había ocurrido algún tiempo antes del nacimiento de nuestro Señor. En el año 40 A.C. las condiciones políticas de Palestina eran caóticas. Los romanos habían subyugado al país en el 33 A.C., pero la estabilidad se había logrado en forma lenta. Herodes el Grande, finalmente, fue a Roma; obtuvo del senado romano el reino, es decir, la autoridad de ser rey de Judea y de los judíos. Muy bien podría haber tenido el Señor en mente este incidente cuando dijo su parábola. De cualquier manera, esto ilustra el significado fundamental del reino. El reino de Dios es su realeza, su gobierno, su autoridad. Una vez que comprendemos esto, podemos leer todo el Nuevo Testamento y examinar una cantidad de pasajes en los cuales resulta evidente este significado, donde el reino no es una realidad física, sino el Señorío o reinado de Dios. Jesús dijo que debemos recibir el reino de Dios como niños (Marcos 10.15). ¿Qué se recibe?, ¿la iglesia?, ¿el cielo? Lo que recibimos es el gobierno de Dios. Para entrar en la futura realidad del reino, debemos someternos en plena confianza al gobierno de Dios aquí y ahora.

3. Según la perspectiva los profetas del Antiguo Testamento, ¿cuál es el destino de los reinos terrenales y como ocurrirá?

También se nos dice: «Mas buscad primeramente el reino de Dios y su justicia» (Mateo 6.33). ¿Cuál es el objetivo de nuestra búsqueda?, ¿la iglesia?, ¿el cielo? No, debemos buscar la justicia de Dios, su autoridad, su gobierno, su reinado en nuestras vidas.

Cuando oramos «venga tu reino», ¿estamos pidiendo que venga el cielo a la tierra? En cierto sentido, estamos pidiendo esto; pero el cielo es objeto de deseo solamente debido a que el reino de Dios ha de ser realizado en nosotros con mayor perfección que la actual. En relación con la expresión «reino de Dios», la palabra cielo carece de significado. Por lo tanto, lo que pedimos es: «venga tu reino. Hágase tu voluntad, como en el cielo, así también en la tierra» (Mateo 6.10). La oración es una petición para que Dios reine, para que manifieste su soberanía y poder reales, para derrotar a todos los enemigos de la justicia y de su gobierno divino; para que sólo Dios pueda ser Rey sobre el mundo entero.

4. ¿Cuál es nuestra "búsqueda" como pueblo de Dios y como se manifiesta?

El misterio del reino

Cristo usó muchas parábolas para mostrarnos la naturaleza del reino. Estas ilustraciones tomadas de diferentes facetas de la vida cotidiana fueron utilizadas para enseñar verdades nuevas acerca del reino, las cuales no habían sido aún reveladas. Cristo habló de estas parábolas señalando «el misterio del reino» (Marcos 4.11). Este curioso término «misterio», fue también usado por Pablo en Romanos 16.25, para describir la naturaleza de la revelación de Cristo. Los siguientes segmentos del El evangelio del reino por Eldon Ladd, responden a la siguiente pregunta. ¿Cuál es el misterio que Cristo reveló durante su ministerio terrenal?

La perspectiva del reino en el Antiguo Testamento

Para contestar a esta pregunta, tenemos que remontarnos al Antiguo Testamento y examinar la típica profecía del reino venidero de Dios. En el segundo capítulo de Daniel, el rey Nabucodonosor tiene la visión de una gran imagen cuya cabeza es de oro, el pecho de plata, los muslos de bronce y las piernas de hierro. Luego, una piedra hiere a la imagen por los pies y la reduce a polvo. Este polvo es arrastrado por el viento «sin que de ellos quedara rastro alguno». Entonces, la piedra que destruyera la imagen se convierte en una gran montaña que llena la tierra (Daniel 2.31-35).

La interpretación aparece en los versículos 44 y 45 del mismo capítulo. La imagen representaba a las naciones que sucesivamente iban a dominar el mundo en el curso de la historia. El significado de la piedra se da con estas palabras: «Y en los días de estos reyes el Dios del cielo levantará un reino que no será jamás destruido, ni será el reino dejado a otro pueblo; desmenuzará y consumirá a todos estos reinos, pero él permanecerá para siempre, de la manera que viste que del monte fue cortada una piedra, no con mano, la cual desmenuzó el hierro, el bronce, el barro, la plata y el oro. El gran Dios ha mostrado al rey lo que ha de acontecer en lo por venir...»

Esta es la perspectiva del Antiguo Testamento acerca del futuro profético. Los profetas ven anticipadamente un día glorioso en el cual vendrá el reino de Dios y se establecerá sobre la tierra. Recordará el lector que hemos descubierto que el significado básico del reino es el gobierno de Dios. En aquel día, su reino desplazará a todos los demás reinos, a todos los otros gobiernos y autoridades. Este frenará la orgullosa soberanía del hombre manifestada en el gobierno de las naciones que han dominado la escena de la historia terrenal. El dominio de Dios, el reino de Dios, el gobierno de Dios aplastará toda oposición. Dios, y sólo Él, será el Rey en esos días.

En la perspectiva del Antiguo Testamento, la venida del reino de Dios se mira como un gran evento singular: una vigorosa manifestación del poder del Señor que arrollará a los débiles reinos de soberanía humana y que llenará la tierra de justicia.

5. Desde la perspectiva de dos profetas del Antiguo Testamento, ¿cuál es el destino de todos los reinos terrenales y como ocurriría?

Una nueva revelación del reino

Debemos ahora volver a examinar el evangelio según San Mateo y relacionar esta verdad con nuestro estudio anterior. Juan el Bautista había anunciado la venida del reino de Dios (Mateo 3.2), por el cual entendía que este suceso era el predicho en el Antiguo Testamento. El que había de venir traería un bautismo doble: unos serían bautizados en Espíritu Santo y gozarían de la salvación mesiánica del reino de Dios, mientras que otros serían bautizados en el fuego del juicio final (Mateo 3.11). En el versículo siguiente se ve claramente que esto es lo que Juan desea decir. La obra del Mesías será de mudanza y separación de los hombres. Así como el agricultor trilla y avienta su cosecha, reteniendo el grano bueno y desechando los desperdicios, el Mesías limpiará su era y recogerá su trigo en su granero (salvación para los justos), pero quemará la paja en el fuego (condenación para los injustos, versículo 12). La frase «que nunca se apagará» demuestra que no es un fuego común a la experiencia humana, sino el fuego escatológico del juicio.

Desde la prisión, Juan envió mensajeros a Jesús para que le preguntaran si Él era realmente el que había de venir, o si debían esperar a otra persona. Esta duda a menudo ha sido entendida como signo de la pérdida de confianza en su misión y llamamiento divino, debido a su encarcelamiento. Sin embargo, el elogio que Jesús hace de Juan logra que la interpretación sea distinta. Juan no es «una caña sacudida por el viento» (Mateo 11.7). El problema de Juan se originaba en el hecho de que Jesús no estaba actuando como el Mesías que había anunciado. ¿Dónde estaba el bautismo del Espíritu Santo? ¿Dónde estaba el juicio de los malvados?

6. Juan tenía razones para dudar de su llamado y del reino que anunciaba; pero según Ladd ¿cómo surgió la duda respecto a si Jesús era el Mesías?

Jesús replicó que Él ciertamente era el portador del reino y que las señales de la edad mesiánica de la profecía estaban siendo manifestadas. Y aún dijo Jesús: «y bienaventurado es el que no halle tropiezo en mí» (Mateo 11.6). «¿Eres tú aquel que había de venir, o esperaremos a otro?» Juan hizo esa pregunta porque la profecía de Daniel no parecía estar en proceso de cumplirse. Herodes Antipas gobernaba Galilea. Las legiones romanas desfilaban a través de Jerusalén. La autoridad estaba en manos de un pagano, Pilato. Roma, la idólatra, politeísta e inmoral, gobernaba el mundo con mano de hierro. Si bien Roma demostraba gran visión y moderación en el gobierno de sus súbditos, haciendo a los judíos concesiones debido a sus escrúpulos religiosos, sólo Dios tenía el derecho de gobernar a su pueblo. La soberanía le pertenecía solamente a Él. Ahí estaba el problema de Juan, que era a la vez el de todo judío devoto, incluyendo a los más íntimos discípulos de Jesús, cuando se esforzaban por entender e interpretar la persona y el ministerio de Cristo. ¿Cómo podía Él ser portador del reino, mientras el pecado y sus instituciones permanecían sin castigo?

Jesús contesta: «Bienaventurado es el que no halle tropiezo en mí». Lo que Jesús quiere decir es esto: «Sí, el reino de Dios está aquí. Pero es un misterio, una nueva revelación. El reino de Dios está aquí; pero en lugar de destruir la soberanía humana, ha atacado la soberanía de Satanás. El reino de Dios está aquí; pero en lugar de introducir cambios en las cosas externas, en el orden político, está realizando cambios en el orden espiritual, en las vidas de hombres y mujeres».

7. ¿Quién es el verdadero enemigo de Dios y como actúa Dios a través de su reino para desplazar el reino de su enemigo?

Este es el misterio del reino de Dios, la verdad que ahora Él revela por primera vez en su relato redentor. El reino de Dios ha de obrar entre los hombres en dos etapas distintas: en un tiempo futuro, cuando toda soberanía humana sea desplazada por la soberanía de Dios, según la profecía de Daniel, y en un tiempo presente. El misterio, la nueva revelación es que este reino de Dios ya vino a obrar entre los hombres, pero en una forma totalmente inesperada. No está destruyendo el gobierno de los humanos; está suprimiendo el pecado de la tierra; está comenzando a traer ahora el bautismo de fuego que Juan había anunciado. Ha venido quieta, discreta, secretamente. Puede obrar entre los hombres y jamás ser reconocido por las multitudes. En el dominio espiritual, el reino ofrece en este momento a los hombres, las bendiciones del gobierno de Dios, liberándolos del poder de Satanás y del pecado. El reino de Dios es un regalo que puede ser aceptado o rechazado. El reino está ahora aquí, con persuasión más que con poder.

Cada una de las parábolas de Mateo 13 ilustra el misterio del reino. Esto es que el reino de Dios, que aún está por venir con gran gloria y poder, se halla, sin embargo, presente ahora entre los hombres en una forma inesperada, para traer las bendiciones del siglo venidero a esta generación perversa.

8. ¿En qué se diferencian las dos etapas del reino de Dios?

Esto es el misterio del reino: antes del día de la cosecha, antes del fin de este siglo, Dios ha entrado a la historia en la persona de Cristo para obrar entre los hombres, para traerles la vida y la bendición de su reino. Viene humildemente, sin imposición. Viene a los hombres mientras un carpintero galileo anda por las ciudades de Palestina predicando el evangelio y librando a la humanidad de la esclavitud del diablo. Viene a los hombres mientras sus discípulos van por las aldeas de Galilea predicando el mismo mensaje. Viene a los hombres hoy en día, mientras los seguidores de Cristo llevan el evangelio del reino por todo el mundo. Viene de una manera pacífica, humilde, sin gloria resplandeciente, sin partir los cerros en dos y sin espectáculo celestial.

Viene como una semilla sembrada en la tierra. Puede ser rechazado por corazones endurecidos, puede ser ahogado y hasta, a veces, puede parecer que se seca y muere. Pero así es el reino de Dios. Trae el milagro de vida eterna a los hombres y los introduce en la bendición de la soberanía divina. Es para ellos la obra sobrenatural de la gracia de Dios. Y este mismo reino, el mismo poder sobrenatural de Dios, se manifestará al fin del siglo, esta vez no de una manera pacífica dentro de los corazones de los que lo han recibido, sino con poder y gran gloria, purgando todo pecado y mal de la tierra. Así es el evangelio del reino.

9. ¿Cómo se extiende el mensaje y poder del reino hoy en día?

Cristo rechaza la oferta de los reinos del mundo

Los líderes judíos no fueron los únicos que creyeron que el Mesías se iba a manifestar a sí mismo, primeramente, a través de un dominio físico sobre los reinos de la tierra. Satanás, conociendo muy bien las Escrituras, trató de tentar a Jesucristo para que se rebelara contra Dios, ofreciéndole todos los reinos del mundo. Mateo 4.8-10 nos registra el incidente: «Otra vez, lo llevó el diablo a un monte muy alto y le mostró todos los reinos del mundo y la gloria de ellos, y le dijo: Todo esto te daré, si postrado me adorares. Entonces Jesús le dijo: Vete, Satanás, porque escrito está: Al Señor tu Dios adorarás, y a él sólo servirás».

Jesús rechazó la oferta de Satanás, conociendo que estaba basada en términos que no podía pensar siquiera. No obstante, fue una oferta genuina fundada en su control temporal de los reinos terrenales. Si Cristo hubiera buscado manifestar su autoridad a través de medios políticos, esto hubiera sido ciertamente una tentación para alcanzar su objetivo en forma rápida. Pero no era ese su interés. Él manifestó claramente en su ministerio, que su reino no era de este mundo (Juan 18.36).

10. Si la oferta de Satanás fue genuina, ¿en que se basaba?

Cuando hablamos de misiones, es importante entender el concepto del Reino de Dios y su verdadera naturaleza. Como cristianos, tenemos la responsabilidad de enfrentar problemas que arrasan nuestras sociedades. A veces, inclusive, tendremos que afrontar públicamente instituciones políticas o sociales que están amparando la injusticia y la opresión. Pero nosotros debemos siempre comprender, como Cristo lo hizo, que nuestra misión primaria es la extensión del reino de Dios en la tierra. Y esto únicamente se va a realizar cuando hombres y mujeres en todo lugar tengan una oportunidad razonable para someterse al Señorío de Jesús, y formar parte del Reino de Dios.

Tarea integral

Elabore un bosquejo que aclara el significado del Reino de Dios y porque es nuestro objetivo buscarlo sobre todas las cosas.

Preguntas para la reflexión

La pobreza, la injusticia y la opresión siempre han sido parte de la historia humana. Estas ciertamente fueron evidentes en el tiempo de Cristo. Él pudo haber enfrentado a los gobernadores malignos, despojándolos de sus gobiernos humanos y establecido su propio reino terrenal (así lo hará en su Segunda Venida). El enemigo de Dios, Satanás, le ofrece una vía corta y menos dolorosa para cumplir con su objetivo. Pero la oferta fue tramposa porque implicaba cambiar su lealtad de Dios a Satanás. Jesús eligió ser leal a Dios y obedecer, aun, por una vía dolorosa. Por sus propios sufrimientos, proveyó el camino de salvación a toda la humanidad. ¿Qué sacrificio le puede estar pidiendo el Padre para involucrarse en la tarea de la redención humana?

Lección 8
Cristo y el reino

Hemos dado un vistazo a lo que los judíos esperaban acerca del reino y de la venida del Mesías. Pero, ¿cuál fue la expectativa de Cristo? ¿Cuál, su papel en el reino? ¿Cuál, el impacto de su ministerio?

Cristo manifestó el propio entendimiento de su rol, por el título que eligió para sí mismo. Él pudo haber escogido entre varios nombres con que el Antiguo Testamento denominaba al Mesías. Pudo haber usado el más popular entre los judíos de ese tiempo, «Hijo de David», que lo hubiera identificado como el heredero del trono de Israel. Se identificó como «Hijo del Hombre». H. Cornell Goerner[17] lo explica así: «Nada nos revela más, acerca de su personalidad, que el título que Jesús escogió para sí mismo. No le agradó el término, «Hijo de David», el epíteto popular del Mesías. Entendió que él era el «Hijo de Dios» a quien se refería el Salmo 2.7. Durante su presentación ante el sanedrín así lo admitió. Pero, el nombre que usó durante su ministerio fue «Hijo del Hombre». Más de cuarenta veces en los evangelios emplea este término refiriéndose a sí mismo.»

El nombre preferido de Cristo lo identificó con toda la humanidad, no sólo con el pueblo de Israel. Este hecho tiene significado teológico en que fue cien por ciento hombre sin dejar de ser Dios. Pero para nuestros propósitos, entendemos que con este nombre preferido, se identificó con un papel más amplio que el de «rey de Israel». Vino para retomar su reino mundial. Satanás lo supo cuando lo tentó con la legítima oferta de «todos los reinos del mundo, y la gloria de ellos» (Mateo 4.8). Obviamente, la oferta fue trampa, ya que el requisito era ofrecer a Satanás la adoración, cosa que anularía los supuestos beneficios de poseer los reinos del mundo. Para recuperar esos reinos, tendría que tomar el camino de la cruz.

A los judíos no les gustó para nada esta identificación con la gran humanidad. En el primer mensaje que dio en su pueblo de Nazaret (Lucas 4.25-30), ofendió tremendamente a la gente. Les hizo sentir que Dios no les tenía mayor respeto que a los gentiles, citando dos ejemplos del Antiguo Testamento en que la fe de gentiles superó la de los judíos. Elías fue enviado no a una viuda en Israel, sino a una en Sarepta de Sidón. Y Dios eligió sanar a Naaman el sirio, cuando hubo muchos leprosos en Israel. Se enojaron tanto con este insolente joven que cuestionaba su posición elitista entre las naciones, que lo llevaron a la cumbre de un monte para arrojarlo. Si no fuera por su poder milagroso, no hubiera escapado la muerte.

1. ¿Por qué Jesús eligió "Hijo de hombre" entre otros nombres que también identificaban al Mesías?

---

[17] Goerner, H. Cornell: *All Nations in God's Purpose*. Broadman Press, Nashville, 1979, pág. 74. Traducido con permiso.

A los judíos primero

En verdad, Cristo tuvo un profundo amor por el pueblo de Israel. Su alma se angustió sobre el (Mateo 23.37). Sintió que su primera responsabilidad era hacia su pueblo. Sin embargo, no era por visión exclusivista como algunos aseveran. Era un acercamiento estratégico, como Pablo después lo expresó en Romanos 1.16; 2.10, «Al judío primeramente y también al griego». Sin duda, aunque la nación en su totalidad no respondería al acercamiento del Mesías, muchos sí lo hicieron. Y Pablo también reconoció el valor de evangelizar primero a los judíos, sabiendo que muchos estaban abiertos al Espíritu de Dios. También entró el factor de urgencia, dado que el rechazo de Cristo por el liderazgo judío iniciaría un tremendo juicio sobre Jerusalén y el pueblo. Por eso instruye a sus discípulos a ir primero a «las ovejas perdidas de la casa de Israel» (Mateo 10.5-6). Había una imperante urgencia en esas instrucciones.

2. ¿Por qué Jesús puso prioridad en su ministerio hacia los judíos?

También a los gentiles

Génesis 10 nos relata la «Tabla de las Naciones», una lista de setenta pueblos formados por los descendientes de Noé. Entre los judíos, se suponía que estos eran el número total de las naciones dispersas por toda la tierra después de la Torre de Babel. Con el tiempo, el número setenta llegó a simbolizar el concepto de «muchos» o «sin número». Por eso Cristo le exhortó a Pedro en (Mateo 18.21-22) que necesitaba perdonar «setenta veces siete». Lucas nos relata en el capítulo 10, que Cristo también envió a «setenta», de dos en dos. Así como los doce discípulos representaron su misión a las doce tribus de Israel, estos setenta representaron su misión a «todas las naciones» dispersas por toda la tierra. Así Cristo nos dejó su clara intención de hacer predicar el mensaje del reino a todo el mundo.

3. ¿Qué pruebas menciona el autor para demostrar que la misión de Jesús iba más allá del pueblo judío?

Es muy evidente que Jesús estaba completamente seguro de su doble misión, a la nación de Israel y también a las naciones gentiles. ¿Pero cómo lo relacionó con su ministerio práctico? El siguiente artículo nos señala su perspectiva universal al respecto.

Un hombre para todas las naciones
Don Richardson[18]

Millones de cristianos saben, claro está, que Jesús al final de su ministerio dijo a los apóstoles: «Id y haced discípulos a todas las naciones» (Mateo 28.19). Honramos respetuosamente este último y tan importante e increíble mandato que Jesús nos dio con un título augusto: «la Gran Comisión». Sin embargo, millones de nosotros muy dentro de nuestro corazón creemos secretamente, si nuestros hechos son un barómetro exacto de nuestra convicción (la Escritura dice que sí lo son), que Jesús profirió tan pasmoso mandato, sin dar a sus discípulos una advertencia amplia con respecto al mismo.

Leyendo de corrido los cuatro evangelios, la Gran Comisión parece como una nota pensada a última hora, agregada al final del cuerpo principal de las enseñanzas de Jesús. Pareciera que nuestro Señor, después de haber divulgado todo lo que estaba dentro de su corazón, hubiera chasqueado sus dedos y dicho: «¡Oh!, a propósito, estimados discípulos, hay algo más. Quiero que proclamen este mensaje a todo el mundo, sin importar el idioma o la cultura. Es decir, claro está, si tienen el tiempo y las ganas».

¿Será que Jesús encargó a sus discípulos la Gran Comisión de una manera repentina? ¿Será que se la confirió al último momento sin darles aviso siquiera y luego se escapó al cielo sin concederles la oportunidad de discutir con Él la posibilidad de la misma? ¿Será que se le olvidó darles una demostración, razonable sobre los métodos para lograrla?

¡Cuán frecuentemente los cristianos leemos los cuatro evangelios sin discernir la evidencia abundante que Dios ha provisto para una conclusión totalmente opuesta! Consideremos, por ejemplo, la forma tan compasiva como Jesús utilizó los encuentros que tuvo con los gentiles y samaritanos, con el fin de ayudar a que los discípulos pensaran en forma transcultural.

El centurión romano

En una ocasión (Mateo 8.5-13), un centurión romano, un gentil, se acercó a Jesús con una petición para beneficio de su sirviente que estaba paralítico. En dicha circunstancia los judíos le suplicaron a Jesús que respondiera. «Es digno de que le concedas esto; porque ama a nuestra nación, y nos edificó una sinagoga» (Lucas 7.4, 5). De hecho, en la parte norte del Mar de Galilea y a dos mil años de distancia, todavía existen las paredes y los pilares de una sinagoga que muy probablemente haya sido construida por ese mismo centurión. Pero notemos la implicación del razonamiento de los judíos. Lo que realmente estaban diciendo era que, si el centurión no los hubiera ayudado, entonces Jesús tampoco debería socorrerlo en esta circunstancia en que su siervo se encontraba tan lastimosamente enfermo. ¡Sí que eran sectarios! Poco necesitamos para imaginarnos que Jesús no pudo evitar, suspirar de vez en cuando: «¡Oh generación incrédula y perversa! ¿Hasta cuándo he de estar con vosotros? ¿Hasta cuándo os he de soportar?» (Mateo 17.17).

4. ¿Qué actitud estaba reprendiendo Jesús en esta instancia?

Jesús respondió al centurión: «Yo iré y le sanaré». En ese momento, el centurión dijo algo inesperado: «Señor... no soy digno de que entres bajo mi techo... pero di la palabra, y mi

---

[18] Richardson, Don, «A Man for All Peoples», *Eternity in Their Hearts*. Regal Books, Ventura, CA, 1981, págs. 136-139, 149, 152-153. Traducido con permiso.

siervo será sano. Porque también yo soy hombre puesto bajo autoridad, y tengo soldados bajo mis órdenes...» (Lucas 7.6-8). Cuando Jesús lo escuchó se maravilló. ¿Qué fue lo que lo sorprendió tanto? Simplemente esto: la experiencia militar del centurión le había enseñado algo acerca de la autoridad. Al igual que el agua corre cuesta abajo, también la autoridad corre por los escalones (como en una cadena de mando). Cualquiera que se sujete a una autoridad de más alto nivel, también tiene el privilegio de ejercer autoridad sobre los niveles de abajo. El centurión notó que Jesús caminaba en perfecta sumisión a Dios. Por lo tanto, Jesús debía tener una perfecta autoridad sobre todo aquello que estaba debajo de Él en el mayor escalón de todos: ¡el universo! Así, ¡Jesús debía poseer la infalible capacidad de ordenar a la simple materia del cuerpo enfermo del siervo, para que éste se adaptara a un estado de salud!

«De cierto os digo», exclamó Jesús, «que ni aun en Israel he hallado tanta fe» (Mateo 8.10). Al igual que en muchos otros discursos, el Señor aprovecha la ocasión para demostrar a sus discípulos que los gentiles tienen el mismo potencial de fe que los judíos y que igualmente son objeto de la gracia de Dios. Determinado a hacer énfasis sobre ese punto, Jesús continuó diciendo: «Y os digo que vendrán muchos del oriente y del occidente, (Lucas, como escritor gentil, agrega paralelamente: «Y del norte y del sur») y se sentarán con Abraham e Isaac y Jacob en el reino de los cielos; mas los hijos del reino (esto solamente podía referirse a los judíos como pueblo escogido) serán echados a las tinieblas de afuera; allí será el lloro y el crujir de dientes» (Mateo 8.11-12; Lucas 13.28-29).

Las fiestas normalmente se anuncian para celebración. ¿Quién cree usted que celebrará esa fiesta a la que asiste Abraham y un ejército de invitados gentiles? ¡Las insinuaciones de la Gran Comisión que vienen a continuación no podían ser más precisas! ¡Espere, que todavía hay mucho más!

5. ¿Cómo es que el encuentro de Jesús con el centurión demuestra el propósito mundial de Dios?

La mujer cananea

Posteriormente, una mujer cananea de la región de Tiro y Sidón, rogó a Jesús que tuviera misericordia de su hija que estaba poseída por un demonio. En un principio, Él aparentó indiferencia. Sus discípulos, indudablemente contentos de ver a su Mesías dar la espalda a una gentil insistente, estuvieron de acuerdo de inmediato con lo que pensaron eran los sentimientos reales de Jesús. «Despídela», argumentaron, «pues da voces tras nosotros» (ver Mateo 15.21-28).

Realmente no se imaginaban que el Señor los estaba probando. «No soy enviado sino a las ovejas perdidas de la casa de Israel», respondió a la mujer (v.24). Habiendo ya mostrado una insensibilidad aparente hacia ella, Jesús dejaba ver también una incongruencia en su modo de actuar. Si ya había sanado a muchos gentiles, ¿sobre qué bases rechazaba ahora dicha petición? Uno se puede imaginar a sus discípulos moviendo la cabeza ceñudamente. Todavía no se daban cuenta. Nada desalentada, la mujer cananea se arrodilló a los pies de Jesús, rogando: «¡Señor, socórreme!» «No está bien tomar el pan de los hijos» y luego agregó la devastadora frase: «y echarlo a los perrillos!». «¡Perros!», era el calificativo común que los judíos reservaban para los gentiles, especialmente para aquellos que trataban de ingresar a la privacidad y privilegios religiosos de los judíos. En otras palabras, Jesús ahora complementaba su «insensibilidad» e «incongruencia» anterior con una «crueldad» aún peor.

¿Era en realidad el Salvador del mundo el que hablaba así? Indudablemente sus discípulos pensaban que esos calificativos eran los apropiados para la ocasión. Pero, precisamente, cuando sus corazones empezaron a inflamarse al máximo con el orgullo de su raza, la mujer cananea debió captar un brillo en los ojos de Jesús y se dio cuenta de la verdad.

«Sí, Señor», contestó con mucha humildad, por no decir con sutileza: «Pero aun los perrillos comen de las migajas que caen de la mesa de sus amos...» (Mateo 15.21-28, ver también Marcos 7.24-30).

«Oh mujer, grande es tu fe», respondió Jesús maravillado; «hágase contigo como quieres». No, no estaba siendo caprichoso. Su intención era precisamente hacer eso. Inmediatamente antes que eso, Jesús había enseñado a sus discípulos sobre la diferencia entre la inmundicia real y la aparente. Esa era su manera de hacer entender algo.

«Y su hija fue sanada desde aquella hora», registra Mateo (v.28).

6. ¿Cuál fue la actitud de los discípulos ante el pedido de la mujer cananea? ¿Qué técnica usó el Señor para revelar esta actitud de sus discípulos hacia los gentiles, y reprenderla?

Una aldea samaritana

En otra ocasión, cuando Jesús y sus discípulos llegaron a cierta aldea samaritana, los samaritanos se negaron a recibirlos. Jacobo y Juan, a quienes Jesús apodaba «hijos del trueno» por su temperamento, se enardecieron. «Señor», exclamaron indignados (casi pateando): «¿Quieres que mandemos que descienda fuego del cielo... y los consuma?», Jesús volviéndose a ellos los reprendió. Algunos manuscritos antiguos registran que Él dijo: «Vosotros no sabéis de qué espíritu sois; porque el Hijo del Hombre no ha venido para perder las almas de los hombres, sino para salvarlas» (Lucas 9.51-55).

¡Con esas palabras, Jesús se identificó a sí mismo como Salvador también de los samaritanos!

Los griegos en Jerusalén

Más tarde, algunos griegos llegaron a una fiesta en Jerusalén y trataron de entrevistarse con Jesús. Dos de sus discípulos, Felipe y Andrés, comunicaron la petición de los griegos al Señor, quien como siempre, aprovechó la oportunidad para «meter otra cuña» en su vista hacia todas las naciones: «Y yo, si fuere levantado de la tierra, a todos atraeré a mí mismo» (Juan 12.32). Esta profecía describía anticipadamente la manera en que iba a morir Jesús: ¡la crucifixión! Pero tal profecía, también describió sus efectos. Todos los hombres, no solamente a pesar de la humillación de Jesús, sino precisamente por dicha humillación, serían atraídos a Él como el Libertador ungido de Dios. Superficialmente, la frase anterior puede interpretarse en el sentido de que todos en el mundo se convertirían. Sabiendo que tal cosa es poco probable..., la frase en cuestión más bien quiere expresar que algunos de todas las razas serían atraídos a Jesús en el momento en que aceptaran su muerte como propiciación por el pecado. Esta es exactamente la promesa del pacto con Abraham: no que todas las personas serían literalmente bendecidas, sino que todas estarían representadas en esa bendición. En este pasaje los discípulos tuvieron la oportunidad de recibir otra exhortación acerca de la Gran Comisión que estaba por venir.

7. ¿Cuál es la enseñanza principal de Juan 12.32?

Por el camino a Emaús

Así como los discípulos no creían en la forma en que Jesús les sugería el evangelismo hacia los gentiles, tampoco creyeron realmente cuando les dijo que se levantaría de los muertos. ¡Pero Jesús los asombró en ambos casos! Tres días después de ser sepultado, ¡resucitó! Y una de las primeras apariciones después de la resurrección comenzó de incógnito ante dos de sus discípulos, en el camino a Emaús (Lucas 24.13-49). En el principio de la escena, los dos discípulos no reconociendo a Jesús, se quejaban diciendo: «Pero nosotros esperábamos que Él era el que había de redimir a Israel...» (v.21); pero no agregaron, «...y que fuese una bendición a todas las naciones». Una mancha negra dentro de sus corazones aún obstruía, de manera notable, la segunda parte del pacto con Abraham.

«¡O insensatos!», dijo Jesús, «¡y tardos de corazón para creer todo lo que los profetas han dicho! ¿No era necesario que el Cristo padeciera estas cosas, y que entrara en su gloria?» (vs.25, 26).

Luego, comenzando con los cinco libros de Moisés y los profetas, les explicó todo lo que la Escritura decía con respecto a Él mismo. Ya lo había explicado bien con anterioridad, pero quiso recalcarlo pacientemente (v.27). En dicha ocasión, el corazón de los dos discípulos se hinchaba dentro de ellos, a medida que les abría las Escrituras (v.32). ¿Sería que al fin estaba penetrando en sus corazones una perspectiva más amplia?

Más tarde lo reconocieron, pero en el mismo momento, Jesús desapareció de su vista. Los discípulos volvieron de inmediato a Jerusalén y se reunieron con los once (como se conocía a los discípulos después de la traición de Judas), y les explicaron su experiencia. Pero, antes de que estos dos terminaran de hablar, ¡Jesús apareció en medio de ellos y los once experimentaron por sí mismos la verdad de la resurrección!

De la misma manera en que una golondrina regresa a su nido, Jesús volvió a las Escrituras y a su tema central: «Entonces les abrió el entendimiento, para que comprendiesen las Escrituras; y les dijo: Así está escrito, y así fue necesario que el Cristo padeciese, y resucitase de los muertos al tercer día; y que se predicase en su nombre el arrepentimiento y el perdón de pecados en todas las naciones (griego «etnos»: gentes), comenzando desde Jerusalén. Y vosotros sois testigos de estas cosas» (Lucas 24.45-48).

8. Según el relato en el camino a Emaús, ¿cuál fue el mensaje central del Antiguo Testamento?

¿Tuvo éxito Cristo al tratar de persuadir a los discípulos para que cambiaran su actitud hacia los gentiles? ¿Entendieron que su misión era a todas las naciones? Esta pregunta se contesta en la última parte del capítulo que pasamos a considerar a continuación:

Id y haced discípulos[19]

Notemos, sin embargo, que todavía no les ordenaba que partieran. Eso vendría algunos días después en una montaña de Galilea, donde (en lo que se refiere a los discípulos) todo empezaría. Y es allí donde comienza a funcionar lo que el pacto con Abraham había descrito

---

[19] Richardson, págs. 153-155.

dos milenios antes, y en lo que Jesús había invertido tres largos años, preparando a sus discípulos para que lo recibieran: «Toda potestad me es dada en el cielo y en la tierra. Por tanto, id, y haced discípulos a todas las naciones, bautizándolos en el nombre del Padre, y del Hijo, y del Espíritu Santo; enseñándoles que guarden (note lo que sigue a continuación) todas las cosas que os he mandado; y he aquí yo estoy con vosotros todos los días hasta el fin del mundo» (Mateo 28.18-20).

No se trataba de un mandato injusto. Estaba previsto en el Antiguo Testamento. La enseñanza diaria de Jesús lo anticipaba. Su ministerio, frecuentemente libre de prejuicios, tanto entre los samaritanos como en medio de los gentiles, había dado a los discípulos una demostración viva de cómo llevarlo a la práctica. Además, ahora agregaba la promesa de su propia autoridad como legado y la compañía de su presencia, ¡si obedecían!

Aun después, momentos antes de que ascendiera de regreso al cielo desde el Monte de los Olivos (cerca de Betania), les agregó otra promesa: «Pero recibiréis poder, cuando haya venido sobre vosotros el Espíritu Santo; y me seréis testigos...» Luego sigue la tan conocida fórmula de Jesús para la predicación progresiva del evangelio: «...en Jerusalén, en toda Judea, en Samaria, y hasta lo último de la tierra» (Hechos 1.8).

Ese fue el último mandamiento de Jesús. Sin agregar más palabras, y sin dar oportunidad para la discusión de la propuesta, ascendió a los cielos esperando la completa obediencia de sus seguidores.

9. ¿En qué sentido las últimas instrucciones de Jesús a sus discípulos fueron una síntesis de todas sus enseñanzas y su vida?

De judíos sectarios a apóstoles transculturales

Claro está, que Jesús sabía que no había manera de rescatar a la mayoría de los judíos de su tiempo (de la misma manera que no hay esperanza de rescatar a la mayoría de cualquier nación), debido a la ceguera egocéntrica de ellos. A través de la historia, vemos que gran parte de los judíos había enfocado de manera exclusiva la bendición del pacto de Abraham, de tal forma que la obligación había permanecido virtualmente invisible para ellos. Probablemente no sea una exageración declarar que sus mentes estaban selladas herméticamente ante cualquier consideración seria sobre la «línea inferior».

Esa es la razón por la cual muchos israelitas estaban decididos a explotar el poder milagroso de Jesús para su beneficio personal; pero la perspectiva de su pacto orientado hacia todas las naciones, choca constantemente con su mentalidad etnocéntrica, por considerarse ellos mismos como los únicos dentro de los planes de Dios. ¡Aun uno de sus discípulos lo traicionó en el contexto de esa misma percepción! Entonces, la única esperanza de Jesús es esta: si tan sólo puede ganárselos para una visión hacia todas las naciones que incluye toda la promesa hecha a Abraham y no sólo una versión incompleta, aún puede cumplirse el pacto.

Un interrogante: ¿Podría aún el Hijo del Hombre, sin negar el libre albedrío humano, transformar a hombres cuyo patrón de pensamiento estaba programado desde la infancia para un etnocentrismo extremado? Dicha pregunta podrá parecer un tanto infantil. ¿Podría el Hijo del Hombre, quien es también el omnipotente Hijo de Dios, hacer algo? La respuesta es sí, pero el libre albedrío humano implica que la decisión prioritaria de Dios, no interfiere con el fundamento metafísico de dicha libertad. También implica la capacidad del hombre para rechazar la persuasión que Dios utiliza para influir sobre dicho albedrío, al mismo tiempo que deja intacto ese principio metafísico. ¡La persuasión y no la coerción, es lo que aún Él tiene que utilizar! Y la persuasión, por su misma definición, ¡tiene que ser algo que se pueda rechazar! Sin embargo, el Dios que se hace a sí mismo alguien a quien es factible rechazar, es tan sabio, ¡que puede vencer cualquier consecuencia de esa autolimitación, con mucha facilidad! Operando alrededor del rechazo humano y aun a través de él, tan fácilmente como lo hace por medio de una respuesta afirmativa, logra sus metas eternas.

Por lo tanto, la máxima emoción no estriba en que el éxito del diseño de Dios sea eventual, porque dicho éxito está asegurado, sino más bien, en preguntas tales como: ¿quién de entre los hijos e hijas de los hombres podrá reconocer el día del privilegio de Dios, cuando éste amanezca sobre ellos? y ¿cuáles hombres y mujeres (entre aquellos que disciernan tal privilegio) decidirán despreciarlo de la misma manera que Esaú despreció su primogenitura? Y finalmente, ¿cómo podrá Dios lograr su propósito cuando aún los hombres y mujeres que lo aman y que hacen de su voluntad la propia, son espiritualmente vulnerables, físicamente débiles y tan limitados en entendimiento?

10. ¿Qué diferencia importante hay entre la coerción y la persuasión, y como afecta esta diferencia la manera en que la iglesia cumple su deber con la gran comisión?

Cristo entendió que la mayor parte de su misión sería llevada a cabo por sus discípulos. Pero, el «egoísmo cultural» de estos (etnocentrismo), fue un gran obstáculo para el cumplimiento del aspecto universal de su misión. Así que, tomó todas las oportunidades que se le presentaron para tratar de romper las barreras de los prejuicios que los separaban de otra gente. Intentó construir dentro de ellos «una perspectiva para todas las naciones».

Tarea integral

Crea una dramatización que se podría utilizar en su iglesia en base a una de las situaciones que Jesús uso para revelar las actitudes de sus discípulos hacia los gentiles.

Preguntas para la reflexión

Los discípulos de Cristo no fueron los únicos que necesitaron un cambio en cuanto a sus prejuicios raciales. El etnocentrismo (egoísmo cultural) es común a todas las sociedades. En muchas sociedades existen culturas dominantes que perpetúan la discriminación social como una forma de proteger su posición. ¿Esto es cierto en la sociedad en la cual usted vive? ¿Cómo son expresados los prejuicios culturales en su sociedad? ¿Ha sido esto un estorbo en la propagación del evangelio? Medite en Gálatas 3:27-29. Pida perdón al Señor si hay prejuicios y si es necesario, cruce esa frontera social para pedir perdón. Pida al Señor que le dé un amor especial por esos grupos que su propio grupo social y aun la iglesia margina.

Lección 9
Los discípulos y el reino

Seguimos nuestro tema del reino con preguntas esenciales acerca de las manifestaciones del reino y su mensaje. El diálogo de Cristo con los discípulos sobre este tema (Mateo 24), tiene información tan significativa, que afecta grandemente el punto de vista desde el cual vemos el resto de la tarea para la evangelización del mundo. Lea el siguiente fragmento de «El evangelio del reino», para ver cómo Cristo respondió a la pregunta de los discípulos.

¿Cuándo llegará el reino?
George Eldon Ladd[20]

Para este estudio final, consideraremos un versículo de las enseñanzas de nuestro Señor. En esta serie de estudios, la verdad comprendida en este verso es, desde cierto punto de vista, la más importante para la iglesia de hoy. Es un texto cuyo significado puede captarse solamente sobre el contexto de un estudio más amplio acerca del reino de Dios.

Hemos descubierto que el reino de Dios es el reinado del Señor que derrota a sus enemigos, trayendo a los hombres el goce de las bendiciones del Señorío divino. El régimen de Dios ha de cumplirse en tres grandes actos, de modo que podemos decir que el reino viene en tres etapas. La tercera y final victoria, ocurre al concluir el milenio, cuando la muerte, Satanás y el pecado son por fin destruidos y el reino alcanza su perfección cabal. La segunda victoria ocurre al comienzo del milenio, cuando Satanás es encadenado al fondo del abismo. Aparentemente, sin embargo, el pecado y la muerte continúan, prevaleciendo a través de todo este período, pues sólo al finalizar el milenio ella son echados al lago de fuego.

La manifestación inicial del reino de Dios se encuentra en la misión de nuestro Señor sobre la tierra. Antes del siglo venidero, antes del reinado milenario de Cristo, el reino de Dios se introduce, en el presente siglo malo, aquí y ahora, a través de la persona y la obra de Jesús. Por eso podemos experimentar su poder, conocer su vida y participar de sus bendiciones. Si hemos entrado al goce de las bendiciones del reino de Dios, nuestra pregunta final es: ¿qué hemos de hacer como resultado de estas bendiciones? ¿Disfrutaremos pasivamente de la vida del reino, mientras esperamos la consumación de la venida del Señor? Sí, debemos esperar, pero no pasivamente. El texto para este estudio tal vez sea el de mayor importancia para el pueblo de Dios hoy día: Mateo 24.14.

1. ¿Cuáles son las tres «etapas» del reino?

Este versículo alude al tema del capítulo en la cual se encuentra: «¿Cuándo llegará el reino?» Esto, desde luego, se refiere a la manifestación del reino de Dios en poder y gloria, en la Segunda Venida del Señor Jesús. En el pueblo de Dios hay gran interés acerca de la hora en que Cristo ha de venir. ¿Será pronto o tardará más? Muchas conferencias sobre profecías bíblicas ofrecen mensajes en los cuales se escudriñan las Escrituras y se examinan los periódicos, tratando de hacer comprensibles las profecías y las señales de los últimos tiempos, para determinar cuán cerca del fin podemos estar. El texto bíblico citado es la

---

[20] Ladd, George Eldon, *El Evangelio del Reino*, Editorial Vida, Miami, FL 1974, págs. 123-125. Usado con permiso.

declaración de la palabra de Dios más precisa acerca de la hora en que ha de llegar nuestro Señor. No hay otro versículo que hable en forma tan clara y concisa sobre el momento de la venida del reino.

El capítulo comienza con las preguntas de los discípulos al Señor, conforme miran el templo cuya destrucción Jesús anuncia. «¿Dinos, cuándo serán estas cosas, y qué señal habrá de tu venida, y del fin del siglo?» (Mateo 24.3). Los discípulos esperaban que ese siglo terminara con la venida de Cristo en gloria. El reinó vendría con la iniciación del siglo venidero. He aquí la pregunta de ellos: «¿Cuándo finalizará esta era? ¿Cuándo volverás Señor, y traerás el reino?»

Jesús contestó con ciertos detalles. Describió, ante todo, el curso de este siglo hasta el tiempo del fin. Este siglo malo ha de perdurar hasta que Él venga. Siempre será hostil al evangelio y al pueblo de Dios. Prevalecerá el mal. Sutiles y engañosas influencias tratarán de lograr que los hombres se aparten de Cristo. Religiosos falsos, mesías mentirosos, llevarán a muchos por caminos errados. Continuarán las guerras; habrá hambres y terremotos. Persecuciones y martirios importunarán a la iglesia. Los creyentes sufrirán el odio, mientras dure esta era. Los hombres tropezarán y se entregarán unos a otros. Falsos profetas se levantarán, abundará la iniquidad y el amor de muchos se enfriará.

Por cierto que es un panorama tenebroso, pero esto ha de esperarse en una época sometida al gobierno de los líderes mundiales de estas tinieblas (Efesios 6.12). De todos modos, el cuadro no es de oscuridad y perversidad irremediables, ya que Dios no nos abandona. Los escritos apocalípticos judíos de la época del Nuevo Testamento concebían un período que estaría completamente bajo control del mal. Dios se habría retirado de la participación activa en los asuntos del hombre; la salvación pertenecería solamente al futuro, cuando el reino de Dios viniera en gloria. Esa época sólo sería testigo de tristeza y sufrimientos.

Algunos cristianos han manifestado una actitud pesimista similar. «Satanás es el dios de este siglo; por tanto, el pueblo de Dios no puede esperar nada más que frustraciones y perversidades en este tiempo malo. La iglesia ha de convertirse en una apóstata cabal; la civilización ha de ser totalmente corrupta. Los cristianos deberán librar una batalla perdida hasta que Cristo venga».

La palabra de Dios enseña en verdad que habrá una intensificación del mal al final de esta era, pues Satanás sigue siendo el dios de este siglo. Pero debemos poner fuerte énfasis en que Dios no nos ha abandonado en manos del maligno. En realidad, el reino de Dios ha invadido este siglo malo; Satanás ha sido vencido. El reino de Dios, en Cristo, ha creado la iglesia y actúa en el mundo a través de ella, para cumplir el propósito divino de extender su reino. Estamos dentro de una gran contienda, el conflicto de los siglos. El reino de Dios obra en este mundo por medio del poder del evangelio. «Y será predicado este evangelio del reino en todo el mundo, para testimonio a todas las naciones; y entonces vendrá el fin» (Mateo 24.14).

2. A pesar de todas las desgracias y catástrofes que han ocurrido y siguen ocurriendo en el mundo, ¿cuál es la señal definitiva del fin, que nos ofrece este pasaje? ¿Qué implicaciones tiene esta enseñanza para los discípulos de Jesús y la iglesia?

Si estudiamos el pasaje profético de Mateo 24 y lo comparamos con el de la Gran Comisión de Mateo 28.18-20, podemos ver conceptos paralelos. Ambos pasajes hablan de la misma misión y se refieren a un tiempo específico, en el cual aquélla ha de cumplirse. Los discípulos fueron enviados para realizar esa misión. Es que su labor fue motivada por la esperanza del pronto retorno del Señor Jesús. Ungidos por el poder del Espíritu, comenzaron a llevar fielmente el evangelio a los confines del mundo conocido. Su éxito fue tal, que, en pocos años, los paganos de Tesalónica los acusaron de haber perturbado a toda la tierra habitada, con ese mensaje (Hechos 17.6). ¿Cuáles fueron los componentes de este revolucionario mensaje? Vamos otra vez a los escritos de Ladd en El evangelio del reino, para buscar una respuesta.

La victoria sobre la muerte[21]

Volvamos nuevamente a las Escrituras que muestran más clara y sencillamente qué es este evangelio del reino. En 1 Corintios 15.24-26, Pablo detalla las etapas de la obra redentora de nuestro Señor. Describe el victorioso evento del reino mesiánico de Cristo, con estas palabras: «Luego el fin, cuando entregue el reino al Dios y Padre, cuando haya suprimido todo dominio, toda autoridad y potencia. Porque es preciso que Él reine (debe reinar como rey, debe reinar en su reino) hasta que haya puesto a todos sus enemigos debajo de sus pies. Y el postrer enemigo que será destruido es la muerte».

He aquí la descripción bíblica del significado del reino de Cristo, mediante el cual Él logrará sus fines. Este es el reino de Dios en la persona de su hijo Jesucristo, con el propósito de colocar a sus enemigos debajo de sus pies. «El último enemigo que será destruido es la muerte. La abolición de la muerte es la misión del reino de Dios. El reino de Dios tiene que destruir a todos los otros enemigos, incluyendo al pecado y a Satanás; porque la muerte es la paga del pecado (Romanos 6.23) y es Satanás quien tiene poder sobre la muerte (Hebreos 2.14). Sólo cuando la muerte, el pecado y Satanás sean destruidos, los redimidos conocerán las bendiciones perfectas del reino de Dios.

El evangelio del reino es la proclamación de la victoria de Cristo sobre la muerte. Descubrimos que aunque la consumación de esa victoria es futura, cuando la muerte es finalmente echada al lago de fuego (Apocalipsis 20.14), Cristo ya la ha vencido. Al hablar de la gracia de Dios, Pablo dice «que ahora ha sido manifestada por la aparición de nuestro Salvador Jesucristo, el cual quitó la muerte y sacó a la luz la vida y la inmortalidad por el evangelio» (2 Timoteo 1.10). La palabra «quitar» usada aquí en la traducción, no quiere decir suprimir, sino vencer, anular el poder, poner fuera de acción. El mismo verbo griego es usado en 1 Corintios 15.26, «Y el postrer enemigo que será destruido es la muerte»; aparece también en 1 Corintios 15.24: «Luego el fin, cuando entregue el reino al Dios y Padre, cuando haya suprimido todo dominio, toda autoridad y potencia».

Existen, por consiguiente, dos etapas en esa destrucción: la abolición de la muerte y su derrota. Su aniquilación final se espera para la segunda venida de Cristo; pero mediante su muerte y resurrección, Cristo ya ha vencido a la muerte. Él ha roto su poder: todavía es un

---

[21] Ladd, págs. 127-130.

enemigo, pero un enemigo derrotado. Estamos seguros del triunfo futuro, debido a lo que ya ha sido logrado. Tenemos que proclamar una victoria cumplida.

Estas son las buenas nuevas del reino de Dios. ¡Cómo necesitan los hombres este evangelio! En cualquier parte se encuentran fosas que tragan muertos. Las lágrimas por la pérdida, por la separación, por la partida, manchan todo rostro. En cada mesa, tarde o temprano, queda una silla vacía, y en cada hogar, un puesto vacante. La muerte es la gran niveladora. Opulencia o pobreza, fama o anonimato, poder o inutilidad, éxito o fracaso, raza, credo o cultura, a las distinciones humanas nada significan; ante el irresistible paso de la guadaña que a todos derriba. Y en el caso de que el sepulcro que nos aguarda sea fabuloso como el Taj Majal, una pirámide monumental, o una tumba olvidada y sin desyerbar, o las indefinidas profundidades del mar, un hecho predomina: la muerte.

Aparte del evangelio del reino, la muerte es la poderosa conquistadora, ante la cual, todos somos inútiles. Tan sólo podemos agitar los puños en completa impotencia contra el sepulcro inexorable y silencioso. Pero las buenas nuevas son éstas: la muerte ha sido vencida; la vida y la inmortalidad han sido traídas a la luz. Una tumba vacía en Jerusalén es la prueba de ello. Este es el evangelio del reino.

3. ¿Por qué la resurrección de Cristo es tan importante en la predicación del evangelio del reino?

La victoria sobre Satanás

El enemigo del reino de Dios es Satanás. Cristo debe reinar hasta que haya puesto a Satanás por estrado de sus pies. Esta victoria también espera la venida de Cristo. Durante mil años, Satanás ha de ser atado en el fondo de un abismo. Sólo al final del milenio ha de ser echado al fuego.

Pero, hemos descubierto que Cristo ya ha vencido a Satanás. La victoria del reino de Dios no es solamente futura; un gran triunfo inicial ya ha tenido efecto. Cristo participó en carne y sangre; se encarnó «para destruir por medio de la muerte al que tenía el imperio de la muerte, esto es, al diablo, y librar a todos los que por el temor de la muerte estaban, durante toda la vida, sujetos a servidumbre» (Hebreos 2.14-15). La palabra que aquí se traduce como «destruir» es la misma que encontramos en 2 Timoteo 1.10 y en 1 Corintios 15.24 y 26. Cristo ha anulado el poder de la muerte; también ha invalidado el poder de Satanás. Todavía el diablo ronda de un lado a otro como león rugiente lanzando persecuciones contra el pueblo de Dios (1 Pedro 5.8); y se insinúa como un ángel de luz en los círculos religiosos (2 Corintios 11.14). Pero él es un enemigo vencido. Su poder y dominio, han sido rotos. Su ruina es segura. Una victoria, la decisiva, ha sido ganada. Cristo echó fuera demonios, liberó hombres de la esclavitud de Satanás. Él los sacó de las tinieblas a la luz salvadora del evangelio. Estas son las buenas nuevas acerca del reino de Dios. Satanás está vencido, y podemos desligarnos del temor demoníaco y del mal satánico, y conocer la gloriosa libertad de los hijos de Dios.

4. ¿En qué sentido es la derrota de Satanás ya un hecho? ¿De qué manera es todavía algo futuro?

La victoria sobre el pecado

El pecado es un enemigo del reino de Dios. ¿No ha hecho Cristo nada respecto al pecado, o meramente ha prometido una futura liberación para cuando Él traiga el reino en gloria? Debemos admitir que el pecado, así como la muerte, es del dominio público mundial; todo periódico ofrece un elocuente testimonio de su obra. Sin embargo, el pecado, la muerte y Satanás, han sido vencidos. Cristo ya ha aparecido para quitar el pecado mediante el sacrificio de sí mismo (Hebreos 9.26). El poder del pecado ha sido roto. «Sabiendo esto, que nuestro viejo hombre fue crucificado juntamente con Él, para que el cuerpo del pecado sea destruido, a fin de que no sirvamos más al pecado» (Romanos 6.6). Aquí, por tercera vez, encontramos la palabra «destruir» o «abolir». Cristo como Rey tiene como objetivo «destruir» todo enemigo (1 Corintios 15.24,26). Sin duda, esta obra es futura, pero es también del pasado. Lo que nuestro Señor completará en su Segunda Venida lo ha comenzado ya mediante su muerte y resurrección. La muerte ha sido derrotada (2 Timoteo 1.10); Satanás ha sido destruido (Hebreos 2.14); Y en Romanos 6.6 el «cuerpo del pecado» ha sido abolido, aniquilado. La misma palabra de triunfo, de la destrucción de los enemigos de Cristo, es usada tres veces en esta triple victoria: sobre Satanás, sobre la muerte y sobre el pecado.

El evangelio del reino de Dios es el anuncio que Dios ha hecho y que hará. Es la victoria sobre sus enemigos. Son las buenas nuevas de que Cristo vuelve para destruir eternamente a sus adversarios. Es el evangelio de la esperanza. También son las buenas nuevas de lo que Dios ya ha hecho. Él ya ha roto el poder de la muerte, ha vencido a Satanás y al gobierno del pecado. El evangelio es una promesa, pero también, una experiencia y una promesa fundada en una experiencia. Lo que Cristo ha hecho garantiza lo que hará. Este es el evangelio que debemos llevar al mundo.

5. Antes de que una persona reconozca a Cristo como Señor, está sometida a la esclavitud del pecado. ¿Cuáles son «las buenas noticias» pertinentes a esta situación de esclavitud?

El evangelio del reino contiene un mensaje poderoso. Anuncia que Cristo ha vencido a los enemigos del alma del hombre. La victoria de Cristo significa que ninguno que reconozca su Señorío, necesita permanecer en la esclavitud de la muerte, de Satanás, o del pecado. Mientras vivamos en la carne aún tendremos dificultades, pero al permanecer fieles somos asegurados por la victoria ya lograda y esperamos el día glorioso con las señales del retorno de Cristo, que traerá la destrucción final de todos los vestigios de opresión satánica.

El evangelio del reino es un mensaje maravilloso de libertad y de poder. Es el mensaje que necesita desesperadamente ser escuchado y entendido por hombres y mujeres en todo lugar. Se mantiene en un abierto contraste con los intentos del hombre por encontrar un significado para su vida aparte de Dios. En los siguientes fragmentos, Ladd describe el sentido y propósito de la historia humana.

La naturaleza de nuestra misión[22]

En segundo lugar, encontramos en Mateo 24.14 una misión, así como un mensaje. Este evangelio del reino, estas buenas nuevas de la victoria de Cristo sobre los enemigos de Dios, debe ser predicado en todo el mundo para testimonio a todas las naciones. Esta es nuestra misión. Por eso, este versículo es uno de los más importantes de toda la Palabra de Dios para discernir el significado y el propósito de la historia humana.

---

[22] Ladd, págs. 130-135.

Si no hay un Dios que maneja el timón de la historia, me siento pesimista. Pero creo en Dios. Creo que Dios tiene un plan. Creo que Dios ha revelado en Cristo y en su palabra, el propósito suyo en la historia. ¿Cuál es ese propósito? ¿Dónde han de buscarse sus lineamientos?

Uno viaja por el Cercano Oriente y contempla con admiración las ruinas, testigos silenciosos de pueblos que una vez fueron poderosos. Todavía quedan macizas columnas que se elevan apuntando hacia el cielo, mientras por todas partes enormes montones de peñascos sobre llanuras áridas denuncian escombros acumulados de civilizaciones que dejaron de ser. La esfinge y las pirámides de Gizeh, los pilares de Persépolis y las torres de Tebas aún constituyen elocuentes testimonios de la gloria que brilló en Egipto y en Persia. Todavía puede uno ascender a la acrópolis de Atenas o pasearse por el foro de Roma y percibir algo del esplendor y la gloria de las civilizaciones de los siglos primeros, que en ciertos aspectos, jamás han sido superadas, pero de las cuales hoy tan sólo quedan ruinas, columnas derrumbadas, estatuas postradas, culturas destruidas.

¿Cuál es el significado de todo esto? ¿Por qué se levantan y caen las naciones? ¿Hay algún propósito en ello? ¿O la tierra algún día se convertirá en un astro muerto, sin vida, como la luna?

6. Por lo que el autor ha dicho acerca de la búsqueda secular del significado de la historia, ¿qué es lo mejor que el hombre puede esperar si no cree en los propósitos de Dios?

El propósito divino y la gente elegida

El tema central de toda la Biblia es la obra redentora de Dios en la historia. Hace mucho tiempo, Él escogió un pequeño pueblo frecuentemente despreciado, Israel. Dios no estaba interesado en ese pueblo exclusivamente; su propósito incluía a la humanidad entera. En su soberano designio seleccionó a esta nación insignificante para desarrollar, por medio de ella, su plan redentor que eventualmente incluiría a todo el género humano. El significado cabal de Egipto, de Asiria, de Caldea y de las otras civilizaciones antiguas del Cercano Oriente se encuentra en la relación que tienen con la minúscula nación de Israel. Dios estableció sus reglas y derribó a esos estados para dar a luz a Israel. Eligió este pueblo y lo preservó. Tenía un plan y estaba desarrollándolo en la historia. Llamamos a esto la historia Redentora. Sólo la Biblia, entre todas las literaturas antiguas, contiene una filosofía de la historia y es una filosofía de redención.

Entonces llegó el día cuando «en la plenitud de los tiempos» apareció en la tierra el Señor Jesucristo, un judío, hijo de Abraham según la carne. El propósito de Dios para con Israel fue llevado a su cumplimiento. Esto no quiere decir que Dios haya terminado con Israel; pero sí que cuando Cristo apareció, el plan redentor de Dios por medio de Israel alcanzó su objetivo inicial. Hasta ese momento, la clave del significado divino del propósito de la historia estuvo identificada con Israel como nación. Cuando hubo acabado su obra redentora de muerte y resurrección, ese propósito divino se trasladó de Israel —que había rechazado el evangelio— a la iglesia, la comunidad de judíos y gentiles que lo habían aceptado. Esto está demostrado en lo que dice nuestro Señor en Mateo 21.43 dirigiéndose a la nación de Israel: «El Reino de Dios será quitado de vosotros, y será dado a gente que produzca los frutos de él» La iglesia es un «linaje escogido, real sacerdocio, nación santa» (1 Pedro 2.9); y es en esta misión actual de la misma, conforme lleva las buenas nuevas del Reino de Dios a todo el mundo, que el propósito redentor de Dios en la historia está siendo logrado.

El cabal significado de la historia desde el momento de la ascensión de nuestro Señor hasta su venida en gloria se encuentra en la extensión y la obra del evangelio en el mundo. «Será predicado este evangelio del reino en todo el mundo, para testimonio a todas las naciones; y entonces vendrá el fin». El propósito divino en los veinte siglos desde que nuestro Señor vivió en la tierra, se encuentra en la historia del evangelio del reino. La ilación que da significado a estos siglos está tejida con los programas misioneros de la iglesia. Algún día, cuando entremos a los archivos de los cielos a buscar un libro que exponga el significado de la historia humana tal como Dios la ve, no sacaremos un libro que describa «La historia del Occidente» o «El progreso de la civilización». Ese libro tendrá por título «La preparación para el evangelio y su extensión entre las naciones». Porque es sólo aquí donde se desarrolla el propósito redentor de Dios.

7. ¿Cuál es el propósito central del pueblo de Dios hasta que vuelva Jesús?

Este es un hecho que confunde. Dios ha encargado a gente como nosotros, pecadores redimidos, la responsabilidad de llevar a cabo el propósito divino de la historia. ¿Por qué lo ha hecho de esta manera? ¿No está corriendo el gran riesgo de que su propósito deje de cumplirse? Ya van más de diecinueve siglos y la meta todavía no ha sido alcanzada. ¿Por qué no lo hizo Dios por sí mismo? ¿Por qué no manda huestes de ángeles en quienes puede confiar para que completen la tarea de una vez? ¿Por qué lo ha encomendado a nosotros? No tratamos de contestar estas preguntas, a excepción de decir que tal es la voluntad de Dios. He aquí los hechos: Dios nos ha encargado esta misión y a menos que nosotros la hagamos, no será hecha.

Este es también un hecho conmovedor. La iglesia cristiana de hoy, a menudo padece de un complejo de inferioridad. Hace unas cuantas generaciones el pastor de una congregación era el líder más educado y respetado de la comunidad. Hubo una época en la cual, debido a esta situación cultural, la iglesia ejerció una influencia predominante en la estructura de la vida comunitaria occidental. Esa época hace tiempo que pasó. Con frecuencia hemos observado que el mundo ha lanzado la iglesia a un rincón y la ha pasado por alto. Hoy, ella no cuenta. Las Naciones Unidas no se dirigen a ella para pedirle consejo en la solución de sus problemas. Nuestros dirigentes políticos frecuentemente huyen de líderes de la iglesia para su orientación. La ciencia, la industria, el trabajo, la educación, son los círculos donde se buscan corrientemente la sabiduría y el liderazgo. La iglesia es echada a un lado. Estamos al margen de la esfera de influencia, hemos sido empujados por encima de la periferia en lugar de ocupar con honestidad el centro, nos lamentamos de nosotros mismos y deseamos que el mundo nos preste atención. Así caemos en una actitud defensiva e intentamos justificar nuestra existencia. ¡Ciertamente, nuestra principal preocupación parece ser la de nuestra propia preservación! Y asumimos una interpretación derrotista de nuestra importancia y de nuestro papel en el mundo.

Permitamos que este versículo que comentamos, (Mateo 24.14), arda en nuestro corazón. Dios no ha hablado de esto a ningún otro grupo de personas. Estas buenas nuevas del reino de Dios deben ser predicadas por la iglesia en todo el mundo para testimonio a todas las naciones. Este es el programa de Dios. Esto quiere decir que en el significado foral de la civilización moderna y del destino de la historia humana, tú y yo somos más importantes que las Naciones Unidas. Lo que la iglesia hace con el evangelio es de mayor influencia, al fin y al cabo, que las decisiones del Kremlin. Desde las perspectivas de la eternidad, la misión de la iglesia tiene más peso que el poner ejércitos en marcha o que las medidas tomadas por las capitales del mundo, porque es mediante el cumplimiento de esta tarea que ha de realizarse el propósito divino de la historia. Nada menos que ésta es nuestra misión.

Abandonemos este complejo de inferioridad. Dejemos para siempre de compadecemos de nosotros mismos y de lamentarnos por nuestra «insignificancia». Reconozcamos que somos como Dios nos ve y giremos en torno al programa que nos ha sido divinamente encomendado. Estas buenas nuevas acerca del reino deben predicarse «... en todo el mundo, para testimonio a todas las naciones; y entonces vendrá el fin». Me siento contento, en verdad orgulloso, de formar parte de la iglesia de Cristo porque a nosotros se nos ha encargado la tarea más significativa y valiosa que haya sido dada a cualquier institución humana. Esto comunica a mi vida una importancia eterna, pues estoy participando en el plan de Dios para todos los tiempos. El significado y el destino de la historia están en mis manos.

8. ¿Por qué, en la historia humana, el rol de la Iglesia es más significativo que el de cualquier otra entidad como la ONU y hasta los gobiernos más poderosos del mundo?

Dios ha confiado a su gente la tarea más grande de la historia humana. Nosotros somos los agentes de su reino y tenemos la responsabilidad de llevar las buenas nuevas de libertad, a través de Cristo, hasta los confines de la tierra. Nosotros no sabemos por qué Él ha elegido al hombre como su agente. Quizás sus ángeles hubieran podido hacerlo mejor y más rápido. Pero sospechamos que Dios nos ha confiado esta misión porque, a la vez, el proceso de su ejecución es esencial para nuestro crecimiento y para nuestra madurez. La historia y la experiencia enseñan que la iglesia que no propaga el evangelio se marchita y muere. De igual manera, el creyente que individualmente no aprende a enfocar su atención en las necesidades de otros y a ministrar para satisfacerlas, permanece perpetuamente en la inmadurez.

Pero, quizás ésta no es la última motivación para nuestra participación en la misión de Dios. Eldon Ladd nos presenta en Mateo 24.14 un factor que nos debe impulsar a la acción.

El motivo para la misión[23]

Finalmente, el texto que comentamos contiene un motivo poderoso: «Entonces vendrá el fin». El tema de este capítulo es: ¿Cuándo vendrá el reino? No estoy estableciendo ninguna fecha. No sé cuándo vendrá el fin. Pero sí sé lo siguiente: cuando la iglesia haya terminado su tarea de evangelizar el mundo, Cristo vendrá otra vez. La Palabra de Dios lo dice. ¿Por qué no vino en el año 500 de esta era? Porque la iglesia no había evangelizado al mundo. ¿Por qué no volvió Cristo en el año 1000? Porque la iglesia no había terminado su tarea de evangelización del mundo entero. ¿Viene Cristo pronto? ¡Sí, pronto! si nosotros, el pueblo de Dios, somos obedientes al mandato del Señor de llevar el evangelio a toda criatura.

9. Según lo expuesto por Ladd ¿por qué no ha regresado Cristo?

Algunos maestros de la Biblia acusarán a Ladd de ser muy simplista en su comentario de Mateo 24.14. No hay duda que existen muchos debates complejos que conducen a diferentes interpretaciones de este pasaje en particular. Pero nadie puede negar que la evangelización es la tarea principal de la iglesia. De igual manera, es imposible negar por medio de las Escrituras nuestra responsabilidad de estar participando en ese trabajo hasta la segunda venida de Cristo. Si Él está tardando su retorno, ello debe ser motivación suficiente para que cada discípulo

---

[23] Ladd, pág. 135.

colabore en la tarea de evangelización mundial. Los que aman su venida, deben estar «apresurando» el día a través de su labor (2 Pedro 3.8-13).

Vivimos en una época en la cual los poderes de la oscuridad están redoblando sus esfuerzos contra Cristo y su reino. Satanás conoce que el final se acerca y está haciendo todo lo posible dentro de su poder, para destruir las almas de los hombres. Pero, en medio de esta acreciente confusión, las buenas nuevas del reino siguen esparciéndose en una forma sin precedente. El Espíritu de Dios está penetrando en los lugares más recónditos del imperio de Satanás y las puertas del infierno no pueden soportar el ataque de la iglesia. El evangelio está siendo llevado a los confines de la tierra y la iglesia está cumpliendo su comisión. ¡Gloria a Dios! Lea este último fragmento de El evangelio del reino.

Por tanto, id[24]

¿Deseas tú la venida del Señor? Entonces te someterás a toda clase de esfuerzos para llevar el evangelio al mundo entero. Esto me preocupa a la luz de las claras enseñanzas de la Palabra de Dios, a la luz de la explícita definición, hecha por nuestro Señor, de la tarea consignada en la Gran Comisión (Mateo 28.19- 20), que tomamos tan a la ligera. «Toda potestad me es dada en el cielo y en la tierra». Estas son las buenas nuevas del reino. Cristo ha vencido la autoridad de Satanás. El reino de Dios ha triunfado sobre el reino del diablo; esta edad impía ha sido derrotada por el siglo venidero en la persona de Cristo.

Toda autoridad es suya ahora. Él no mostrará esta autoridad de su gloriosa victoria final hasta que venga otra vez; pero ahora la autoridad es suya. «Id, por tanto, vosotros». ¿Por qué? Porque toda autoridad, todo poder es suyo y porque Él está esperando hasta que hayamos terminado nuestra tarea. Suyo es el reino, Él reina en los cielos y manifiesta su señorío sobre la tierra dentro de su iglesia y fuera de ella. Cuando hayamos cumplido nuestra misión, Él volverá y establecerá su reino en gloria. A nosotros nos ha dado no sólo esperar su venida, sino también apresurar el día de Dios (2 Pedro 3.12). Esta es la misión del evangelio del reino y esta es nuestra misión.

10. ¿Cuál es nuestro fundamento para participar en la extensión del reino de Dios?

La obediencia de Cristo logra la victoria

Cristo fue totalmente obediente a la voluntad de Dios. Por eso, el día anterior al de su muerte, a la edad de treinta y tres años, Jesucristo pudo decir confiadamente a su Padre Celestial: «Yo... he acabado la obra que me diste que hiciese» (Juan 17.4). Sin embargo, si mirásemos las circunstancias que lo enmarcarían en las horas siguientes sería difícil, desde el punto de vista humano, ver que Él hubiera logrado cosa alguna. En efecto, Jesucristo estaba a punto de ser traicionado por uno de sus compañeros de más confianza, y de encarar un humillante juicio que lo conduciría a su ejecución. El grupo de sus discípulos prontamente sería esparcido en confusión. Parecía que todo su cuidadoso método de enseñanza y su paciente entrenamiento estaban por perderse.

No es lo que el hombre pudiera medir en acontecimientos lo que marcó el triunfo o el fracaso de Cristo. La firmeza de su obediencia hacia la voluntad del Padre fue lo que hizo de su vida un éxito; aunque esta obediencia lo condujo, a

---

[24] Ladd, págs. 139-140.

través de la humillación y de un juicio injusto, hacia una ruta solitaria en el Gólgota y una muerte de tortura. En la agonía de sus últimos momentos en la cruz, a pesar de que los pecados del mundo habían sido puestos sobre Él y parecía que Dios lo había abandonado, el seguía sometiéndose totalmente a la voluntad del Padre: «En tus manos encomiendo mi espíritu» (Lucas 23.46).

Aun cuando las tinieblas lo cubrían, en el último instante de debilidad y desolación, Dios estaba ejerciendo su control. Él estaba a punto de convertir la obediencia de la cruz en la victoria más grande de la historia. Al tercer día, cuando Cristo completó su misión entre los muertos, resucitó físicamente de la tumba donde fue colocado su cuerpo. Las nuevas noticias de este fascinante suceso fueron transmitidas fervorosamente a través de todos los lugares celestiales: «¡Él ha resucitado! ¡Cristo ha derrotado a la muerte! ¡El poder de Satanás ha sido quebrado! ¡El pecado no gobierna más!»

El regocijo del cielo era únicamente comparable con el aturdimiento del infierno. La cruz, que inicialmente parecía ser una tremenda victoria para el reino de Satanás, a través de la resurrección de Cristo fue tornada repentinamente en una derrota fatal. La antigua profecía de Génesis 3.15: «Esta te herirá en la cabeza y tú le herirás en el calcañar», fue dramáticamente cumplida. ¡Dios hace que aún sus enemigos sirvan a sus propósitos! La obediencia y el sufrimiento de Cristo habían sido compensados. En respuesta a esa obediencia, Dios lo exaltó otorgándole un nombre que es sobre todo nombre... «Para que en el nombre de Jesús se doble toda rodilla de los que están en los cielos, y en la tierra, y debajo de la tierra; y toda lengua confiese que Jesucristo es el Señor, para gloria de Dios Padre» (Filipenses 2.10-11).Con esta investidura de toda autoridad en el cielo y en la tierra, el reino de Cristo fue inaugurado. La profecía de Mateo 16.18 estaba a punto de ver su dinámico desarrollo: «Edificaré mi iglesia; y las puertas del Hades no prevalecerán contra ella».

La iglesia ha asumido este importante papel como embajadora de Dios para las naciones. Motivados por su prometido retorno, los discípulos de Cristo han llevado, a través de los siglos, el evangelio a los lugares más remotos de la tierra. La iglesia está embistiendo las puertas del infierno y está prevaleciendo sobre ellas. Estamos más cerca de cumplir la Gran Comisión que en cualquier otro momento de la historia. Si amamos su venida, vamos a trabajar apresurando ese día. «Maranta», Señor Jesús.

Tarea integral

Prepare un bosquejo para una charla sobre la victoria de Cristo en la cruz sobre el pecado, Satanás y la muerte. Refuerce cada punto con las Escrituras correspondientes.

Preguntas para la reflexión

Cristo ya ha derrotado el poder del pecado. Sin embargo, el pecado sigue «molestando» nuestra vida. Es nuestro deber confesar nuestras faltas y podemos apelar a la autoridad de Jesús para vencer el pecado que con facilidad nos atrapa. Examine su corazón. Reclame la autoridad de Jesús sobre esas áreas de su vida donde siente el dominio del pecado. La victoria ya está ganada en Cristo. Hágalo un hecho en su vida.

Lección 10
El mandato supremo

«Por tanto, id y haced discípulos a todas las naciones...» (Mateo 28.19)

Alguien ha destacado el hecho que Cristo vino no tanto para encomendar la Gran Comisión, sino para quitarla. Se quitó de las manos de Israel como pueblo para encomendarlo a una «nueva» nación, concebida bajo un nuevo pacto escrito con la sangre de Jesús. Ese pueblo de discípulos de Cristo un día se levantaría como una fuerza mundial que arrastraría naciones y potencias. Pero en su inicio, pareció un movimiento que pronto desaparecería. ¿Cómo es que una pequeña banda de humildes e ignorantes hombres pudiera iniciar algo que alcanzaría a ser lo que ha llegado a ser la Iglesia cristiana durante los últimos 2.000 años? Lo único que lo explica es el Poder de Dios. Vemos este poder en la Gran Comisión que Cristo encomendó a sus seguidores. Y el libro de los Hechos de los Apóstoles nos revela cuán explosivo fue este poder al soltarlo.

La gran comisión: mandato supremo de la Iglesia

Jesucristo pasó los últimos días de su caminar en la tierra con sus discípulos. La gran victoria había sido ganada, pero ahora la tremenda labor de llevar las buenas noticias del reino hasta los confines del mundo tenía que ser iniciada. Cristo había pasado tres años moldeando a doce hombres, pero en el momento crítico de la prueba uno de ellos lo había traicionado y el resto se había dispersado. Amorosa y pacientemente, Cristo los restauró hacia la comunión con Él mismo y con los demás.

La culminación de su trabajo con los discípulos llegó en el momento de su partida. Las poderosas palabras de la Gran Comisión de Mateo 28.18-20 expresan claramente la misión encomendada a los apóstoles y, sucesivamente, a la iglesia. En el siguiente artículo, Steve Hawthorne nos ofrece una exégesis de esta fuerte palabra dada con expresiones inclusivas y totales del mandato.

Mandato sobre la montaña

Steve Hawthorne[25]

Lo esperan sobre la montaña, uno de los más altos cerros dando vista al Mar de Galilea. No dudan de estar en el lugar indicado. Se habían encontrado con Jesús allí en otras ocasiones. Jesús había orado en ese lugar. Y Jacobo, Juan y Pedro les indican el lugar exacto donde habían visto a Jesús en toda su resplandeciente gloria.

El tiempo pasa lentamente. Contemplan el lago y para romper el silencio, comentan sobre lo mucho que había sucedido alrededor de ese mar. Ya sólo quedaban once de ellos. Todos se preguntan, «¿qué pasará cuando llega Jesús?» Sus expectativas son vívidas pero a la vez, desordenadas. Esperan y especulan.

Nunca fue una persona predecible, aún en los primeros días en Galilea. ¿Qué pasaría ahora que había muerto? ¿O realmente estaba vivo? Todos lo habían visto, o por lo menos su aparición. Ninguno de los encuentros fue de rutina. Había pasado por puertas con candados y había caminado por muchos kilómetros con amigos, sin ser reconocido. Y cuando por fin lo reconocieron, desapareció repentinamente. Había aparecido como un jardinero, realizando sus tareas; en otra ocasión, como cualquier otro en una playa. Podrías estar mirándolo y no saber que era Él, y al momento, verlo de nuevo y casi morirte de susto al sorprendente reconocimiento. Desde su muerte, y lo que presumía ser su resurrección, les había aparecido sin aviso en momentos inesperados. Pero en esta ocasión, les pidió que se juntaran. ¿Qué diría? Es difícil imaginar que el Señor le hubiera citado en una forma más llamativa que esta.

Aunque le esperaban, su llegada fue sorprendente. ¿Quién era? ¿Vivía, o era un difunto? Algunos dudaban, pero todos se arrodillaron en adoración. Esto también fue sorprendente. Era la primera vez que todos le adoraron con el pleno reconocimiento de quien era. Nunca se olvidarían de este momento; y nunca se olvidarían de sus palabras.

Cuando habló, no fue fuerte, pero con palabras tan directas que parecían pasar por cada uno de ellos. Redundaban como si fueran para un gran gentío detrás de ellos. Luego, entenderían que sus palabras también eran para todos los que le seguirían.

Al hablarles, les declara el destino de toda la historia. Su mandato es comprehensivo. Cuatro veces usa la palabra todo: toda potestad, todas las naciones, todo lo que les mando, y todos los días.

Toda autoridad

Observaron algo distinto cuando Jesús caminó hacia ellos. Sí, había vuelto de la muerte. Eso era suficiente para complicarlos; pero había otra cualidad que percibían, como si estuviera cargado con una energía asombrosa. Había mostrado una autoridad explayada desde que lo conocieron. Siempre fue abierto concerniente a su autoridad: Simplemente había hecho lo que el Padre le había dado, con autoridad celestial. Pero ahora era enorme. No estaba con

---

[25] Steve Hawthorne es el fundador y director de WayMakers, en Austin, Texas. Luego de co-editar en 1981 el curso y el libro *Perspectivas del movimiento cristiano mundial*, inauguró el «Proyecto Josué», una serie de expediciones para hacer una investigación sobre grupos humanos no alcanzados por el evangelio en las ciudades principales del mundo. Fue co-autor, con Graham Kendrick, de *Prayerwalking: Praying on site with insight* (Caminatas de Oración: la oración perceptiva in situ), y ha escrito numerosos artículos.

corona ni cetro. Era su amigo Jesús, con la misma sonrisa y paciente gracia. Pero de alguna forma, aparecía inmenso ante ellos. Era real, global y peligroso. Era el rey de toda la tierra. Lo sabían antes que dijera palabra alguna.

«Toda potestad me es dada en el cielo y en la tierra». No les sorprendió lo que Jesús dijo acerca de sí mismo. Tenía sentido mientras lo decía. Dios Todopoderoso, el Gran Yo Soy le había conferido autoridad insuperable. Reflexionarían por años sobre ello para tratar de comprenderlo, pero en el momento cobraba sentido. Cristo había triunfado sobre el mal en la cruz. A causa de esa victoria, el Padre le había exaltado y honrado, poniendo su Hijo como cabeza de toda la humanidad. Ahora tenía dominio sobre entidades angélicas, quienes moraban en invisibles esferas celestiales. Tenía el poder de dirigir la historia en cualquier dirección que le interesara. Se le había otorgado autoridad celestial para consumar la llenura del Reino de Dios.

Creo que a Juan, uno de los once quien estuvo allí sobre la montaña, más adelante le fue mostrada esta transferencia de autoridad desde el Padre al Hijo, desde la perspectiva del cielo (Apocalipsis 5.1-14). En visiones, Juan vio a Dios Todopoderoso sentado sobre su trono, con un rollo en su mano con siete sellos. Todo el cielo anhelaba ver lo que estaba en ese documento que, implícitamente, contenía el destino de la tierra. La respuesta de Dios ante toda injusticia y dolor parecía estar dentro del rollo, listo para ser implementado. El rollo contenía el destino y la gloria de las últimas generaciones de cada nación. Las más grandes esperanzas aún imaginadas son superadas en ellas: toda maldad vencida; toda persona que lo merece, honrada. Es el último capítulo de la historia humana, un maravilloso «gran final» bajo el encabezamiento del Mesías.

¿Por qué lloró Juan cuando vio esperanza en forma escrita? Sin una persona digna, los propósitos de Dios no se cumplirían. No había alguien que lo podía ejecutar. ¿Podía ser que no hubiera quien tuviese la autoridad para llevar a cabo su voluntad? «Deje de llorar», se le dice a Juan. Uno quien es digno se ha encontrado: he aquí el León de la tribu de Judá, la Raíz de David, que ha vencido para abrir el libro, y desatar sus siete sellos. (Apocalipsis 5.5). La persona quien Dios elige es totalmente humana, del linaje de David, pero es también totalmente divino, el Cordero que proviene del centro del trono. El Padre otorga a este hombre glorioso, Cristo Jesús, autoridad suprema para llevar a cabo su voluntad.

El Gran Yo Soy ha otorgado todo al Hijo de Hombre. ¿Quién puede resistir su sabiduría? ¿Quién puede intimidarle en su determinación de sanar a las naciones? ¿Qué poder demoníaco puede acobardarlo en manera alguna? ¿Quién puede derribarlo en su deseo de reunir todas las naciones bajo su autoridad? Nunca ha habido tanto poder en las manos de ninguna persona. Nunca será superado. Nunca abdicará su reino. No terminará hasta que el cumpla el propósito del Padre.

Todas las naciones

Este hombre glorioso estaba parado delante de ellos. Pausó después de haber hablado de su autoridad, permitiendo que su propósito crujiera en el aire. Tenía el poder para autorizar cualquier cosa. ¿Qué sería? Habló: «Por tanto id y haced discípulos a todas las naciones».

En ese momento entendieron la idea principal es «hacer discípulos». Las otras palabras, «id…bautizándolos…y enseñándolos» (Mateo 28.18-20) son todas acciones mandadas por Cristo, pero cada uno es para suplir lo que Jesús quiso decir con el mandamiento central, «haced discípulos a todas las naciones».

Una meta, no un proceso

Jesús habló como si se pudiera ver cada nación desde donde estaban parados sobre la montaña. Discipular cada una de las naciones implicaba que habría un cambio de una vez y para siempre en cada tribu, idioma y etnia.

En la sintaxis de esta frase, la palabra griega traducida como «haced discípulos» requiere un objeto para la acción. La gama de la acción (en este caso definida por la palabra «todas») refiere a la extensión de la acción de discipular. El mandato nunca puede ser abreviado simplemente a la actividad de hacer discípulos, como si a Jesús simplemente le interesara el proceso de hacer discípulos. La expresión tiene que entenderse en su forma completa, «hacer discípulos a todas las naciones». Jesús estaba estableciendo la meta suprema. Un movimiento de discipulado era el destino para cada grupo étnico sobre la tierra. Él les estaba encomendando la tarea de iniciar estos movimientos.

Jesús no enfatizó el proceso de comunicación del evangelio. No fueron mandados a simplemente exponer a la gente al evangelio. Fueron comisionados a realizar un resultado, una respuesta a, y un seguimiento global de Jesús desde cada nación. Era una tarea que tenía que cumplirse. Y será cumplida. No tenían ninguna duda que Jesús siempre termina lo que empieza.

Las naciones

Casi todas las traducciones usan esta expresión «naciones». Cuando la escuchamos, inmediatamente nos imaginamos países o estados nacionales. Pero la palabra griega es etnea, de la cual proviene nuestra palabra «etnia». Aunque a veces la palabra se usa en la Biblia para referirse a todos los que no son Judíos o Cristianos, al usarse con la palabra griega que significa «todas», se asigna su uso más común: un grupo étnico o pueblo definido por sus rasgos culturales.

Para mantener claridad, utilizamos el término «grupo humano» o a veces, «etnias». Hoy, como en aquellos días, personas todavía se agrupan principalmente por rasgos culturales perdurables. Hay varios factores que hacen a estas agrupaciones. Factores lingüísticos, culturales, sociales, económicos, geográficos, religiosos, y políticos son parte de lo que da formación a los grupos humanos de la tierra. Desde el punto de vista de la evangelización, un «grupo humano» es la agrupación más grande, en la cual el evangelio puede dispersarse como un movimiento discipulador o de establecimiento de iglesias, sin encontrarse con barreras significativas en la comprensión y aceptación del Mesías.

En ningún momento se hubieran confundido los discípulos con la idea de países o estados políticos del mundo. Cada uno de los once eran de una región denominada «Galilea de los gentiles» (la palabra griega traducida «gentiles» en Mateo 4.15 es idéntica a la palabra ethne que significa «pueblos étnicos» o «naciones» en Mateo 24.14 y 28.20). Galilea en ese día fue conocida por su multiplicidad de grupos culturales, viviendo con sus distintos idiomas y costumbres (Juan 12.20-21, Mateo 8.28, etc.).

Ellos sabían que las escrituras hablaban de los «pueblos». Ellos se reconocían como descendientes de Abraham, destinados a bendecir a los clanes y familias extendidas del mundo (Génesis 12.3, 22.18, 28.14). Sabían del mesiánico Hijo del Hombre, cuyo reino se extendería sobre todo «pueblo, nación y gente de cada lengua» (Daniel 7.14).

Marchando a las naciones

Cristo les dijo que estuviesen listos para cambiar de lugar para realizar esta tarea. El tema de «id» no era incidental como si estuviera diciendo: «Cuando realicen algún viaje, de paso, intenten hacer algunos discípulos donde quiera que se encuentren». Por años viajaron con Él observando y ayudando mientras cubrió sistemáticamente regiones enteras (Marcos 1.38; Mateo 4.23-25). Les había enviado más de una vez a pueblos específicos, siempre dirigiéndolos a entrar en relaciones significativas para estimular movimientos duraderos de esperanza en el reino de Cristo. El evangelio no sería anunciado sin ir a los lugares donde la gente vivía (Mateo 10.5-6, 11.13, Lucas 10.1-3, 6-9). Ahora les estaba enviando a tierras lejanas para realizar lo mismo y dejar movimientos basados en reuniones caseras de discipulado y oración.

Todos los días

«He aquí estoy con vosotros...» El mandamiento final actualmente fue «contémplenme» que significa «Velad en mi. Mantengan su enfoque en mí. Dependan de mí y miren hacia mí siempre». Les había dado momentos antes, la comisión de ir a los lugares más remotos del planeta. Pero no les estaba enviando desde su presencia. En realidad, les estaba invitando a estar más cerca de Él que nunca. No estaba meramente pasándoles un poco de su poder. Tal vez sería el caso si les hubiera estado anunciando su partida. Les estaba indicando que Él se quedaba sobre este planeta, ejerciendo toda su autoridad hasta el fin del mundo. Él mismo estaría con ellos hasta el fin de los siglos.

Pocos días después sobre otra montaña cerca de Jerusalén, lo verían ser elevado a los cielos (Hechos 1.9-12). Desde esa ciudad salieron y predicaron en todo lugar. Al irse, estaban convencidos de que Cristo no había desaparecido. Había sido dado su trono en el cielo. Pero también se recordaron lo que había dicho de estar con ellos. ¡Y así fue! Como el Evangelio de San Marcos lo recuenta, a la vez que Jesús estaba sentado a la diestra del Padre, también trabajaba con ellos a medida que partieron para los distantes rincones del planeta para evangelizar a tierras lejanas.

La época a la cual Cristo se refirió aún no ha terminado. Cada día desde ese encuentro, Jesús ha «estado» con los que realizan su mandato.

Al leer esto, hoy es uno de esos días. Jesús sabía que este día se realizaría cuando habló sobre la montaña. Ya te conocía. Y conocía la gente que le seguiría durante los días de tu vida. ¿Puedes imaginarte en esa montaña sobre rodillas, once hombres a tu lado, quieto al escucharlo declarar estas palabras? Tienes todo el derecho de imaginarte allí. Cristo te vio allí y te habla hoy con deliberada claridad. ¿Qué haremos en respuesta a Él? Él nos dio un mandato de obrar con toda su autoridad para llevar a todas las naciones a obediencia a todos sus mandamientos. ¿Cómo podemos hacer otra cosa que darle todo lo que somos en el cumplimiento de este gran mandato?

1. ¿Cuántos pueblos y naciones abarca la Gran Comisión y por qué es importante destacar este hecho?

Cristo otorga la Gran Comisión a su iglesia

¿Se ha puesto usted a pensar que cuando el Señor, ya victoriosamente resucitado, daba sus instrucciones finales a los discípulos en Mateo 28, se estaba dirigiendo al liderazgo de la primera iglesia de sus seguidores? A pesar de esto, Cristo no se preocupó mucho por la forma que habrían de establecer las congregaciones, por su manera de gobierno, o por sus normas de culto. Los Evangelios tienen sólo dos referencias a «la iglesia» en la enseñanza de Cristo. En Mateo 16.18, anunció que edificaría una Iglesia como fuerza que asaltaría el reino de Satanás. Luego, en Mateo 18, les dio instrucciones referentes a la disciplina y toma de decisiones de la misma. Sabiamente, no se dirigió a la organización de la iglesia sabiendo que se organizaría según sus múltiples y variados contextos.

Aunque a nosotros nos fascinan todos estos temas de la iglesia sus instrucciones finales no tienen relación con estos asuntos. «Id y haced discípulos a todas las naciones.» Lo que a Cristo le interesó es que sus seguidores cumplan su misión, fuera como fuera. Es lamentable que la iglesia tan fácilmente pierda este enfoque para entretenerse con temas que provocan críticas mutuas y divisiones, estorbando el trabajo aunado que Cristo tan claramente encomendó.

Para cumplir la misión, Cristo prometió el Espíritu Santo como guía. Ofreció el patrón de liderazgo por servicio y el nuevo mandamiento de «amarse los unos a los otros», como la base de toda relación personal. El amor debía ser el vínculo por medio del cual la iglesia de Cristo se ligaría y establecería sus bases para su misión.

2. ¿Cuál fue el nuevo mandamiento que Cristo dio a sus discípulos en Juan 13.34-35? ¿Cuál debía ser el resultado del cumplimiento del mismo?

El ciclo que produce la evangelización mundial

La importancia de ver la obra misionera como enfoque prioritario de la iglesia se destaca en Efesios 4.11-12. En este texto clásico referente a los ministerios de la iglesia, el Apóstol Pablo dice: y *Él mismo constituyó a unos apóstoles; a otros, profetas; a otros, evangelistas; a otros, pastores y maestros, a fin de perfeccionar a los santos para la obra del ministerio, para la edificación del cuerpo de Cristo.*

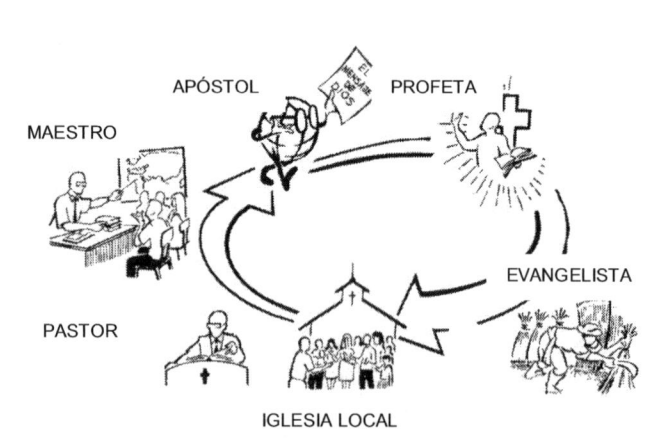

Tomando por sentado que la misión de «ir y hacer discípulos a todas las naciones» es una tarea prioritaria del la iglesia, nos preguntamos, ¿qué tiene que pasar primero para que se cumpla esta misión? Lógicamente, lo primero es enviar personas a donde no hay discípulos. Etimológicamente, la palabra «apóstol» proviene del griego y significa alguien que es enviado. Su equivalente en español, derivado del latín, es la palabra «misionero». Los doce discípulos de Jesús no fueron denominados por Jesús como «apóstoles» por haberle acompañado, sino porque fueron seleccionados para ser enviados (Marcos 3. 14). Jesús seleccionó a doce hombres para capacitar y enviar a la obra misionera. Su primera experiencia de ser enviado se relata en Marcos 6.7-13: «Después llamó a los doce y comenzó a enviarlos de dos en dos...» La única referencia a este grupo como «apóstoles» en el Evangelio de Marcos es en el versículo 30 del mismo capítulo: «Entonces los apóstoles se juntaron con Jesús». Se les hace referencia como «apóstoles» porque están volviendo de la obra misionera a la cual fueron enviados en el versículo 7. Y al volver, asumen de nuevo el rol de «discípulos» como se puede notar en el versículo 35 en adelante.

Ciclo de la expansión de la iglesia (Efesios 4:11)

En el ciclo de expansión de la iglesia, los «apóstoles» (misioneros) son enviados a abrir brecha en territorio donde todavía no hay discípulos de Cristo. Al llegar, desempeñan la función de «profeta», que si vemos este ministerio en su sentido etimológico, son «voceros de Dios». Esto es exactamente lo que requiere el inicio de una obra. Hay que predicar. Y al predicar, sabemos que la Palabra de Dios no retornará vacía, sino que habrá fruto. Y en esta etapa, el ministerio de «evangelista» (cosechar), se desempeña como función principal en el crecimiento y desarrollo de la iglesia en una localidad. Luego, los creyentes caen bajo el cuidado de «pastores» y «maestros». Y al ser sanamente enseñados que la tarea primordial de la iglesia es hacer discípulos a todas las naciones, en obediencia a Cristo, lanzan el ciclo en otros lugares, enviando «apóstoles» (o en nuestros términos, misioneros), y apoyándolos en todo sentido.

Este ciclo de la expansión de la iglesia resulta, como Efesios 4.12 lo indica, en «la edificación del cuerpo de Cristo» en toda la tierra. Es un diseño dinámico que encara un proceso necesario para la expansión de la iglesia, el cuerpo de Cristo, y el cumplimiento de su misión de discipular a todas las naciones. Si lo pensaran bien, la mayoría de nuestras iglesias «locales» son fruto del esfuerzo misionero. Lamentablemente, con el tiempo, la mayoría se centran en el trabajo pastoral y de enseñanza, sin preocuparse por la misión mundial de Cristo. No entienden el ciclo de expansión, rompen esta dinámica establecida por Dios para la expansión de su reino, y esto produce un sinnúmero de problemas para la misma iglesia. Sin esta visión, el pueblo declina. La iglesia pierde un sentido sano de su razón de ser y muchas veces también pierde la bendición del Señor.

3. ¿Por qué es importante una comprensión de los ministerios de la iglesia como parte de un ciclo expansivo en el cumplimiento de la misión de Dios? ¿Cuál es el resultado de no entender esa dinámica?

Los Hechos de los apóstoles

El libro de los Hechos registra lo que hizo Dios, por el poder de su Espíritu y por medio de la iglesia, en su inicio. Sus personajes centrales son los apóstoles y su tema es el rápido desarrollo de la iglesia en Jerusalén, Judea, Samaria y los lugares más remotos del mundo conocido. La última parte del libro narra las actividades de los primeros equipos misioneros, comisionados por las congregaciones primitivas y guiados por el Espíritu Santo a través del apóstol Pablo. De este relato podemos extraer bastante, como para entender con mayor claridad todo lo que se refiere a la participación de la iglesia en el cumplimiento de la Gran Comisión. Analizar, a la vez, los métodos misioneros de Pablo también puede ayudarnos a determinar los principios fundamentales de su trabajo tan efectivo en este sentido.

Al estudiar ahora cuidadosamente el resto de este capítulo, le recomendamos que lea en su totalidad el libro de los Hechos. En lo que resta de esta lección, haremos referencia a pasajes de los Hechos que serán básicos para la comprensión de la obra misionera. Es muy importante para ello que se familiarice tanto con el contexto general como con el inmediato.

Las palabras proféticas de Cristo en Hechos 1.8, nos proveen de un excelente bosquejo para entender la dinámica misionera del libro: «Pero recibiréis poder, cuando haya venido sobre vosotros el Espíritu Santo, y me seréis testigos en Jerusalén, en toda Judea, en Samaria, y hasta lo último de la tierra».

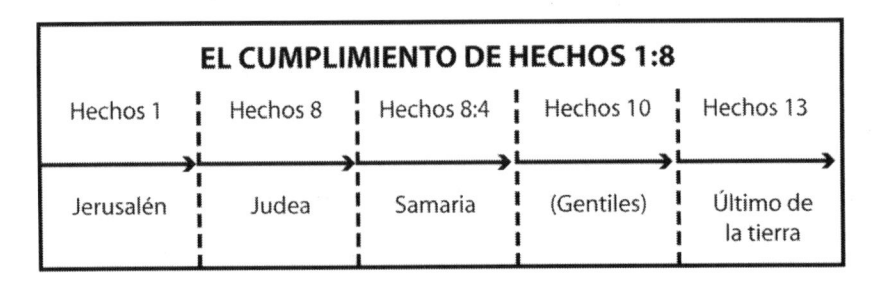

EL CUMPLIMIENTO DE HECHOS 1:8

Hechos 1	Hechos 8	Hechos 8:4	Hechos 10	Hechos 13
Jerusalén	Judea	Samaria	(Gentiles)	Último de la tierra

4. Vuelva al primer capítulo del Libro de los Hechos y lea desde el versículo 1 hasta el 11. En el versículo 6, vemos a los discípulos preocupados con la misma pregunta que le habían hecho a Cristo en Mateo 24.3. Teniendo en mente la respuesta del Señor en Mateo 24, escriba con sus propias palabras la contestación de Hechos 1.7-8.

Con su respuesta, Cristo está recordando a los discípulos que ya les había dado la información que necesitaban para hacer lo que Él les había encomendado. Obediencia para su voluntad revelada era lo que Él esperaba. Ellos simplemente debían hacer como se les había enseñado. En Hechos 1.4, les había dicho que esperaran a ser llenados por el poder de lo alto. Los encontramos haciendo esto en la transición entre los capítulos 1 y 2.

5. Lea Hechos 2.1-13. ¿Cuál fue la primera manifestación funcional de la venida del Espíritu y cómo se relaciona esto con la Gran Comisión?

Con el envío del Espíritu Santo sobre los discípulos, Dios comienza una nueva era en el derramamiento de sus bendiciones sobre el hombre. Escuchando cada uno en su propio idioma, judíos devotos de cada nación oyeron las buenas noticias. Pedro se paró en medio de ellos y presentó un poderoso y convincente mensaje. Tres mil almas se arrepintieron y fueron bautizadas. La iglesia de Jerusalén nació.

Los próximos capítulos describen las bendiciones y de los problemas que confronta esta creciente iglesia. Miles son añadidos a través del poderoso testimonio de los creyentes. Pero no se hace mención de la extensión de la iglesia más allá de Jerusalén hasta el capítulo 8 de Hechos. Debido al testimonio y a la muerte de Esteban (Hechos 7) y a la gran persecución contra la iglesia en

Jerusalén, los cristianos fueron esparcidos a través de las regiones de Judea y Samaria. Y por doquiera que fueron, predicaron la Palabra de Dios (Hechos 8). De esta manera, la segunda fase descrita por Cristo, en Hechos 1.8, comenzó a ser cumplida.

6. Lea Hechos 8.4-17. Felipe el evangelista, fue instrumento para alcanzar a los samaritanos, pero el apóstol Pedro también tuvo una parte significativa. ¿Cuál fue esa parte y por qué piensa usted que le tocó a Pedro?

En Mateo 16.19, Cristo ofreció a Pedro las llaves del reino. En Hechos 2, vemos a Pedro utilizando una de las llaves para abrir la puerta del reino a los judíos que se habían reunido para la fiesta de Pentecostés en Jerusalén. En Hechos 8, él usa la segunda llave al abrir la puerta del reino a los samaritanos, a través de la imposición de manos y la concesión del don del Espíritu Santo a estos «primos» de los judíos. En Hechos 10, usa la tercera llave para abrir la puerta del reino a los que no eran judíos en manera alguna, a los gentiles.

7. Lea Hechos 10.34-48. ¿Por qué fue este suceso más significativo para el desarrollo de la evangelización mundial que la venida del Espíritu sobre los judíos en el capítulo 2? (Tenga en mente que hasta este punto la iglesia fue considerada una secta judía).

Al llegar al principio del capítulo 11, la iglesia está lista para penetrar en la tercera fase de la profecía de Cristo en Hechos 1.8. En el capítulo 11, Pedro informa a la iglesia de Jerusalén que Dios también ha dado el don del Espíritu Santo a los gentiles. Aunque la noticia resultaba bastante difícil para algunos de los judíos convertidos que aún eran algo etnocéntricos, el hecho fue oficialmente reconocido: «Entonces, oídas estas cosas, callaron, y glorificaron a, Dios, diciendo: ¡De manera que también a los gentiles ha dado Dios arrepentimiento para vida!» (Hechos 11.18).

Era indudable: cada familia, tribu y nación tenía una puerta abierta para entrar al reino. A ninguno se le podía negar la ciudadanía del reino sobre la base de su nacionalidad o raza. Este hecho tuvo un impacto inmediato en Antioquía, la tercera ciudad más grande del Imperio Romano, donde muchos griegos habían creído en Cristo. Reconociendo la necesidad de colaborar con este trabajo creciente, la iglesia de Jerusalén envió a Bernabé, un hombre piadoso, lleno de fe y del Espíritu Santo (Hechos 11.24).

Después de ministrar en Antioquía por un tiempo, Bernabé fue a Tarso en busca de Pablo. Este era un judío fanático y lleno de celo, que había perseguido a la iglesia, pero que milagrosamente había sido convertido (Hechos 9). Habiéndolo encontrado retornó con él a Antioquía y ministraron allí juntos. En Antioquía, la iglesia fue reconocida por primera vez como algo más que una secta judía. Fue esta iglesia gentil la que presentó el argumento de la circuncisión al Concilio de Jerusalén. En ese histórico evento (Hechos 15), la proposición de que se debían adoptar normas culturales judías para ser aceptado dentro del reino de Dios, fue removida con bastante éxito. Debido a que esta iglesia estaba integrada por gentiles, la ciudadanía de Antioquía que la conformaba surgió con otro nombre. Así, fue allí que a los discípulos se los llamó por primera vez «cristianos» (Hechos 11.26).

8. ¿Por qué fue de tanta importancia para la extensión del evangelio que las prácticas culturales judías no fueran exigidas como condición para ser discípulo de Jesucristo?

Los primeros esfuerzos misioneros a los gentiles

El capítulo 13 marca el principio de la tercera fase de la evangelización, la cual Cristo predijera en Hechos 1.8 «...y hasta lo último de la tierra». La Iglesia había tenido éxito en la evangelización de Jerusalén. La persecución movió a los testigos dentro del resto de Judea y hacia la vecina región de Samaria. Pero, con la formación de la primera congregación gentil en Antioquía (los primeros en llamarse «cristianos»), y con el claro reconocimiento de que las buenas nuevas en verdad eran para toda persona, la iglesia local se involucra en la obra misionera.

9. Lea Hechos 13.1-4. Describa que caracterizó el envío de estos misioneros.

Es claro que el Espíritu Santo tomó el rol protagónico tanto en el llamado de Pablo y de Bernabé para la tarea misionera (v.2) como también en su envío (v.4). Es también importante notar que el llamado y el envío no se hicieron al margen de la iglesia; por el contrario, aquella fue instrumento del proceso. No sabemos si el liderazgo de la iglesia en Antioquía estaba ayunando específicamente para discernir la mente del Señor en este asunto, o si el Señor simplemente aprovechó esta oportunidad para llamar a Pablo y a Bernabé. Lo que sí sabemos es que el Espíritu Santo habló a través de la reunión de los líderes de la iglesia y no sólo a estos dos hombres. También, sabemos que usó a la iglesia al comisionarlos a través de la imposición de manos y enviarlos posteriormente.

En los pasajes subsiguientes, vemos a Pablo y a Bernabé dando informes a Antioquía, «... de donde habían sido encomendados» (Hechos 14.26), y a Jerusalén: de donde Bernabé había sido originalmente enviado. Estos son pasajes muy significativos para nuestro entendimiento del papel de la iglesia local en la obra misionera. La iglesia no solamente funciona como un testimonio en su propia comunidad y en medio de su sociedad, sino que es el instrumento de Dios en el envío de mensajeros del evangelio a las personas que están distanciadas culturalmente o que se encuentran en lugares remotos donde no han oído las buenas nuevas. Esto es la esencia de misiones.

Una vez enviado, la relación de los misioneros con quienes los envían no cesa. Deben responder a la iglesia de cuyo seno salieron por los trabajos que se les encomienden. El papel de la iglesia como enviadora, la responsabilidad de los enviados, y una buena comunicación entre ambos, son algunos de los factores de mayor importancia en cualquier obra misionera que se intente.

La última parte del libro de los Hechos se relaciona con el trabajo que el equipo apostólico de Pablo sobrellevó luego de la comisión inicial en Antioquía. Doquiera que el equipo fuera, predicó la Palabra de Dios, enseñó a los nuevos creyentes y finalmente estableció ancianos en cada iglesia. A pesar de la persecución, las congregaciones locales que fueron establecidas, rápidamente aceptaron la responsabilidad de evangelizar en sus propias áreas. El trabajo era tan efectivo, que en la medianía de su carrera misionera, Pablo podía aseverar confiadamente que el evangelio había sido completamente predicado a través de toda la región este del Mediterráneo (Romanos 15.19).

10. ¿De qué manera la iglesia de Antioquía fue instrumental en el cumplimiento del llamado misionero que recibieron Pablo y Bernabé?

A través de su vida, Cristo fue modelo de obediencia. Mediante su conocimiento de la Escritura, Él comprendió la voluntad de Dios revelada en la misma. Comprendiéndola, la obedeció. Y al obedecerla, Dios fue glorificado, Cristo exaltado y el reino inaugurado. Durante sus últimos días en la tierra, Cristo fijó con claridad en sus discípulos el enfoque de la voluntad de Dios de redimir a la humanidad. Él comisionó a estos primeros líderes de la iglesia para hacer discípulos en todas las naciones. Y al hacer esto, pasó esta gran responsabilidad y privilegio a su iglesia entera por todos los siglos.

El libro de los Hechos describe el papel de la iglesia en la evangelización del mundo conocido. Testimonio dinámico, persecución y equipos misioneros fueron elementos usados por Dios para desarrollar esta labor. Aunque Pablo fue llamado de una forma única y preparado como misionero, tan sólo debido a su obediencia a la voluntad de Cristo, su ministerio fue efectivo. Trabajando en equipo, se logró la evangelización de gran parte del imperio Romano. Y aun hoy, el misionero necesita exhibir la pasión apostólica para obtener verdaderos logros en la expansión del Reino de Dios.

Tarea integral

Prepare un bosquejo para una charla corta e inspiradora titulada: «El papel de la iglesia local en el envío misionero».

Preguntas para la reflexión

Para los grandes temas, deseamos conocer en forma concreta la voluntad de Dios para nuestra vida y en lo posible, con todos los detalles. Pero no siempre hallamos las respuestas que buscamos. Tal vez nuestra búsqueda no comienza en el lugar indicado. Como discípulos, ¿podemos, considerar nuestros propios deseos y preferencias en primer lugar, y luego procurar la dirección de Dios? Jesucristo nos muestra el ejemplo. Lea Filipenses 2.5-11 y Mateo 6:33. Medite en estos pasajes. ¿Está dispuesto a buscar la voluntad de Dios? ¿Qué significa esto para usted? ¿Cuál es su promesa si podemos poner nuestros deseos en sus manos? Registre sus pensamientos en su propio diario.

El mandato supremo

Lección 11
El ministerio apostólico de Pablo

Debido a su éxito en la evangelización y en establecer iglesias, Pablo ha sido idealizado como misionero. Algunos pueden atribuir ese éxito a su elección por Jesús como apóstol. Nosotros no podemos negar que su conversión y algunos aspectos de su ministerio fueron extraordinarios. Pero aun así hay muchos principios en su ministerio que son de gran utilidad aún para nosotros. Al igual que Cristo, la apremiante obediencia de Pablo para con su Señor, fue la causa real de su éxito.

El llamado de Pablo

Durante su defensa ante Agripa (Hechos 26), Pablo describe las circunstancias, que rodearon su conversión y su comisión como apóstol. Lea Hechos 26.15-19.

1. *La palabra apóstol literalmente significa «uno que es enviado». ¿A quiénes fue enviado el apóstol Pablo?*

2. *El versículo 16 traza su participación como enviado. ¿Qué tarea se le encomienda?*

3. *El versículo 18 señala el propósito de su tarea y el funcionamiento de su papel como apóstol. Describa a ambos con sus propias palabras.*

Pablo tuvo la certeza de su llamado para el ministerio misionero apostólico; él comprendió claramente la naturaleza de esta tarea y fue diligente en el cumplimiento de todas las instrucciones que recibió de parte del Señor. La convicción de su llamado lo fortaleció a través de cada prueba. La comprensión de la naturaleza precisa de la tarea que tenía que realizar le permitió dedicarse a ella con gran flexibilidad. El poseer, a la vez, un profundo sentido de responsabilidad para con su comisión, fue la fuerza motivadora que estuvo detrás del cumplimiento de su tarea.

La preparación de Pablo

¿Qué hizo de Pablo un misionero tan efectivo? Una mirada a su preparación nos ayudará a contestar esta pregunta. Si comparamos su comisión con la de otros apóstoles, vemos que en esencia Cristo pidió a Pablo lo mismo que había pedido a los demás: que fuera su «testigo». Pero los otros apóstoles tuvieron las ventajas de un entrenamiento personal en convivencia con Cristo. Aunque Pablo recibió su

El ministerio apostólico de Pablo

llamado en una forma directa e impactante, su capacitación misionera le costó por lo menos siete años. El proceso le llevó por Damasco, Jerusalén, Judea, Arabia, Tarso, las áreas rurales de Cilicio y finalmente a Antioquía. Por este proceso, el Señor enseñó y preparó a Pablo para su trabajo en favor de los gentiles.

Ciertamente, si miramos no solamente la vida de Pablo, sino la de algunos otros siervos de Dios, a través de los siglos podemos observar un patrón. En primer término, la conversión fomenta un gran deseo de tener comunión con Dios y con otros creyentes, acompañado de un celo ferviente de compartir su testimonio. Al testificar con ánimo se produce persecución por parte de los no creyentes y a menudo también rechazo por parte de su familia y aún de otros cristianos. Como consecuencia de ese trato se inicia un período de retiro durante el cual el nuevo creyente aprende a reconocer su completa dependencia de Dios. En esta circunstancia, un fervoroso deseo de tener comunión íntima con el Espíritu Santo lo lleva a un estudio reflexivo de las Escrituras y a la oración. Finalmente, se le presenta la oportunidad de servicio bajo el liderazgo de personas con más experiencia seguida del surgimiento de su propio ministerio y llamado.

DESARROLLO DEL MINISTERIO DE PABLO

Conversión y rechazo	Testimonio	Retiro	Etrenamiento efectivo	Ministerio
El camino a Damasco	Damasco y Jerusalén	Arabia	Tarso y Cilicia	Antioquía y Misiones

No estamos sugiriendo que esta es «una fórmula precisa» para producir grandes hombres de Dios. Él usa las circunstancias que rodean a cada creyente para producir su madurez. Pero es de mucha ayuda observar que el proceso de madurez de un creyente para un ministerio efectivo lleva tiempo, y a menudo está acompañado de pruebas y experiencias duras. La conversión y el llamado misionero de Pablo fueron extraordinarios y tuvo el mejor entrenamiento bíblico que se podía conseguir en su época. Pero aún así, Dios tomó bastante tiempo a fin de madurarlo para el ministerio y el liderazgo. Quizás Pablo estaba reflexionando en su propia experiencia cuando escribía a Timoteo aconsejándole «no impongas con ligereza las manos a ninguno» (1 Timoteo 5.22). Ciertamente, el proceso por el cual Dios está llevando a la madurez a un creyente debe ser muy evidente antes de asignarle el papel de líder en el ministerio cristiano.

Los elementos del mensaje evangelístico de Pablo

Cuando Cristo comisionó a Pablo, tal como está escrito en Hechos 26, no le dio simplemente un trabajo, sino que le dio los elementos básicos para predicar el evangelio efectivamente. Por cierto, si examinamos las palabras del versículo 18, y estudiamos el método evangelístico de Cristo con la mujer samaritana (Juan 4) y otros, observamos que ellas expresan principios que Él usó en su ministerio. Estos principios son universales en su aplicación y susceptibles de ser comprendidos en cuanto a su alcance. Pablo los usó en su ministerio y los mismos serán de mucha utilidad para nosotros si los entendemos y los aplicamos a nuestros propios esfuerzos evangelísticos.

Vea Hechos 26.18 y estudie cada una de las frases detenidamente: «Para que abras sus ojos, para que se conviertan de las tinieblas a la luz, y de la potestad de Satanás a Dios; para que reciban, por la fe que es en mí, perdón de pecados y herencia entre los santificados.

- Abrirles sus ojos: presentar el evangelio de tal manera que la gente lo pueda entender y relacionar con sus propias necesidades.
- Convertirlos: persuadirlos al arrepentimiento para que reciban el poder de Dios para la salvación.
- Hacerles recibir: explicarles la vida de fe y asegurarles su herencia entre los santificados.

El equipo misionero de Pablo

La estatura de Pablo como apóstol ensombrece el hecho de que él no trabajó individualmente, sino con un «equipo misionero» que funcionó conjuntamente para alcanzar la meta de la evangelización y el establecimiento de nuevas iglesias. Aunque el equipo inicial fue originalmente comisionado por la iglesia de Antioquía, una vez enviado a la obra funcionó en forma semiautónoma. Aunque sus integrantes permanecieron relacionados al cuerpo que los había comisionado, las decisiones referentes a los objetivos específicos y las tácticas usadas para alcanzar sus metas, fueron por los apóstoles bajo la dirección del Espíritu Santo.

Esta autonomía hizo que el equipo tuviera su propio liderazgo y estructura. El liderazgo del equipo original estaba compuesto por Bernabé y Pablo. Un poco antes de la segunda jornada misionera, estos dos apóstoles se separaron por falta de acuerdo sobre la cuestión de llevar a Juan Marcos consigo. Este había salido con ellos en el primer viaje misionero pero pronto los había abandonado. Bernabé quería llevarlo de nuevo, pero Pablo no estaba conforme con esa decisión (Hechos 15.36-41). Después de esto el liderazgo del equipo misionero de Pablo fue compartido con Silas.

Durante la segunda jornada, otros se unieron al equipo misionero. En Listra, Pablo reclutó a un piadoso creyente llamado Timoteo, y se cree que Lucas se unió a ellos en Troas. Por doquiera que fueron atrajeron a convertidos que se mostraron deseosos de unirse al equipo misionero. El libro de los Hechos y las epístolas de Pablo hacen mención de estos colaboradores en la tarea. Estos hombres y mujeres fueron instrumentos en el éxito de la obra misionera: no solamente resultaron representantes de las personas que en cada lugar fueron discipuladas y formadas para ocupar posiciones de liderazgo en sus propios pueblos, sino que además, fueron creyentes activos en los cuales Pablo pudo confiar, dejándolos encargados de las iglesias jóvenes para que las ayudaran y animaran en su desarrollo. Sin estos otros miembros del equipo sería muy dudoso que los esfuerzos misioneros de Pablo hubieran tenido tanto éxito.

El ministerio apostólico de Pablo

De esta manera, Dios reunió un grupo de individuos de distintas nacionalidades y culturas, pero con el mismo propósito en cuanto a la gran obra de evangelización y el establecimiento de iglesias. No todos fueron oradores ni evangelistas; pero todos tuvieron un papel clave en el esfuerzo misionero. Veamos, por ejemplo, a Aquila y Priscila, dos creyentes que Pablo conoció en Corinto y que se dedicaban conjuntamente a la profesión de fabricantes de tiendas (Hechos 18). Cuando Pablo llegó a Corinto, luego de dejar a Timoteo y a Silas en Macedonia, aquellos lo recibieron en su hogar y le ofrecieron trabajo. Sin duda se desarrolló una profunda relación entre Pablo y esta pareja, porque cuando llegó el tiempo de su partida ellos lo acompañaron por el resto de su jornada misionera. Cuando Pablo arribó a Éfeso los dejó allí mientras él regresaba a Antioquía. La presencia de Aquila y Priscila en esa ciudad facilitó que el apóstol siguiera viajando confiado, ya que el trabajo continuó y se desarrolló bajo la dirección de ellos.

No tenemos evidencias de que Aquila y Priscila fueran grandes evangelistas o predicadores, pero sí sabemos que estaban dispuestos a servir en cualquier labor que Dios eligiera para ellos. Así, por brindar hospitalidad y trabajo a Pablo, ayudaron a establecer la iglesia de Corinto. Además, es indudable que aplicaron su profesión de fabricantes de tiendas para patrocinar la obra y aportar fondos para el equipo. Todo esto y el ocuparse de la tarea en Éfeso, ya mencionada, fueron signos evidentes de su buena disposición para colaborar y de su fiel dedicación a la obra de Dios, quien les permitió ser instrumentos útiles para el desarrollo de la iglesia en esa región del mundo.

Las epístolas de Pablo hacen referencia a muchos otros creyentes que también se identificaron íntimamente con su tarea misionera. Cada uno de ellos tuvo una parte importante en el establecimiento rápido de la iglesia en toda la región del Este Mediterráneo. Fue mediante la colaboración y la participación de cada uno de estos individuos que el trabajo pudo continuar con gran eficacia. El éxito de Pablo fue por cierto el éxito de todos estos creyentes del primer siglo, y en particular, el de aquellos que formaron el núcleo del equipo misionero.

4. Vea Romanos 16. ¿Cuántos creyentes menciona Pablo como participantes de la obra misionera?

La visión misionera de Pablo

La palabra «misionero» es usada en una forma muy liviana en los círculos cristianos de hoy día. Algunos la han generalizado hasta el punto de afirmar que cada persona es un misionero o sino, un campo para la obra misionera. Otros han definido el término tan estrechamente que sólo incluyen a los que han sido enviados a países extranjeros con algún matiz no cristiano. El observar la perspectiva de Pablo en la obra misionera nos ayudará a dar una correcta definición a este término.

5. Lea Romanos 15.14-25. De este pasaje, especialmente del versículo 20, ¿cuál diría usted que es el la mayor diferencia que marca la meta de Pablo y otros ministerios evangelísticos?

Pablo siempre tenía su mira más allá de los confines de la extensión del evangelio. Él no estaba dispuesto a olvidar, en los lugares donde estaba trabajando, las oportunidades para llegar a las regiones más lejanas. Pero cuando una iglesia evangelizadora había sido establecida, se dirigía al próximo límite. El poder dinámico del Espíritu Santo y esa motivación compulsiva de llevar el evangelio a las regiones más allá de las fronteras, lo habilitaron para tener un ministerio efectivo de largo alcance.

Esta visión puesta en los lugares «de más allá» no es fácil de perpetuar. Por su propia naturaleza, el trabajo de nutrir espiritualmente a los creyentes es difícil y puede consumir todo el tiempo disponible. Al estar entretenidos en las necesidades continuas que surgen del establecimiento de una iglesia es factible que oscurezcamos la visión por las regiones distantes.

Pablo, sin embargo, mantuvo esa visión. Él estaba convencido de que el Espíritu Santo mismo enseñaría a los que habían creído en Cristo y les ayudaría a madurar espiritualmente. Así, después de un período razonable dedicado al fortalecimiento y al discipulado de los individuos de una ciudad, Pablo nombraba ancianos y se dirigía a la próxima región. De esa forma esperaba poder predicar el evangelio hasta las zonas más remotas del Imperio Romano.

Como Pablo, la iglesia y los que están participando en misiones necesitan mantener una visión fresca de las regiones más allá de sus fronteras. A través de los siglos, la iglesia en general ha fracasado en el mantenimiento de esta visión. Inclusive, sucede a veces que las mismas organizaciones que han sido formadas específicamente para llevar a cabo la misión de la iglesia, después de los esfuerzos iniciales, pierden de vista a las regiones lejanas y se ocupan casi en su totalidad de la nutrición de las iglesias que ya han sido levantadas. Esto a menudo ha derivado en el debilitamiento de la iglesia que pasa a depender de la ayuda misionera, en lugar de permitir una dependencia total del Espíritu Santo. Además, de esta manera, las iglesias jóvenes toman la actitud de ser simplemente recipientes de las buenas noticias, en vez de activas propagadoras de las mismas.

La única solución para esta situación es asegurar que las nuevas iglesias desarrollen una visión fresca por los pueblos, regiones y naciones sin testimonio, y la mantengan. No todas las iglesias son capaces de enviar personas a los lugares más lejanos del mundo, pero Dios no nos juzga por lo que no podemos hacer. Él espera que cumplamos con nuestra responsabilidad en el contexto de nuestras posibilidades. De esta manera, cuando una iglesia nueva es formada, es heredera de la misma responsabilidad dentro del radio de su potencial.

6. ¿Cómo se evita la dependencia de las iglesias en los misioneros, para que se preocupen por la evangelización?

El misionero de la iglesia

Claro está que la responsabilidad de la iglesia es reconocer vocación misionera en sus miembros y apoyarlos. Pero, ¿qué hace a un misionero hoy día? ¿Cómo lo identificarán? ¿Cómo lo prepararán? En el siguiente artículo, Floyd Maclung nos invita a reflexionar sobre las cualidades necesarias de un verdadero llamado misionero.

La pasión apostólica
Floyd McClung[26]

¿Qué es la pasión apostólica?

Se utiliza la palabra «pasión» para describir cualquier cosa: desde el romance hasta los retorcijones de hambre. No sé lo que significará el término para usted, pero para mí, pasión es todo aquello por lo cual uno está dispuesto a sufrir. Ese es, precisamente, el origen de la palabra. Proviene del latín *passere*, sufrir. Significa aquello que uno desea tan intensamente que está dispuesto a sacrificar cualquier cosa por lograrlo. La palabra «apóstol» significa uno que ha sido enviado, un mensajero. «La pasión apostólica», por lo tanto, es la elección deliberada e intencional de vivir con el fin de lograr que Jesús sea adorado en todas las naciones. Tiene que ver con un compromiso hasta la muerte de hacer conocer Su gloria. Es la característica de aquéllos cuyo fervor por Jesús los lleva a soñar que la tierra entera esté cubierta de la gloria del Señor.

Yo me doy cuenta cuando esa pasión apostólica ya no arde en mi corazón. Ocurre cuando no ocupo mi tiempo devocional soñando con el momento cuando Jesús sea adorado en idiomas que aún no se escuchan en el cielo. Sé que falta en mi vida cuando canto acerca del cielo, pero vivo como si el mundo fuera mi hogar. La pasión apostólica ha muerto en mi corazón cuando sueño más acerca de deportes, juguetes, lugares adonde ir y personas a quienes visitar, que con las naciones adorando a Jesús.

También la he perdido cuando tomo decisiones basándome en los riesgos involucrados, y no en la gloria que obtendrá Dios. Aquellos que tienen la pasión apostólica se preparan para ir, pero están dispuestos a quedarse atrás. Usted sabe que la tiene cuando se siente desilusionado porque Dios no lo ha llamado a dejar su hogar y a lanzarse hacia aquellos que nunca han escuchado Su Nombre. Si no está dispuesto a sufrir y a sacrificarse por algo es claro que no le apasiona. Si usted dice que está dispuesto a hacer cualquier cosa por Jesús, pero no sufre por Él, es que no siente realmente pasión por Él y por sus propósitos aquí en la tierra.

7. ¿Cómo define el autor la pasión misionera?

Si usted no la tiene, ¿cómo logra obtener esto que llamamos pasión apostólica? ¿Se trata de un proceso semejante al de encargar una pizza, con garantía de entrega a domicilio en 30 minutos o menos? ¿Existe algún teléfono especial para efectuar el pedido? O mejor aún, envíennos una donación mínima y le enviaremos pasión por correo especial, con entrega inmediata. Si usted y yo somos parecidos, necesita alguna ayuda para saber cómo lograr esto que llamamos pasión. Me motiva leer cómo el apóstol Pablo la obtuvo. Decidió tenerla.

Pablo dice en Romanos 15 que es su ambición, o sea, su pasión, hacer conocer a Cristo. Comenzó, en el caso de Pablo, con una revelación de Jesús que abrigó a lo largo de su vida de adulto. Pablo no sólo se encontró con Cristo en el camino a Damasco, sino que siguió encontrándose con Jesús diariamente. Esta revelación de Jesús, y su estudio de los

---

[26] Floyd McClung es fundador y director del Instituto Todas Las Naciones, en Trinidad, Colorado. Durante muchos años sirvió como director internacional de Juventud con una misión. Comenzó su ministerio internacional en Afganistán. Uno de sus libros recientes, *Viviendo en los umbrales del diablo* cuenta la historia del ministerio que inició en Ámsterdam, Holanda.

propósitos de Dios, engendró la pasión apostólica de Pablo. Conocer a Jesús y hacerlo conocer, dominó el resto de su vida. «Tengo, pues, de qué gloriarme en Cristo Jesús en lo que a Dios se refiere» (Romanos 15.7). En comparación, todo lo demás era estiércol, basura, desechos hediondos. La ambición de Pablo surgió al comprender que Dios deseaba que Su Hijo fuera glorificado en las naciones. Su mira era «que los gentiles le sean como ofrenda agradable, santificada por el Espíritu Santo» (Romanos 15.16).

8. ¿Por qué requiere la pasión misionera una decisión?

El entusiasmo humano no puede sustentar la pasión apostólica. Cuando Dios invierte en usted su propia pasión, el deseo de ver Su Nombre glorificado entre todas las gentes, usted debe edificar y desarrollar lo que Dios le ha dado. Hay cuatro cosas que le ayudarán a hacerlo:

El abandono apostólico

Son muchos los que desean el fruto del ministerio de Pablo sin estar dispuestos a pagar el precio que tuvo que pagar Pablo. Pablo murió. Murió a todo. Murió diariamente. Fue crucificado con Cristo. Este hombre de voluntad férrea, aferrado a sus opiniones, sabía que debía morir al Yo. Sabía que en la carne no podía generar la revelación de Jesús; no podía sostener el corazón de Cristo. Y por tanto, murió. Abandonó su vida. Se abandonó a sí mismo.

Vivimos en un mundo de pasiones que compiten entre sí. Si no morimos al Yo y llenamos nuestras vidas con la pasión arrolladora de ver a las naciones adorando a Dios, acabaremos abrigando otras pasiones. Es posible auto-engañarnos pensando que tenemos pasiones bíblicas cuando, en realidad, lo que hemos hecho es adoptar los valores de nuestra cultura, dándoles un nombre cristiano. Habremos escogido la pasión apostólica sólo cuando nuestros corazones están llenos con el deseo de Dios de que su Hijo sea adorado en todas las naciones.

¿Puedo alentarlo, amigo mío, a entregar su vida? Lo desafío a orar esta oración: «Señor, te ruego que sin piedad reveles mi ambición egoísta y mi falta de deseo de morir al Yo». Le garantizo que Dios contestará su oración, y que lo hará rápidamente.

El enfoque apostólico

El mayor enemigo de la ambición de ver a las naciones adorando a Jesús es la falta de enfoque. Es posible gastar energías en una amplia gama de buenos ministerios sin acercarse en lo más mínimo a las naciones. No tengo nada en contra de los proyectos y ministerios que existen; el pueblo de Dios los lleva a cabo y no pongo en tela de juicio su obediencia a Dios. Pero la Iglesia tiene una vocación apostólica, una misión apostólica. Dios nos ha llamado a salir a las naciones. Debemos concentrarnos en este llamado o no seremos obedientes.

¿Cuál debe ser nuestro enfoque? Creo que Dios busca un pueblo para sí. Toda actividad que no incluya el deseo de que Dios logre un pueblo para sí es meramente una actividad, no una obra misionera. Puede haber evangelización que no es obra misionera. Los ministerios de corto plazo están bien con tal que su enfoque sea el de levantar obreros que planten iglesias. Es posible que usted diga: «No he sido llamado a plantar iglesias». Pero la verdad es que ¡sí, usted ha sido llamado! Siempre es la voluntad de Dios tener un pueblo que adore a su Hijo en todas las naciones. Nunca tiene que preocuparse de estar enojando a Dios si está procurando plantar una iglesia. Me parece una locura que haya quienes tengan el delirio de pensar que necesitan un llamado especial para salvar almas, discipularlas, y reunirlas para que amen a Jesús. Sea cual fuere el ministerio que tiene, debe entender una cosa: plantar iglesias no es para beneficio nuestro; es para Dios. Lo hacemos para que Dios tenga un pueblo que lo adore.

9. Según McClung ¿Cuál es la pasión que inicia el proceso del desarrollo misionero en una persona? Y sin esta pasión, ¿cuál es el riesgo que se correo al desarrollar su ministerio?

La oración apostólica

Hace muchos años, un joven estudiante de una escuela bíblica se ofreció a ayudar a David Wilkerson en su ministerio en las calles de Nueva York. Wilkerson le preguntó cuánto tiempo dedicaba a la oración. El joven estudiante calculó que lo hacía unos 20 minutos por día. La respuesta de Wilkerson fue: «Vuélvase, joven. Durante un mes ore dos horas diarias, todos los días por 30 días. Cuando lo haya hecho vuelva a verme. Es posible que entonces considere la posibilidad de largarlo a las calles donde hay asesinatos, violaciones, violencia, peligro...Si lo enviara ahora con 20 minutos de oración por día, estaría enviando a un soldado a la batalla sin armas, y lo matarían».

Es posible, mi amigo, alcanzar el cielo sin mucha oración. Usted puede tener un devocional de un minuto por día y Dios seguirá amándolo. Pero no escuchará el «bien hecho, buen siervo y fiel» en base a conversaciones de un minuto con Dios. Y puede tener la seguridad de que no va a tener éxito con una vida de oración así en lugares difíciles donde Jesús ni es conocido ni adorado. Aquí va un desafío: Lea todo lo que dice Pablo acerca de la oración y luego pregúntese: ¿Estoy dispuesto a orar de esa forma? Pablo dijo que oraba «día y noche... con lágrimas sin cesar... con agradecimiento... en el Espíritu... constantemente... confiadamente... con tristeza según Dios... contra el maligno».

Las decisiones apostólicas

Si vive una vida que no tiene la visión de la gloria de Dios llenando toda la tierra, corre el peligro de estar al servicio de sus propios sueños de grandeza en tanto espera hacer la próxima cosa que Dios le diga. Hay demasiados cristianos sobrealimentados, poco motivados, que se refugian detrás de la excusa de que Dios no les ha hablado. Están esperando oír voces o soñar sueños en tanto dedican sus vidas a ganar dinero, a proveer para el futuro, a vestir bien, a divertirse.

Las pasiones guiaron al apóstol Pablo. Hechos 20 y 21 nos relatan su determinación de ir a Jerusalén a pesar de su propia anticipación de que habría sufrimiento, de las advertencias de profetas genuinos, y de la intensa desaprobación de sus amigos. ¿Qué lo llevó a Pablo a actuar en contra de su propia intuición? Ni que hablar de las exhortaciones proféticas y los ruegos llorosos de sus íntimos amigos. Es que Dios le había revelado algo de mayor prioridad, de alta motivación: la gloria de Dios.

Las decisiones apostólicas comienzan con una pasión por ver la gloria de Dios en todas las naciones que luego pregunta: «¿Dónde puedo servirte? La mayoría de las personas hacen lo opuesto. Preguntan acerca del «qué» y «dónde» sin tener una revelación de la gloria de Dios en todas las naciones. ¡No es de extrañar que nunca escuchan que Dios les dice: «Ve»!

No han cultivado una pasión por lo que apasiona a Dios. Puede ser que todo tipo de deseos menores los mantengan cautivos. Y quizás nunca se den cuenta de lo que ocurre.

Presente sus dones, sus vocaciones y sus talentos al Señor. Arrímese a Dios. Quédese allí hasta que tenga un fuerte deseo de salir en Su Nombre. Permanezca allí y alimente el deseo de ver al mundo bañado en alabanzas a Dios. Sólo entonces podrá fiarse de lo que le dice su corazón si oye que Dios le dice: «quédate». Sólo los que anhelan proclamar su gloria a las naciones tienen el derecho de quedarse.

Si usted tiene la pasión apostólica, es una de las personas más peligrosas del planeta. El mundo ya no gobierna su corazón. Ya no le seduce la idea de obtener y de ganar; está dedicado, más bien, a desparramar y a proclamar la gloria de Dios entre las naciones. Vive como peregrino, no atado a los cuidados de este mundo. No teme lo que pueda perder. Hasta se anima a creer que Dios puede otorgarle el privilegio de morir a fin de proclamar Su fama por el mundo. Lo que apasiona al Padre es lo que también le apasiona a usted. Encuentra su satisfacción y su sentido en Él. Cree que Él está siempre con usted hasta el final mismo de esta vida. Está totalmente entregado a Dios, y vive para el Cordero de Dios. Satanás le tiene miedo y los ángeles lo aplauden.

Su sueño mayor es que el Nombre de Dios sea alabado en idiomas que jamás se han escuchado en el cielo. Su recompensa es esa mirada de puro deleite que espera ver en los ojos de Dios cuando se postre a Sus pies; es lo que Cristo merece por su sufrimiento: la adoración de los redimidos.

¡Usted tiene la pasión apostólica!

10. ¿Por qué una persona misionera es una de las personas más peligrosas del planeta?

La pasión apostólica es algo que se cultiva. Lo vemos intensamente en la vida del Apóstol Pablo y en muchos de los "apóstoles" que se han levantado durante los siglos. Si la pasión solo pasa por emoción, no rinde fruto que permanece. Sin embargo, la emoción se puede tornarse en pasión, y expresarse en convicción y acción. Lo que nos mantiene firme son nuestras convicciones. Si marchamos sobre estas convicciones como Pablo lo hizo, permaneceremos fiel en las buenas y en las malas.

Tarea integral

El llamado misionero puede interpretarse de muchas formas, pero evidentemente, es algo que requiere compromiso, disciplina personal, y abnegación. Elabore un bosquejo sobre la vida y ministerio del apóstol Pablo que refleje estas tres características. Use ejemplos de su vida y citas de sus epístolas a sus colaboradores como Timoteo, Tito y Filemón.

Preguntas para la reflexión

Algunas iglesias históricas han perdido su visión para el evangelismo y tienden a perder vitalidad en el proceso. Esto puede ser frustrante para aquellos miembros que tienen un deseo sincero de ver a la iglesia moverse por misiones. ¿Cuál es la condición de su congregación local al respecto? Si existe ese compromiso, ¿cómo se está involucrando? Pero si no existe en ella esta pasión, ¿qué puede hacer usted para remediar la situación o instigar esta pasión? Deje que Dios lo use para fortalecer el compromiso de su iglesia con la evangelización del mundo. Escriba sus pensamientos en su diario y busque ser usado por Él.

Lección 12
El objetivo de la misión

El Señor Jesús nos mandó a ir y hacer discípulos. Aunque esto es un proceso personal en cada creyente, necesitamos acompañarnos para madurar nuestros dones y su llamado. Precisamente, Cristo vino para establecer a esta, su «iglesia», ese cuerpo universal de seguidores que proveerían la agencia humana para llevar a cabo sus propósitos. Él dijo de ella: «Yo... edificaré mi iglesia; y las puertas del Hades no prevalecerán contra ella.» La iglesia es el medio por el cual el Señor realiza su obra en nosotros y por nosotros. Por ende, el objetivo de la misión es formar estos grupos de creyentes y hacerlo de una forma que estos grupos sigan formando otros grupos con nuevos discípulos.

Una iglesia para cada pueblo

Kenneth B. Mulholland[27]

Aunque intensamente personal, la fe cristiana no es individualista. Jesús no vino sólo para salvar a pecadores, sino a establecer su iglesia (Mat. 16:18). Vino a implantar comunidades de sus seguidores entre todo pueblo sobre la faz de la tierra, comunidades cuyo alcance traspasaría fronteras culturales para compartir las Buenas Nuevas de salvación.

Cuando el Apóstol Pedro terminó su mensaje el día de Pentecostés, apeló no sólo a la conversión personal, sino a la identificación pública con otros creyentes (Hechos 2.38). Cuando las personas creyeron en Cristo, fueron incorporadas en una comunidad nueva y acogedora, cuya naturaleza era tanto local como universal por el hecho que incluiría a todos los hijos de Dios, en todos los lugares de la tierra a través de todos los siglos. Y aunque transciende el tiempo y espacio, también es una comunidad que se expresa en forma visible y local por medio de creyentes unidos en congregaciones.

En su comentario magistral sobre el libro de los Hechos, John R. W. Stott describe las marcas de la llenura del Espíritu Santo en esa primera comunidad que emerge siguiendo el día de Pentecostés.

> «Primero, se relacionaron a los apóstoles (en sumisión).Estuvieron listos para recibir las instrucciones de los apóstoles. Una iglesia llena del Espíritu Santo es una iglesia apostólica, una iglesia neotestamentaria que se apresura en creer y obedecer lo que Jesús y sus apóstoles enseñan.

---

[27] Kenneth B. Mulholland fue profesor de misiones y luego decano de Columbia International University.

En segundo lugar, se relacionaron en amor. Perseveraron en compañerismo, apoyándose y aliviando la necesidad de los pobres. Una iglesia llena del Espíritu Santo es una iglesia amorosa, cálida, que comparte con otros.

En tercer lugar, se relacionaron con Dios (por la alabanza y adoración). Lo adoraron en el templo y en las casas, con la Cena del Señor y con oraciones, con gozo y reverencia. Una iglesia llena del Espíritu Santo es una iglesia que adora a Dios.

En cuarto lugar, se relacionaron con el mundo (en palabra y hechos). Ninguna iglesia que se centra en sí y su vida interna (auto absorbida), puede estar llena del Espíritu Santo. El Espíritu Santo es un Espíritu misionero. Así que una iglesia llena del Espíritu Santo es una iglesia misionera.»[28]

1. Según las características nombradas de una iglesia llena del Espíritu Santo ¿cómo ve a su propia iglesia local??

Las epístolas del Nuevo Testamento están repletas con referencias de «unos a otros», y atestiguan de la interdependencia que deberían caracterizar estas comunidades cristianas. De hecho, estas cartas fueron escritas a iglesias cristianas ubicadas en las principales ciudades del Imperio Romano y se dirigen hacia temas relacionados con la fe y práctica para el crecimiento y desarrollo de la vida de la congregación.

Una variedad de metáforas iluminan no sólo la relación entre Dios y su pueblo, sino también la interdependencia mutua que caracteriza el pueblo de Dios. Cristianos son ramas de la misma viña, piedras vivientes del mismo edificio, ovejas del mismo redil, niños de la misma familia, órganos del mismo cuerpo.

La intención es que estas congregaciones sean comunidades del reino. Jesús enseñó a sus discípulos a orar que su voluntad sea hecha en la tierra como en los cielos. Estas son un segmento de la población cuyas reglas se definen por la voluntad de Dios. En un sentido, la intención es que la Iglesia sea un proyecto piloto del reino de Dios, un puesto avanzado del reino, una anticipación del reino de Cristo sobre la tierra. Así, la Iglesia glorifica a Dios, y le hace «parecer bien» por continuar en el mundo la obra del reino que Cristo comenzó. Aunque la Iglesia no puede evitar del todo las formas organizacionales e institucionales de la cultura en la cual existe, en su esencia, es la comunidad el Rey.

2. ¿En qué sentido cada iglesia es como un proyecto piloto del reino?

Esto quiere decir que la meta de la misión cristiana no se limita a una mera presencia física entre incrédulos ni a la proclamación verbal del Evangelio entre los que nunca escucharon. Tampoco se limita al establecimiento de una red de misiones a través de una zona geográficamente definida. Ni se refiere al establecimiento de puntos de predicación por todo un país o desarrollando estudios bíblicos en dispersos barrios urbanos. Ni se reduce a la conversión de individuos. La meta de la obra misionera es establecer dentro de cada grupo humano en el mundo, entre cada pieza del mosaico humano, movimientos de iglesias autóctonas que son tan capaces de multiplicar congregaciones, que el grupo humano entero es tanto evangelizado como también incorporado en el compañerismo de la Iglesia universal.

---

[28] Stott, J. R. W. *The Spirit, the Church and the World: The Message of Acts*. Downers Grove, IL: InterVarsity Press (1990), pág. 87.

Sin embargo, la meta de establecer nuevas congregaciones que sean capaces de pagar sus propias cuentas, tomar sus propias decisiones, y evangelizar su propia gente, no es suficiente. Por muchos años, misioneros occidentales han creído que una vez que estas metas se han alcanzado, la tarea misionera se ha terminado. Detrás de esto está la presuposición de que sólo cristianos ricos y bien educados (occidentales) eran los únicos capaceas de establecer movimientos de iglesias en nuevas esferas lingüísticas y culturales. Las iglesias nuevas de África, Asia, y América Latina no poseían las finanzas y la educación para poder emprender misiones transculturales. Ahora entendemos que para que el proceso tome su curso, es necesario que las iglesias fruto de obra misionera pasada se conviertan en iglesias misioneras para que siga aumentando el impulso necesario para penetrar los grupos humanos aun no alcanzados con el evangelio. Así que las agencias misioneras hoy se relacionan no sólo con las iglesias que han propagado, sino con las estructuras misioneras que están emergiendo de esas iglesias.

Donde hoy no hay iglesias, las habrá. El Apóstol Pablo capta este enfoque central de misiones bíblicas cuando testifica a los cristianos en Roma: «De esta manera me esforcé en anunciar el evangelio, no donde Cristo ya era conocido, para no edificar sobre el fundamento de otro» (Romanos 15.20). Barreras culturales tienen que ser cruzadas y barreras sociales tienen que ser penetradas. Obstáculos lingüísticos tiene que ser cruzados. Resistencia religiosa tiene que ser vencida. Un movimiento de iglesias tiene que ser generado dentro de cada grupo humano. Iglesias que también sientan la responsabilidad de trabajar en la obra transcultural tienen que ser plantadas. Este es el propósito de misiones.

3. Al final de cuentas, ¿cómo se entiende la meta de «plantar iglesias»?

Iglesia, agencia de Dios

La iglesia es el pueblo de Dios y la comunidad del Espíritu Santo. Este es el enfoque central del continuo trabajo de Dios en el mundo. Ella está comisionada específicamente para actuar como agente del plan redentor de Dios. Y como tal, es un organismo vivo cuya función natural es nutrir a los creyentes y reproducirse. Esto incluye tanto la obra de evangelización y el discipulado de individuos en su comunidad, como la fundación de iglesias en otros pueblos. Cuando la iglesia se encuentra con barreras políticas o culturales, debe levantarse y enviar equipos de creyentes que penetren más allá de esas barreras para establecerse.

Una vez que el equipo misionero se ha introducido con el evangelio en una cultura específica o en una comunidad, es esta nueva expresión cultural o geográfica la que se encarga de llevar a cabo la evangelización de su propia gente. No solo debe evangelizar a su grupo sino que, en comunidades cercanas donde la iglesia aún no esté establecida, debe fundar iglesias «hijas». Estas «hijas» tienen igualmente la responsabilidad de evangelizar a los suyos, y a la vez, establecer otras «hijas» en pueblos inalcanzados. La cadena sigue a través de la evangelización local, el establecimiento de iglesias en lugares cercanos y el envío de equipos misioneros que crucen las fronteras culturales y geográficas que rodean a la gente aún no alcanzada. De esta manera, Cristo está edificando su iglesia hasta lo último de la tierra.

4. ¿En qué sentido se entiende la iglesia como «agente» en el plan de Dios?

Intercesión misionera

El establecimiento de iglesias o «comunidades del reino», es el objetivo principal de la obra misionera. La realización de esta tarea no sólo depende de los misioneros que se envían, sino de una congregación intercede con constancia. Ya hemos visto que este emprendimiento es una guerra espiritual. La única forma de pelearla es con las armas apropiadas, de las cuales la intercesión es una de las más poderosas. En el siguiente extracto, David Wells nos ayuda ver la importancia de encarar esta tarea con dedicación y perseverancia.

La oración: rebelarse contra el status quo

David F. Wells[29]

Se van a asustar con la historia que les voy a contar, si es que tienen un poco de conciencia social.

Una pobre negra que vivía en el lado sur de Chicago, pretendía que le pusieran calefacción adecuada a su departamento durante los meses más fríos del invierno. A pesar de las leyes del ayuntamiento de la ciudad sobre la materia, el inescrupuloso casero se rehusaba a hacerlo. La mujer era viuda, muy pobre e ignorante del sistema legal, pero decidió presentar su caso ante la corte por cuenta propia. Ella decía: «deberá hacerse justicia». Sin embargo, para su mala suerte, comparecía repetidamente ante el mismo juez quien resultó ser un racista declarado; el único principio por el cual se regía, según lo declaraba, era que «los negros deben conservar su lugar». Por lo tanto, las posibilidades de una decisión a favor de la viuda, eran bastante remotas. Y se hicieron más remotas cuando se dio cuenta de que no contaba con el ingrediente indispensable para lograr decisiones favorables en casos como el de ella, a saber, una generosa «mordida». Sin embargo, ella persistía en su lucha.

Al principio, el juez no se molestaba ni siquiera en desviar su vista de la novela que estaba leyendo, para hacer que se retirara. Pero después empezó a notarla. Luego pensó: «Hum, otro negro lo bastante tonto para pensar que le voy a hacer justicia». La insistencia de la mujer lo empezó a concientizar. Eso hizo que sintiera culpabilidad y enojo. Finalmente, enfurecido y avergonzado, le concedió su petición e hizo que se cumpliera la ley. Allí se

---

[29] Wells, David F.: «Prayer: rebelling against the status quo» en *Christianity Today*, N° 23, 11/1979, págs. 32-34. Usado con permiso.

logró una victoria sobre «el sistema». Cuando menos, funcionó en la sala de dicho juez corrupto.

Al exponer una situación como esa, en realidad, no he sido muy honesto, ya que nunca sucedió realmente en Chicago (que yo sepa); ni tampoco es mi «relato». Está basada en la parábola hablada por Jesús en Lucas 18.1-8, para ilustrar la naturaleza de la intercesión. En la misma, el paralelo que Jesús quiso establecer, obviamente no era entre Dios y el juez corrupto, sino entre la viuda y el peticionario. Dicho paralelo tiene dos aspectos: Primero, la viuda rehusaba aceptar su situación injusta, de la misma manera que un cristiano debería negarse a aceptar vivir en la naturaleza caída del mundo. Segundo, a pesar del desaliento, la viuda persistió con su caso en la misma forma que un cristiano debería persistir con el suyo. El primer aspecto tiene que ver con la naturaleza de la oración, y el segundo, con la práctica de la misma.

Deseo argumentar que nuestra oración irregular y enclenque, especialmente en su aspecto peticionario, con demasiada frecuencia se expone de un modo inadecuado. Cuando enfrentamos un fracaso en ello, nos sentimos inclinados a censurarnos severamente por lo endeble de nuestra fuerza de voluntad, nuestros deseos tan insípidos, nuestra técnica tan ineficaz y nuestras mentes tan divididas. Seguimos con la idea de que nuestra práctica es totalmente equivocada y nos devanamos los sesos tratando de descubrir dónde estamos fallando. Yo pienso que el problema yace en el malentendido sobre la naturaleza de la oración, y nuestra práctica petitoria nunca tendrá la tenacidad de la viuda, hasta que nuestro concepto de la oración sea lo bastante claro.

5. Según el autor ¿cuáles son las dos dinámicas en juego cuando se trata de la intercesión? ¿Cómo impactan estas dinámicas nuestro ejercicio de la intercesión?

¿Cuál es entonces la naturaleza de la intercesión? Es, en esencia, una rebelión: rebelión contra el mundo en su naturaleza caída; la absoluta y continua oposición a aceptar como normal aquello que definitivamente es anormal. Es, en su aspecto negativo, el rechazo de cualquier ardid, treta o interpretación que sea contraria a la norma que Dios estableció originalmente. Como tal, es en sí misma una expresión del abismo insalvable que separa el bien del mal; la declaración de que el mal no es una variación del bien, sino su antítesis.

O para explicarlo de otra manera, llegar a aceptar la vida «tal como es», aceptarla en sus propios términos (lo que significa reconocer lo inevitable de la forma en que opera), es abandonar un punto de vista cristiano acerca de Dios. La resignación a lo que es anormal lleva consigo la suposición no reconocida de que el poder de Dios para cambiar al mundo, para vencer el mal con el bien, no obrará.

Nada derrota a la intercesión (y con ella, al punto de vista cristiano acerca de Dios) tan rápidamente como la resignación. Dijo Jesús que debemos orar siempre, y «no desmayar», no conformándonos así con lo que es (Lucas 18.1).

La disipación de la intercesión ante la presencia de la resignación, tiene un origen histórico interesante. Aquellas religiones que hacen énfasis en la resignación callada siempre desacreditan la intercesión. Ese era el caso de los estoicos, quienes decían que dicha clase de oración rehusaba aceptar el mundo existente como una expresión de la voluntad de Dios. Supuestamente, uno estaba tratando de escapar mediante el intento de querer cambiarlo. Eso, decían ellos, era malo. Un argumento similar se encuentra en el budismo. Y el mismo resultado, aunque alcanzado mediante un proceso de razonamiento diferente, se encuentra comúnmente en nuestra cultura secular.

El secularismo es la actitud que ve a la vida como un fin en sí. La vida, según lo creen, está separada de cualquier relación con Dios. Consecuentemente, la única norma o supuesto en la vida, ya sea como significado o como regla moral, es el mundo tal como es. Con ello, se argumenta, debemos llegar a sus términos. El buscar cualquier otro punto de referencia sobre el cual estructurar nuestras vidas es inútil y escapista. No es sólo que Dios, el objeto de nuestras oraciones petitorias, con frecuencia se haya vuelto indistinto, sino que su relación con el mundo es vista de un modo nuevo. Y es una forma que no viola la suposición secular. Dios puede estar presente y activo en el mundo, pero no es una presencia y una actividad que cambia nada.

6. ¿Cómo desafía el ejercicio de la intercesión a las filosofías seculares y las de otras religiones?

Contra todo esto, debe afirmarse que la intercesión sólo florece donde existe una doble convicción. Primero, que el nombre de Dios es santificado con demasiada irregularidad. Segundo, que Dios mismo puede cambiar dicha situación. Por lo tanto, la intercesión es la expresión de que la vida, tal como la enfrentamos, por un lado puede ser diferente, y por otro, debe ser diferente. Por ello, es imposible pretender vivir en el mundo de Dios y bajo sus términos y realizar su obra en concordancia con lo que Él es, sin involucramos en la práctica regular de la oración.

Yo creo que este es el verdadero significado de la intercesión en la vida de nuestro Señor. Mucho de su vida de oración fue dejado sin explicación por los autores de los evangelios (Marcos 1.35; Lucas 5.16; 9.18; 11.1), pero se puede discernir un patrón sobre las circunstancias que requerían de la oración.

Primeramente, la intercesión precedió las grandes decisiones de su vida, tal como la elección de los discípulos (Lucas 6.12) y, verdaderamente, la única explicación posible de la elección de ese puñado de nadie, jactanciosos, ignorantes y mal educados como eran, es que Él había orado antes de elegirlos. En segundo lugar, oraba cuando se encontraba demasiado presionado, cuando los días eran demasiado ocupados y la gente requería, casi a manera de competencia, su atención y facultades (Mateo 14.23). En tercer lugar, oraba en medio de las grandes crisis y momentos importantes de su vida, como en el bautismo, la transfiguración y la cruz (Lucas 3.21; 9.28, 29). Y finalmente, oraba antes de las tentaciones y durante ellas, siendo la ocasión más vívida la de Getsemaní (Mateo 26.36-45). A medida que se acercaba la hora del mal, el contraste entre la forma en que Jesús la confrontó y la manera en que lo hicieron los discípulos, es explicado por el hecho de que Él perseveró en la oración y ellos se durmieron desmayando en sus corazones. Cada una de dichas situaciones presentó la posibilidad de que nuestro Señor adoptara una táctica, aceptara una perspectiva o persiguiera algún objetivo que fuera diferente al de Dios. Él rechazo de la alternativa está marcado siempre por su intercesión. Fue la forma como Él rechazó vivir en este mundo o hacer la voluntad del Padre que no fuera en los términos establecidos por Dios. Como tal, era una rebelión contra el mundo en su anormalidad perversa y caída.

7. ¿Cómo usaba Jesús la oración en su propia vida y cuál es la lección para nosotros?

La oración declara que Dios y su mundo están mutuamente opuestos; «dormir», «desmayar» o «desalentarse», es actuar como si esto no fuera así. ¿Por qué, entonces, oramos tan poco por nuestra pequeña iglesia local? ¿Será realmente porque nuestra técnica de oración es mala, nuestra voluntad débil, o porque a nuestra imaginación le faltan motivos para hacerlo? No lo creo así. Existen suficientes disensiones fuertes y fervientes que, en parte o en su totalidad, pueden justificarse: acerca de la mediocridad de la predicación, la insipidez de la adoración, la superficialidad de la confraternidad y la ineficacia del evangelismo. ¿Por qué, entonces, no oramos con la misma persistencia con la que hablamos? La respuesta, sencillamente, es que no creemos que la oración pueda cambiar las cosas. Sin embargo, aceptamos resignadamente que la situación es inmutable y que las cosas son lo que siempre serán. Este es un problema que no está relacionado con la práctica de la oración sino con la naturaleza de la misma. O más específicamente, es acerca de la naturaleza de Dios y su relación con este mundo.

A diferencia de la viuda de la parábola, se nos hace fácil llegar a un acuerdo con el mundo caído e injusto que nos rodea, aun cuando se entromete en las instituciones cristianas. No siempre es que no nos damos cuenta de lo que sucede a nuestro alrededor, sino que sencillamente nos sentimos totalmente impotentes para cambiar cualquier situación. Sin embargo, y de forma involuntaria, dicha impotencia nos lleva a pactar una tregua con aquello que está mal.

En otras palabras, hemos perdido nuestro enojo, tanto a nivel social de testimonio, como ante Dios en la oración. Afortunadamente, Dios no ha perdido el suyo, ya que su ira está en oposición a lo que es completamente erróneo, el medio por el cual la verdad es puesta en el trono y el error sobre el patíbulo, para siempre. Sin la ira de Dios, no habría razón alguna para vivir moralmente en el mundo y, en realidad, ninguna razón para vivir. Así que la ira de Dios, en dicho sentido, está íntimamente ligada con la intercesión que busca el ascenso de la verdad en toda circunstancia y la correspondiente desaparición de la maldad.

8. Según el autor ¿a que se debe la falta de intercesión ferviente y constante?

La estructura que Jesús nos dio para que consideremos lo anterior fue el Reino de Dios. El Reino es aquella esfera en la cual se reconoce la soberanía del rey. Y debido a la naturaleza de nuestro Rey, dicha soberanía se ejerce sobrenaturalmente. En Cristo, la largamente esperada «era por venir» ha llegado; en Él y a través de Él, la incursión mesiánica en el mundo ya ha ocurrido. Por lo tanto, el ser cristiano no es simplemente cuestión de haber tenido la experiencia religiosa adecuada, sino más bien la de comenzar a vivir en dicha esfera, la cual es auténticamente divina. El evangelismo no logra el éxito simplemente porque nuestra técnica sea «correcta», sino porque dicha era irrumpe en la vida de la gente pecadora. Y dicha «era por venir», la cual ya se comienza a vislumbrar, no es propiedad de ninguna nación o cultura. La era de Dios, la era de su Hijo crucificado está amaneciendo en todo el mundo. Por ello, nuestra oración deberá ver más allá de los intereses personales, para incluir el vasto horizonte de toda vida humana en la que Dios está interesado. Si el evangelio es universal, la oración no deberá limitarse a ser solamente una cuestión local.

No viene al caso, por lo tanto, que veamos al mundo como la sala de un juzgado en el cual todavía se puede litigar contra lo que es malo y luchar por lo que es correcto. Nuestra debilidad en la oración sucede porque hemos perdido de vista todo lo anterior, y hasta que no recuperemos esa visión, no podremos persistir en nuestro papel como litigantes. Pero existen motivos suficientes para recuperarla y aprovechar nuestra oportunidad, ya que el Juez ante el cual comparecemos no es ni ateo ni corrupto, sino el glorioso Dios y Padre de nuestro Señor Jesucristo. ¿Cree, entonces, que Él dejará de hacer justicia a sus escogidos «que claman a Él día y noche»? (Lucas 18.7). ¿Los seguirá haciendo a un lado? «Os digo», declara nuestro Señor, «que pronto les hará justicia» (Lucas 18.8).

9. ¿Cómo se aplica el concepto de la intercesión a las misiones mundiales?

La oración y la Palabra de Dios son las armas más poderosas de las cuales dispone el cristiano, para combatir las fuerzas espirituales de las tinieblas. Si la Palabra de Dios es una espada, entonces las oraciones son flechas que pueden lanzarse contra el enemigo cercano o lejano. Se ha dicho, con mucha razón, que «el ejército de Dios avanza de rodillas».

La iglesia y su deber

El proceso de la evangelización mundial requiere que iglesias capten su propósito de ser. Existen para glorificar a Dios, llevando a cabo su misione en esta tierra. Para esto, Dios la ha equipado con autoridad que pueden ejercer a través de la intercesión. Es importantísimo entender el poder de la intercesión para lograr los objetivos del reino. La iglesia que nos sabe interceder, ya está vencida porque no cree que Dios puede cambiar vividas y situaciones.

Dios provee todo lo necesario para que cada iglesia avance con el evangelio. Algunas iglesias tendrán mas que otras, pero todas tienen la posibilidad de afectar su entorno y avanzar el evangelio más allá de sus fronteras.

La parábola de los talentos, ilustra la gravedad de la responsabilidad que ha sido confiada al pueblo de Dios.

10. Lea Mateo 25.14-30 y conteste las siguientes preguntas: En el versículo 14, ¿quién piensa Usted que es «el hombre que está a punto de irse lejos», quiénes son «sus siervos» y qué representan «sus bienes» que quedaron bajo la responsabilidad de ellos? En el versículo 15, ¿qué criterio usó el amo al repartir talentos entre sus siervos? ¿Qué esperaba el amo que hicieran sus siervos con los talentos? A su regreso, ¿qué criterio usó el amo para juzgar a los dos primeros siervos? ¿Por qué fue juzgado el último siervo tan severamente?

A los que reconocen a Cristo y su soberanía se les ha confiado la preciosa posesión del evangelio. Además, Cristo siempre ha otorgado dones a sus discípulos para que funcionen en conjunto a fin de glorificarle y edificar su iglesia. Les ha dado las armas espirituales que necesitan para combatir al enemigo (Efesios 6). Es esta iglesia en sus muchas y variadas expresiones, es la que debe llevar a cabo el gran trabajo de la evangelización del mundo. Dios le ha otorgado dones según su capacidad. Sea grande o pequeña, Dios le juzgará sobre que ha hecho con lo que Él le dio para avanzar su reino.

Cada iglesia tiene los recursos humanos y espirituales para dar testimonio y avanzar el reino en su propia localidad y entorno social. Todas las iglesias también tienen la capacidad de participar en la evangelización mundial, aunque sea enfocándose en la intercesión por misioneros; otras, podrán enviar misioneros o apoyar económicamente a los proyectos misioneros. Cada una necesita evaluar sus propios recursos otorgados por Dios para poder invertirlos en la propagación del reino y con habilidad también dada por Dios, cumplir su propia responsabilidad en obediencia a la expresa voluntad divina.

El establecimiento de comunidades de creyentes que continúen viviendo sus vidas en «koinonía» es la meta de la evangelización. Como un organismo vivo, cada iglesia crece y se reproduce a sí misma mediante el testimonio, el establecimiento de iglesias hijas y el envío de equipos misioneros. Cada iglesia tiene el deber sagrado de cumplir su parte en cuanto a la Gran Comisión del Señor, según los dones y la habilidad que Él le haya concedido.

Tarea integral

Prepare una charla sobre el objetivo de la obra misionera y la importancia de la intercesión en el cumplimiento de esta obra.

Preguntas para la reflexión

Cristo no quiso que sus discípulos funcionaran de manera independiente. La responsabilidad mutua es un elemento muy importante para un crecimiento sano y un ministerio efectivo. Cuando se confronta a algunos con la pregunta de la responsabilidad mutua, afirman que ellos son solamente responsables ante Dios. Pero esta proposición no refleja la enseñanza bíblica. Lea Efesios 5.21, Hebreos 13.17 y 1 Pedro 5.5. ¿Bajo qué líneas de autoridad funciona usted? Registre sus propios pensamientos en su diario.

El objetivo de la misión

Lección 13
Las diez épocas

«Y será predicado este evangelio en todo el mundo...» (Mateo 24.14)

En las primeras lecciones de este estudio, consideramos la misión de Dios y su propósito a través de la historia bíblica. Hemos observado cómo Dios se ha relacionado con la humanidad en su incesante interés por redimirla y restaurarla bajo su gobierno. Después que los descendientes de Adán fracasaran repetidas veces en el reconocimiento del gobierno de Dios, Él decidió crear un pueblo que fuera suyo a través de Abraham. Durante la mayor parte del tiempo, la nación de Israel también falló en el cumplimiento de su responsabilidad de servir al propósito redentor de Dios, aunque para el tiempo de Cristo, a través del exilio y la dispersión, Israel ya había llevado el nombre de Dios por todo el mundo conocido. De esta manera, el escenario fue preparado para la venida del Mesías.

Jesús, el Mesías, fue una gran desilusión para los líderes judíos, quienes consideraban que Él era un impostor. Pero, a pesar de su oposición, Cristo reunió para sí mismo un pequeño grupo comprometido a seguirlo. Sus discípulos fueron entrenados para ser los dirigentes de la iglesia, la cual vendría a ser el nuevo agente de Dios en su plan de redención.

En el transcurso del primer siglo, la iglesia se dedicó de manera agresiva a la evangelización del mundo. Si reflexionamos en lo que estos primeros creyentes lograron, no podemos menos que sentirnos verdaderamente admirados. Los tildados «cristianos», enfrentaron una oposición severa, no solamente de los líderes religiosos de su tiempo, sino también del gobierno romano. A pesar de ese clima, al final del primer siglo el cristianismo se había extendido a través del Imperio Romano.

Expansión de la iglesia

La fe cristiana continuó creciendo y expandiéndose durante los siguientes siglos, llegando a ser una fuerza mundial significativa. Para finales del tercer siglo se había establecido firmemente a través del Imperio Romano y era reconocida aún más allá de sus fronteras. Gran parte del norte de África había sido evangelizada, así como zonas de Asia Menor, la península Ibérica y Gran Bretaña. Existían comunidades de creyentes en el Asia Central y, según se informaba, la iglesia se establecía en India. Considerando la oposición gubernamental, las barreras geográficas y la naturaleza restrictiva para los viajes en esos días, ésta era una realización considerable.

Para muchos creyentes, lo que pasó después de la expansión inicial del cristianismo resulta bastante oscuro. La mayoría de nosotros sabemos que Constantino cambió la actitud del gobierno romano hacia esta fe, declarándose a sí mismo como cristiano. En el año 375 D.C. el cristianismo llegó a ser «la religión oficial del Estado». Sin embargo, la mayoría de los protestantes cree que este hecho marca el principio del fin de la fe verdadera, la que resurge casi doce siglos después, durante la Reforma. Esta actitud de considerar a ese período como de «no creyentes en el medio» conforma una teoría sin sostén si se escudriña la historia de la misión, la cual permite deducir que Dios estaba trabajando en esa época en forma poderosa. Por ello, es necesario remover nuestra ceguera protestante para poder ver con claridad.

Aunque la historia de la expansión del cristianismo ha tenido sus momentos oscuros, debemos desvanecer el pensamiento de que Dios cesó de actuar durante la era «del oscurantismo». Inclusive durante los días más corruptos del papado y las sangrientas décadas de «las guerras santas», existían comunidades de creyentes que estaban llevando a cabo la Gran Comisión. Nuestra visión correcta de lo que Dios estaba haciendo en ese momento en el mundo resulta opaca debido a la perspectiva desde la cual se ha escrito la historia, ya que la mayoría de los eruditos registra los acontecimientos desde el punto de vista de la política. Por lo tanto es obvio que al leer los libros históricos, en lo que respecta a la iglesia, lo que más vamos a ver es la parte de aquélla que estuvo ligada con los poderes gubernamentales. En la corrupción inevitable y en el declive que históricamente ha acompañado a todos los sistemas políticos, esta asociación que fue altamente visible, nos ha dejado al mismo tiempo un cuadro negro de la iglesia durante la Edad Media.

1. ¿Por qué es importante entender la expansión del reino de Dios más allá de lo que nos provee la historia escrita del punto de vista secular, enfocada en las potestades humanas?

Cristo mismo predijo que el reino iba a crecer de una manera «escondida» (Mateo 13.31-33), y a través de los siglos así ha sucedido. Inclusive hoy día, mucha de la vitalidad del cristianismo está oculta en una forma inadvertida para el mundo. Si nosotros deseamos ver el trabajo de Dios en todas las épocas necesitaremos mirar más allá de lo que es evidente en la historia política. También tendremos que remover algunos de nuestros prejuicios para ver cómo Él usó a creyentes que estaban asociados con las iglesias de Roma, las ortodoxas, la arriana, y la nestoriana. Para ayudarnos en esa tarea el Dr. Ralph Winter - notable misionólogo- ilustra la excitante historia de la expansión del cristianismo a través de los siglos.

Las diez épocas

En el artículo siguiente, el Dr Ralph Winter delinea la historia del desarrollo del cristianismo en el término de diez épocas distintas, de aproximadamente cuatrocientos años cada una. Comienza con el Génesis, cubriendo los períodos que ya hemos estudiado. Este repaso rápido nos mostrará el escenario en el cual transcurrirán las próximas cinco épocas, las cuales serán de particular interés para nosotros.

El reino contraataca: diez épocas de la historia redentora
Ralph D. Winter[30]

El hombre ha borrado virtualmente su propia historia. Los humanos han estado empujándose y pisoteándose unos a otros y han destrozado fácilmente más del 90 por ciento de su propia creación. La mayoría de sus bibliotecas, su literatura, sus ciudades y sus obras de arte, han sido destruidas casi por completo. Aun lo que ha quedado del pasado lejano está lleno de evidencias de un raro mal penetrante, que grotescamente ha distorsionado el potencial del hombre. Todo esto es insólito porque, aparentemente, ninguna otra especie viviente trata a lo que es suyo con odio tan maligno y mortal. Los cráneos más antiguos dan mudo testimonio de que fueron partidos y tostados para que sus contenidos fueran utilizados como alimento de otros seres humanos. No nos sorprende, por lo tanto, encontrar que la explicación para esta situación tan extraña provenga de los registros antiguos más detallados, documentos que son respetados tanto por las tradiciones judías como por las cristianas y musulmanas, cuyos seguidores forman más de la mitad de la población mundial. Dichos documentos, que los judíos conocen como la «Tora», los cristianos como «los libros de la Ley» y los musulmanes como «Taurat», no solamente explican la fuente extraña de esa maldad, sino que denuncian un contraataque y describen su realización a través de muchos siglos.

Para ser específicos, los primeros once capítulos del libro de Génesis, constituyen una introducción incisiva a todo el problema. Dichas páginas describen tres cosas: 1) una creación original gloriosa y buena; 2) la aparición de un poder superior al hombre, rebelde y malvado, que más que una fuerza, es realmente una personalidad y 3) el resultado: una humanidad atrapada en esa rebelión y arrastrada bajo el poder del maligno.

En el resto de la Biblia, se desarrolla un solo drama: la entrada del poder y la gloria del Dios Viviente al territorio del reino ocupado por el enemigo. Desde Génesis 12 hasta el fin de la Biblia, y realmente hasta el fin de los tiempos, se despliega este único drama, al que podemos titular: «El reino contraataca». En él vemos cómo, aunque gradualmente, el poder irresistible de Dios va reconquistando y redimiendo su creación caída, a través de la propiciación de su propio Hijo, acaecida en el mismo centro del período de cuatro mil años que está terminando. Es claramente evidente que dicho contraataque no espera la aparición del personaje central en el clímax de la historia. Parece que hubiera cinco épocas identificables antes de la aparición de Cristo; pero el propósito del presente artículo es principalmente el de describir las cinco épocas posteriores a su «visitación», con el fin de que éstas puedan ser vistas como partes de un solo período de diez. Haremos una pausa para dar unas cuantas claves, a fin de entender las cinco primeras, de una duración aproximada de cuatrocientos años cada una.

2. Si las diez épocas son un gran drama, ¿qué pasó en el acta descrita en Génesis 1 al 11?

---

[30] Winter, Ralph D.: «The kingdom strikes back: The ten epochs of redemptive history» en *Perspectives on the world Christian movement: A reader*. William Carey Library, Pasadena, CA, 1981, págs. B3-B21.

El tema que une a las diez épocas, es el de la gracia de Dios que interviene en la historia con el fin de contestar al enemigo, quien provisionalmente es el «dios de este mundo». El plan de Dios para hacer esto, es el de alcanzar a todas las naciones mediante la bendición a Abraham y a sus hijos por la fe. Dicha bendición está, en efecto, condicionada a ser compartida por otras naciones, ya que aquellos que reciben las bendiciones de Dios son, como Abraham, hombres de fe que se sujetan a su voluntad, que se convierten en parte de su reino y que representan la extensión de su dominio a través de todo el mundo entre los pueblos.

CUATRO MIL AÑOS DE LA HISTORIA DE LA MISIÓN

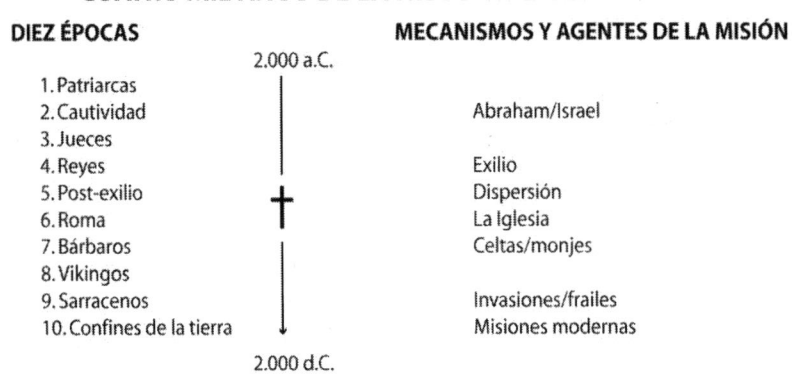

DIEZ ÉPOCAS — **MECANISMOS Y AGENTES DE LA MISIÓN**

2.000 a.C.

1. Patriarcas
2. Cautividad — Abraham/Israel
3. Jueces
4. Reyes — Exilio
5. Post-exilio — Dispersión
6. Roma — La Iglesia
7. Bárbaros — Celtas/monjes
8. Vikingos
9. Sarracenos — Invasiones/frailes
10. Confines de la tierra — Misiones modernas

2.000 d.C.

En la primera época, de 400 años aproximadamente, Abraham fue escogido y trasladado al centro geográfico de la masa de tierra afroasiática. La historia de Abraham, Isaac, Jacob y José se conoce con frecuencia como el Período de los Patriarcas, y muestra solamente pequeñas brechas de testimonio y convivencia con las naciones adyacentes, a pesar de que el mandamiento original (Génesis 12.1-3), se le repite dos veces a Abraham (18.18, 22.18) y se le recuerda a Isaac (26.4) y a Jacob (28.14-15). José dijo a sus hermanos: «Yo soy José vuestro hermano, el que vendisteis para Egipto... para preservación de vida me envió Dios delante de vosotros» (Génesis, 45.4-5) y obviamente, él fue de gran bendición en Egipto. Aun Faraón reconoció que José estaba lleno del Espíritu Santo. Pero esa no había sido la obediencia misionera que Dios había pretendido.

A medida que entramos en las cuatro épocas siguientes, 2) de la cautividad; 3) de los jueces; 4) de los reyes y 5) de la segunda cautividad y la diáspora, vemos cómo se pierde de vista con mucha frecuencia la bendición prometida y la consecuente misión esperada, de compartir esa bendición con todas las naciones de la tierra. Como resultado de ello y donde es posible, Dios realiza su propósito a través de la voluntaria obediencia y santidad de su pueblo; mas donde es necesario, Él cumple su designio aun por medios involuntarios. José, Jonás y la nación entera, cuando son llevados cautivos, representan la categoría de misioneros involuntarios, utilizados por Dios para forzar la participación de la bendición; por otra parte, la pequeña llevada en cautiverio a la casa de Naamán el sirio, también pudo compartir su fe. Por otro lado, Rut, Naamán el sirio y la reina de Sabá vinieron voluntariamente, atraídos por las bendiciones de Dios a Israel.

En cada una de las épocas, vemos el interés activo de Dios en hacer que se cumpla su misión con la completa cooperación de su pueblo escogido o sin ella. Por eso, cuando Jesús aparece es una «visita» incriminatoria. Él vino a los suyos, pero los suyos no lo recibieron. Es bien acogido en Nazaret, hasta que hace mención del deseo que Dios tiene de bendecir a los gentiles. Entonces estalla allí una furia homicida que descubre el hecho de que su pueblo escogido, para recibir y comunicar bendiciones (Exudo 19.5-6; Salmos 67; Isaías 49.6), se ha apartado groseramente de dicho propósito. Existió realmente una corriente de estudiantes fanáticos de la Biblia que cruzaron «mar y tierra para hacer un prosélito» (Mateo 23.15). Pero su esfuerzo no se hacía tanto para ser de bendición a otras naciones, como para apoyar y proteger al pueblo de Israel. No se aseguraban de que sus convertidos se circuncidasen de corazón (Jeremías 9.24-26; Romanos 2.29).

De hecho, y bajo las circunstancias prevalecientes, Jesús no vino a dar la Gran Comisión, sino a quitarla. Las ramas naturales fueron cortadas mientras que otras ramas, «no naturales», fueron injertadas (Romanos 11.13-24). Aun así, a pesar del rechazo general de la nación misionera escogida, mucha gente fue verdaderamente tocada, tales como los cananitas, egipcios, filisteos (de la antigua cultura minoica o cretense), hititas, moabitas, fenicios (de Tiro y Sidón), asirios, sabeos (de la tierra de Sabá), babilonios, persas, partos, medos, elamitas y romanos.

3. ¿Cómo sabemos que Dios tenía un «interés activo» en hacer que Israel cumpliera su misión? ¿Por qué se la quitó?

A medida que vamos hacia el período siguiente de dos mil años, vemos que en éste, Dios, sobre la base de la intervención de su Hijo, se asegura que las demás naciones sean igualmente bendecidas y «llamadas a ser» bendición a todas las familias de la tierra. Para éstas, «a quien se haya dado mucho, mucho se le demandará» (Lucas 12.48). Ahora el reino contraataca en el campo de los armenios, romanos, celtas, galos, anglos, sajones, germanos y posteriormente aún a aquellos despiadados piratas que fueran los vikingos. Todos habían de ser invadidos, civilizados y subyugados por el poder del evangelio y se esperaba que compartieran sus bendiciones con otros.

Pero las cinco épocas siguientes no son tan diferentes de las cinco primeras. Aquellos que han sido bendecidos, no parecen estar muy dispuestos a compartir dichas bendiciones. Los celtas fueron la única nación del primer milenio que dio una respuesta positiva a la tarea misionera. Como veremos, al igual que en el Antiguo Testamento, la llegada de las bendiciones trae consigo una seria responsabilidad, que se vuelve peligrosa si no se cumple. Y vemos repetidamente, de parte de Dios, el uso total de sus cuatro mecanismos misioneros.

La visita de Cristo fue dramática, llena de portento y sorprendentemente en el tiempo debido. Jesús nació como miembro de un pueblo subyugado. Roma, a pesar de su imperialismo tan sangriento, fue realmente un instrumento en las manos de Dios para preparar al mundo para la venida de Jesús. Roma controló a uno de los imperios más vastos que este mundo haya conocido, imponiendo la «pax romana» sobre toda clase de pueblos. Durante siglos, los emperadores romanos se habían esforzado por construir un extenso sistema de comunicaciones, ya sea a través de los sorprendentes 400.000 kilómetros de caminos que se extendían por todo el imperio como medio para el transporte de mensajes y documentos, lo cual se hacía en forma similar a lo que fuera el correo en los «chasquis» de la época colonial en Sudamérica.

En sus conquistas, Roma había envuelto cuando menos una civilización mucho más avanzada que la suya—la civilización griega. De ésta, muchos maestros y artesanos altamente calificados fueron llevados como esclavos a las ciudades principales del imperio para que enseñaran el idioma griego. Esta lengua era entendida desde Inglaterra hasta Palestina. ¿De qué otra forma pudieron haberse propagado con tanta rapidez los cuatro evangelios y unas cuantas cartas del apóstol Pablo, causando tanto impacto entre tantos grupos étnicos y en tan corto período de tiempo?

Jesús vino, vivió por treinta y tres años sobre la tierra, confrontó a una nación misionera descarriada, fue crucificado y sepultado, resucitó al tercer día, hizo énfasis en la misma Comisión a todos aquellos que respondieron y ascendió de nuevo al Padre. En la actualidad, aun los historiadores más agnósticos, quedan sorprendidos de que aquello que comenzara en un establo de Belén en Palestina, lo más atrasado del Imperio Romano, en menos de trescientos años haya controlado el Palacio Lateranense de los emperadores, un regalo de Constantino a la iglesia. ¿Cómo ocurrió? Realmente se trata de una historia increíble.

4. ¿Por qué el imperio romano fue instrumento en las manos de Dios para la difusión del evangelio?

Las cinco épocas de expansión cristiana

Siguiendo el esquema de diez épocas delineadas por el Dr. Ralph Winter, las último cinco corresponden a los últimos dos mil años de expansión cristiana. En las siguientes páginas, hacemos un resumen de estas cinco etapas de la historia de la iglesia cristiana.

En estas breves descripciones de cada período, note cuáles fueron los mecanismos principales aplicados para la expansión durante cada época.

En el período I, Roma fue alcanzada pero no propagó el evangelio a los bárbaros celtas y godos. La politización del cristianismo engendró una enemistad que eventualmente resultó en que los godos invadieron Roma y derribaron toda la parte occidental del imperio.

PERÍODOS DE LA EXPANSIÓN DEL CRISTIANISMO

PERÍODO I	PERÍODO II	PERÍODO III	PERÍODO IV	PERÍODO V
Romanos	Bárbaros	Vikingos	Sarracenos	Confines de la tierra

En el periodo II, los godos se agregaron, y por corto tiempo, establecieron también un nuevo Imperio Romano «Santo». Pero tampoco propagaron en forma efectiva el evangelio hacia las partes del norte.

Asimismo, en el período III, la historia se repite. Los vikingos invadieron las tierras de los celtas y bárbaros evangelizados, llevando cautivos los que lograron su eventual conversión al cristianismo.

En el período IV, Europa, unida por primera vez mediante la fe cristiana, se lanzó contra los sarracenos en una falsa misión y apuntó aún más hacia el Oriente durante el tiempo del gran fracaso de las cruzadas.

En el período V, Europa cristiana llevó su fe hasta los confines de la tierra. En este período, la motivación de la evangelización fue mezclada entre los intereses coloniales y espirituales. Esto resultó tanto en tragedia como en una eventual bendición.

5. Del estudio del bosquejo anterior, ¿cuáles han sido las maneras principales por los cuales el evangelio se extendió más allá de sus fronteras durante las primeras cuatro épocas mencionadas?

En los primeros tres periodos, la iglesia se extiende principalmente en forma espontánea o por medio de mecanismos «involuntarios» como persecuciones, invasiones, y cautiverio. El cuarto periodo es marcado por celo misionero totalmente equivocado en su metodología. En el quinto periodo, por primera vez, se ve una amplia corriente intencional de misiones, aunque con motivos mezclados con intereses comerciales y políticos. Acerquémonos un poco más a cada uno de estos periodos para entender como la fe cristiana se fue extendiendo.

Período 1: Alcanzando a los romanos (33-400)

El Dr. Ralph Winter propone que: «Quizás el triunfo más espectacular del cristianismo en la historia, es la conquista de Roma en un período aproximado de 200 años». Tenemos pocos detalles de lo sucedido durante este periodo. Por los primeros 300 años de su vida, la iglesia fue considerada una secta judía y fuertemente perseguida, tanto por los líderes de esa religión, como por el gobierno romano. Esto resultó en grandes persecuciones y dispersiones de los cristianos. Pero como chispas encendidas, donde caían, se prendía la iglesia.

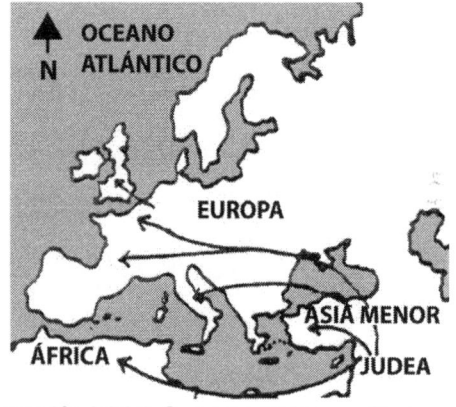

El trabajo misionero de Pablo también aportó grandemente a esta extensión inicial. Sus estrategias y métodos (su movilidad, el trabajo en equipo, sus cartas, su visión hacia los no evangelizados, etc.) crearon un empuje inicial importantísimo, dándole un ímpetu que la llevaría a permear el mundo conocido. Cabe mencionar que la tradición indica que todos los once apóstoles también emprendieron la obra misionera con gran trayectoria. Las iglesias más antiguas de la India trazan su origen a la obra de Santo Tomás.

La «liberación» del cristianismo de costumbres culturales religiosas, durante el concilio de Jerusalén (Hechos 15), fue la importantísima clave que grandemente dinamizó el proceso de esa extensión. Libre de imposiciones culturales y rituales religiosos, esta fe sencilla cabía en los corazones de la gran variedad de etnias y culturas abrazadas por el Imperio Romano. Y era una religión para todos, donde nadie tenía que sentirse excluido. Gentiles, mujeres, esclavos, todos eran bienvenidos. Acompañada por manifestaciones del poder de Dios, la fe cristiana avanzó en forma irresistible, aunque tuvo que hacerlo en forma oculta y bajo persecución.

6. ¿Cuáles fueron las razones «pragmáticas» que contribuyeron a la eventual aceptación del cristianismo como la religión oficial de Roma?

Aparte del trabajo misionero de Pablo, la expansión cristiana del primer siglo fue mayormente espontánea. Se supone que al convertirse personas de las clases mercantiles en los importantes centros del imperio como Gálatas, Antioquía y Roma, estas propagaron el evangelio en sus viajes comerciales. También contamos con el testimonio de los muchos extranjeros que conocieron el evangelio en el día de Pentecostés (Hechos 2.8-11; 8.27-39) cuando regresaron a sus familias con las buenas nuevas. Muchos de los convertidos en las primeras iglesias también proveían de culturas gentiles. La mayoría de los líderes de la iglesia de Antioquía mencionados en Hechos 13.1, son nombres gentiles, no judíos. El hecho es que miles de personas de distintos pueblos y culturas se convirtieron, y la fe cristiana, se estableció por todo el Imperio Romano que incluyó todo el norte de África, el Medio Oriente y Europa del Sur. También se expandió a muchas de las tribus góticas al norte de las fronteras del Imperio Romano, que desarrollaron su propia forma de la fe cristiana.

Pero aunque las iglesias se propagaban, el trabajo intencional de enviar misioneros no fue la norma adoptada por ellas, y por eso, siempre se cortaba el proceso. El Dr. Ralph Winter comenta: «Existen buenas bases para suponer, por ejemplo, que la fe cristiana se propagó en muchas áreas mediante el mecanismo del "ir involuntario", tan sólo porque los cristianos eran dispersados por las persecuciones. Bien sabemos que los cristianos arrianos en su huida tuvieron mucho que ver en la conversión de los godos[31]. También sabemos acerca de Ulfilas[32] y Patricio[33], cuyos respectivos esfuerzos misioneros tuvieron lugar a partir del incidente de ser llevados cautivos».

Los arrianos fueron los seguidores de Arrio (256-336), sacerdote de Alejandría, quien desarrolló una cristología conocida como arrianismo, considerada herejía por la iglesia romana. Como secta, perseguida durante el tercer siglo D.C., los arrianos propagaron su doctrina y realizaron la conversión de tribus de godos, quienes desarrollaron un cristianismo que eventualmente se encontró en gran conflicto con los intereses del cristianismo romano. En cambio, los romanos no se movieron en la evangelización de las tribus del norte. Todo al contrario. Se mostraron corruptos y no muy «cristianos» en su conducta hacia ellos. Estos hechos contribuyeron grandemente a la enemistad entre los romanos y godos, y a la eventual derrota de Roma por las tribus bárbaras en el año 410 D.C.

Pero volviendo a la cristianización del Imperio Romano, para el año 350 D.C., había suficiente razones políticas (entre ellos grandes números de cristianos en el imperio), para que el emperador romano Constantino se convirtiera. El cristianismo había cobrado tanta fuerza, que eruditos aseguran que si Constantino no hubiera lanzado el proceso que llevaría al cristianismo desde una cierta «tolerancia» a la posición de religión oficial en el año 375 D.C., el imperio no la hubiera resistido por más de una o dos décadas. Como una religión sumamente adaptable, sin prejuicio, y sin imponencia cultural y nacionalista, el cristianismo ofrecía al imperio un punto de identidad que ninguna otra religión podía ofrecerle.

7. ¿En qué sentido la expansión del evangelio en esta época fue un proceso más espontaneo que intencional?

Cuando es vista desde una perspectiva misionera, la historia se presenta como un drama continuo. Dios está redimiendo a la gente para sí y restableciendo su reino en la tierra. Él ha elegido usar agentes humanos en esta tarea. Por esta

---

[31] Las tribus godas fueron originalmente del norte europeo. Eran feroces guerreros y conquistadores cuyas prácticas de sacrificar sus cautivos de guerra a sus dioses, le dieron una reputación muy temida y salvaje. Estos «bárbaros» lanzaron varios asaltos contra el Imperio Romano, eventualmente saqueando a Roma en 410 D.C.

[32] Ulfilas (311-381) es denominado el «apóstol a los godos». Fue llevado cautivo por los godos a sus tierras y realizó el trabajo misionero, traduciendo la Biblia al idioma gótico.

[33] Patricio (387-493) conocido como el «apóstol a Irlanda». Fue llevado originalmente como esclavo y luego de escapar, volvió como misionero, logrando la evangelización de la isla irlandesa.

razón, siempre ha sido la obligación de los que reconocen su soberanía en sus vidas, el llevar a cabo el propósito de su misión. Aquellos que no habían sido envueltos en este proceso en forma voluntaria, fueron enviados por medios involuntarios. La historia de la expansión del cristianismo ha demostrado este principio repetidamente.

Hay varias conclusiones a las cuales podemos llegar viendo esta brevísima reseña histórica de la conquista de Roma por la fe cristiana. La fe pura y sencilla fue transportada por todo el mundo en forma espontánea. Pero al oficializarse, sufrió la politización en manos de los oficiales del Imperio Romano. En vez de verla como bendición de Dios para entregar al mundo entero, se instituyó en manos de autoridades, quienes la manipularon con fines de lograr sus propios intereses de control y poder.

También podemos observar que Dios siguió utilizando mecanismos del «ir involuntario» como lo hizo con Israel, enviando sus mensajeros a través de la persecución o cautiverio, o atrayendo los pueblos que llegaron por invasiones. Se supone que si a la iglesia oficial del Imperio Romano le hubiera interesado evangelizar a las tribus del norte y en bendecirlas de veras, se hubiera creado la hostilidad y subsiguientemente la devastadoras invasiones de las tribus del norte que contribuyeron en gran manera a la derrota del Imperio Romano.

Tarea Integral

Explique lo expresado por Winter respecto a la historia como «un drama singular y coherente». ¿Cuál es el tema central de este drama? ¿Quiénes son los principales actores? ¿Cuántos actos tiene este drama? ¿Cómo concluirá?

Preguntas para la reflexión

Alguien ha dicho: «Comparte tu fe o piérdela». Aunque perder la fe es trágico, la historia ha demostrado que podemos ser despojados de mucho más que nuestra propia fe, si no compartimos voluntariamente las bendiciones de Dios con otros. Estudie y medite sobre los siguientes textos: Mateo 21.42-44; Marcos 4.21-25; Lucas 19.11-27; Romanos 11. ¿Cómo puede Usted participar en la obra de compartir las bendiciones de Dios con los que están más allá del alcance del evangelio? Piense en formas específicas en las que puede participar. Luego, con ferviente oración, comprometa su persona a un plan de acción. Registre sus pensamientos y sus planes en su diario.

Las diez épocas

Lección 14
Expansión cristiana

En esta lección, seguimos viendo la expansión Cristiana a través de los siglos. En la última lección, vimos como el evangelio conquistó a los romanos. ¿Qué hicieron ellos con esta responsabilidad?

Expansión romana del cristianismo

Período II: Alcanzando a los bárbaros (400-800)

Los bárbaros fueron cristianizados en parte por los arrianos, y en sus subsiguientes conquistas del imperio, evidenciaron la influencia cristiana con una alta moralidad en su forma de actuar, mostrando un cierto respeto por la vida y la propiedad, especialmente por los lugares de adoración cristiana. El Dr. Ralph Winter comenta: «Sea que los romanos sospecharan una invasión por no querer alcanzar a los demás, o no, y que los bárbaros fueran alentados y a la vez templados en su conquista por su conciencia cristiana, o no, es un hecho indiscutible que mientras los romanos perdieron la mitad occidental de su imperio, el mundo bárbaro, en un sentido dramático, ganó la fe cristiana».

Esta fe cristiana se manifestó en Occidente por lo menos en dos principales «denominaciones», la arriana que seguía la doctrina de Arriano, y la ortodoxa romana, que seguía la doctrina de Atanasio[34]. También se encontraba en el panorama de la iglesia cristiana, la céltica en la isla irlandesa, que más que «iglesia», constituía una serie de bases misioneras, enviando misioneros en peregrinajes a regiones del norte europeo. La labor misionera también fue emprendida por la orden de los Benedictinos. Entre estos dos esfuerzos, más de mil puestos misioneros fueron establecidos en Europa. Estas primeras «órdenes» misioneras encauzaron la obra misionera en forma laudable. Es evidente que los misioneros amaban a su Señor y a la Biblia, y su labor sacrificada logró que los anglosajones y los godos fueran evangelizados. Y mientras la «luz» civilizadora del Imperio Romano se iba apagando por los asaltos de los bárbaros y conflictos políticos internos, la luz del evangelio penetraba los lugares oscuros del norte europeo.

---

[34] Atanasio (297-373) fue Obispo de Alejandría (Egipto) y principal opositor al arrianismo. Denominado «Padre de la Ortodoxia» por la iglesia romana, hizo frente a la herejía arriana. Su pensamiento fue expuesto en el Credo de San Atanasio.

Expansión cristiana

1. ¿Qué contraste notable hay entre el trabajo de los Celtas y los Benedictinos con las otras formas en que había avanzado el evangelio hasta ese momento?

Mientras que estas fuerzas cristianas evangelizaban Europa occidental, otra secta cristiana se extendía hacia el oriente. Los Nestorianos[35] originalmente huyeron bajo persecución a la región de Persia. De allí se extendieron hacia el norte de Arabia, las costas de África, por toda Asia central, la India y hasta la China. Nos cuenta el historiador nestoriano Mar Abraham, que las comunidades cristianas en la India y Asia eran numerosísimas. En China, según la Tabla Nestoriana, descubierta en la China en 1907, para el 781 D.C., se habían fundado 631 comunidades cristianas. Fueron las invasiones musulmanas que paulatinamente apagaron las iglesias en estas regiones. Se ha comentado que la falta de la Biblia en los idiomas vernáculos ha sido un factor importante en el desaparecimiento de las iglesias frente al asalto musulmán del siglo XIII.

2. ¿Cuáles fueron los dos factores que erradicaron la iglesia nestoriana en la China (y también en otras partes del mundo)?

Volviendo a Europa occidental, el personaje sobresaliente de este período fue Carlomagno, el rey franco que por su proeza militar y cultural, fue coronado emperador del Imperio Romano en el año 800. Bajo su largo reinado, fue gran promotor del cristianismo, extendiendo su influencia en todas las áreas del pensamiento y la sociedad. Entre otras cosas, patrocinó la construcción de templos cristianos por todos los rincones del reino. Tomando el modelo de las bases misioneras establecidas por los celtas como centros de educación, fundó grandes centros de actividad erudita y apoyó el desarrollo de la instrucción sistemática publica, comenzando por sus dieciocho hijos.

Pero Carlomagno parece haber caído en el mismo error de otros, cuyo poder político se mezcló con intereses cristianos. Sin entender que la misión de la iglesia es compartir Buenas Noticias y las bendiciones que trae a todo el mundo, no envió misioneros a las regiones más al norte, de donde provendría la próxima amenaza a la civilización y a la iglesia. El Dr. Ralph Winter comenta: «Desafortunadamente, el imperio reconstruido (que posteriormente se conocería como el Santo Imperio Romano), no fue capaz de hallar las condiciones de Carlomagno en su sucesor. Además, ahora se presentaba una nueva amenaza externa. Carlomagno había deseado que su propia gente (las tribus germánicas) fuera cristianizada. A tal efecto, ofreció un liderazgo sabio y aun espiritual en muchos asuntos, pero «no echó la carne al asador» en cuanto al establecimiento de alguna extensión misionera hacia los pueblos escandinavos del norte. Lo que se inició bajo el poder de su hijo fue muy poco y demasiado tardío. Tal hecho contribuyó fundamentalmente a la caída del imperio».

3. ¿Cuáles fueron los logros significantes de Carlomagno y a pesar de ellos, porque lo critica el Dr. Winter?

Después de la derrota de Roma, los bárbaros adoptaron la fe cristiana y se propusieron evangelizar a toda Europa Occidental. A la par, los Nestorianos se extendieron por todo oriente hasta la China donde permanecieron hasta el siglo

---

[35] Los Nestorianos fueron miembros de otra secta hereje denominada por su variante de cristología, desarrollada por el patriarca de Constantinopla: Nestorio (381-451)

XIII. En el próximo período, veremos que el fracaso de las tribus germánicas cristianizadas, en evangelizar los pueblos situados más allá de su propia esfera de influencia, produjo gran sufrimiento y atrasos para toda Europa. En esta parte descuidada del lejano norte, gente mucho más bárbara estaba preparándose para conquistar a sus vecinos del sur.

Período III: Alcanzando a los vikingos (800-1200)

Aparentemente, la visión misionera en las primeras épocas se extendía hasta los límites del territorio «nacional», pero no más allá de ellas. Como consecuencia, el territorio «cristiano» fue invadido de nuevo por una feroz horda salvaje del norte, los Vikingos. Apenas se logró la consolidación de Europa Occidental por Carlomagno, cuando de nuevo experimentó otro azote hostil de casi doscientos cincuenta años que les llevó casi a punto de la extinción de la luz de la civilización.

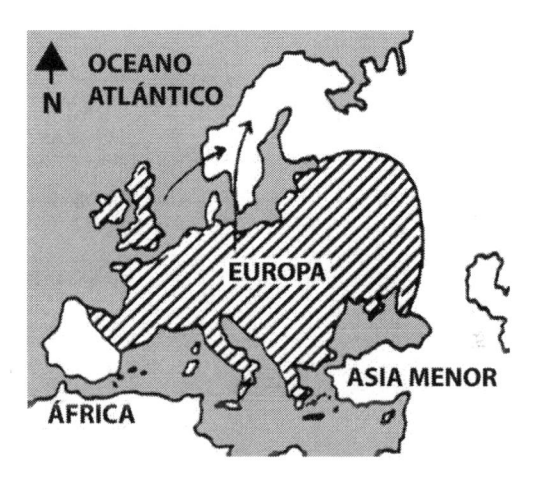

Mientras que las invasiones de Roma se instigaban por tierra, los Vikingos utilizaban naves que les daban acceso a las costas e islas del mar. Algunas de estas islas eran bases para la preparación y el envío de misioneros, en particular las islas célticas de Lindisfane e Iona[36]. A diferencia de los bárbaros, estos Vikingos no tenían ningún respeto por las iglesias ni la gente religiosa. Estos centros fueron atacados repetidamente y sus ocupantes, llevados como esclavos. El gran historiador británico de su cultura, Christopher Dawson, ofrece esta cita del período: «Los nórdicos no cesan de matar y llevar en cautividad a los cristianos, de destruir las iglesias y de quemar los pueblos. Por doquier, no se ve otra cosa que cuerpos muertos, tanto de clérigos como laicos, nobles y gente común, mujeres y niños. No existe ningún camino o lugar en que la tierra no esté cubierta de cuerpos. Vivimos en aflicción y angustia ante el espectáculo de la destrucción de gente cristiana».[37]

Pero al igual que el caso de la invasión de Roma por los bárbaros, el poder fenomenal del evangelio se manifestó; los conquistadores fueron conquistados por la fe de sus cautivos. El Dr. Winter comenta: «Generalmente fueron los monjes, vendidos como esclavos, o las jóvenes cristianas, forzadas a ser las esposas o concubinas de estos salvajes, los que gradualmente se ganaron a esta gente del norte. A los ojos de Dios, la redención de ellos debe haber sido más importante que la horripilante tragedia que dicha nueva invasión de violencia bárbara trajo sobre su pueblo, al que tanto amaba. Después de todo, ¿no había dado a su propio Hijo para redimirlos?»

---

[36] Se especula que para esta época, estos centros ya demostraban una cierta decadencia y un lujo que atrajo a los Vikingos.
[37] Cristopher Dawson en su Religión y surgimiento de la cultura occidental, pág. 87.

La desolación llevada por los vikingos incluyó la destrucción de centenares de manuscritos coleccionados por los eruditos de Carlomagno. Sólo fue el hecho de haberse copiado a mano tantas de estas obras y su dispersión por los centros eruditos de Europa, lo que permitió que se conservaran algunos. El hecho es que el conocimiento del latín casi desapareció dentro de la población en general. Y esto resultó inesperadamente, en un gran adelanto en la educación de la población. El Rey Sajón, Alfredo el Grande,[38] sintiendo la necesidad de una comunicación más eficiente con sus poblados, decidió promover la traducción de libros del latín al idioma anglosajón, un avance que se hubiera demorado siglos frente a una situación menos devastadora. La destrucción de los centros monásticos por los vikingos también produjo grandes reformas en los órdenes monásticos (luego conocidos como las reformas gregorianas) y el surgimiento de varios ordenes misioneros. El monasterio que lideró este movimiento fue la de Cluny, que influyó grandemente en el desarrollo de mejores sistemas de administración, el desarrollo social, servicio a la comunidad, y la consolidación del cristianismo en toda Europa, por medio de los papas.

4. ¿Cómo justifica Winter las horrorosas y devastadoras invasiones de los vikingos con sus descontrolados asesinatos y la destrucción de los templos y sus sagrados manuscritos?

De cualquier forma, como dice Christopher Dawson, la devastación sin precedentes de Inglaterra y del continente, «no fue una victoria del paganismo». Mientras que los vikingos que invadieron las islas británicas se convertían bajo la influencia de Alfredo, los invasores de tierras francas también se convirtieron bajo la influencia de los reyes francos. Y a la vez, por medio de los cautivos llevados a sus tierras originarias, una nueva cultura cristiana se estaba propagando por toda Escandinava.
El primer período de nuestra historia termina con un Imperio Romano cristianizado y un emperador medianamente cristiano. El segundo, con un «santo» Imperio Romano liderado por un bárbaro cristiano, Carlomagno. Nuestro tercer período termina con un papa Inocencio III, reconocido como «el hombre más fuerte de Europa». El cristianismo había rápidamente incorporado toda el área del norte y consolidado su poder político. Pero no fue un período de actividad misionera fuera de sus propias fronteras. ¿Qué sorpresas traería el siguiente período?

Período IV: Alcanzando a los sarracenos (1200-1600)

El Dr. Winter comenta: «El cuarto período comenzó con un instrumento evangelístico muy espectacular, el de los frailes,[39] y terminó con la mayor reforma de todas las habidas. Pero, entre medio, la iglesia se involucró por el término de casi doscientos años, en la peor y más trágica mala interpretación masiva que se haya hecho de las misiones en toda la historia: las cruzadas».

---

[38] Alfredo el Grande fue rey de lo Sajones (871-899). Venció a los Vikingos en la batalla de Edington (878). Trazó un acuerdo de paz con ellos y luego, consolidó su ventaja, casándose con la hija del rey danés y convirtiéndolo al cristianismo. Es el único rey británico denominado como «el Grande». Se destacó como guerrero y líder, por su interés en el bien estar de su gente y su cristianización, y sus muchas reformas sociales.

[39] Los frailes fueron los miembros de las órdenes cristianas cuya función era ministrar a todas las poblaciones del, tanto en funciones religiosas, como en servicios prácticos y caritativos en la sociedad.

Son complicadas las razones que motivaron las seis cruzadas «santas» (1095-1291) de los cristianos contra los musulmanes. En su inicio, fueron armadas contra las tribus turcas nómadas. Con todo el fanatismo de los recién conversos, estos se habían lanzado contra el «infiel» imperio de Constantinopla que, para ese tiempo, era la ciudad más próspera del mundo y seno del imperio Bizantino. En la batalla de Manzikert (1071), el grueso del ejército imperial fue arrasado por las tropas turcas, y uno de los co-emperadores fue capturado. Frente a esta situación, el emperador bizantino Alejo se acercó al hombre «más poderoso de Europa», el Papa Urbano II, a fin de pedirle ayuda para retomar el territorio perdido. Urbano II se permitió convencer, y en la convocatoria que realiza en la ciudad de Clermont (1095), utiliza sus grandes habilidades oratorias para emocionar a una gran multitud que se había convocado para ver el caso de la reconquista de Jerusalén. Expone sobre el padecimiento de la Ciudad Santa bajo puño musulmán, explica que sus habitantes cristianos gemían por ser rescatados, y que él como cabeza de la iglesia, tenía la sagrada responsabilidad de convocar a los más valientes y piadosos guerreros para hacer voto de peregrinaje al sagrado sepulcro del Señor Jesucristo, eliminando toda barrera que se le pusiera en su camino. Al terminar, la multitud prorrumpió en gritos delirantes exclamando: «¡Deus vult!» (Es la voluntad de Dios). Así comenzó esta triste experiencia de misión cristiana con espada de muerte, no la que da vida, la espada de la Palabra de Dios.

Los vikingos cristianizados de la normanda fueron los primeros en responder a este llamado. De hecho, todas las principales cruzadas fueron lideradas por estos reconocidos guerreros. Lo que resultó fue un derramamiento de sangre sin precedente para los mismos europeos, y dejaron una enemistad permanente que enajena a una gran parte de la humanidad hasta el día de hoy. Y los resultados políticos fueron de poca importancia. En su mayoría, fueron grandes fracasos militares. Aunque sí, recapturaron Jerusalén y se retuvo por cien años, abandonaron la herencia bizantina a los sultanes otomanos. Al final, se perdió a Jerusalén también.

Tal vez se hubieran justificado las cruzadas si hubieran sido emprendidas desde el punto de vista político, por lo menos al principio. De hecho, los turcos habían invadido territorio imperial y es cierto que los cristianos y judíos dentro de sus territorios, fueron en gran parte penados y a veces, exterminados. Pero fue el hecho de ser sancionado por la iglesia como cruzada «santa» lo que produjo tanto daño a la causa de Cristo. Fue un hombre muy devoto, Bernardo de Clairvaux, quien organizó la Primera Cruzada. A él se le atribuye el himno «Tan sólo con pensar en ti, Jesús». Pero su devoción tomó camino muy errado. En todo el transcurso de las cruzadas, sólo dos líderes cristianos, Francisco de Asís y Raimundo Lulio, se destacan por su comprensión de que la espada de la Palabra no puede ser sustituida por la espada de guerra.

Frente a este hecho, es importante pausar para reflexionar sobre esta equivocación tan grande de parte del liderazgo cristiano europeo. Sabemos que el fundador del Islam, Mahoma, buscó consejo de los cristianos que se encontraban en Arabia durante su búsqueda inicial de una religión monoteísta, consultando la «gente del Libro». Estos los rechazaron y dejaron que el Enemigo remplace el testimonio de Dios en ese «Libro» por otro, cuyas distorsiones guiarían la creación y extensión de una religión altamente hostil a los cristianos.

Es evidente que el fervor misionero del Islam fue muy superior al del cristianismo, cuyo objetivo parece haber sido la evangelización dentro de sus fronteras políticas y no más allá de ellas. ¿Qué hubiera pasado si los cristianos que Mahoma consultó hubieran respondido en forma distinta? Y si al igual, Mahoma hubiera formado otra religión, ¿qué hubiera pasado si en los casi trescientos años que pasaron entre la fundación del Islam y el ataque contra el Imperio Bizantino, los cristianos se hubieran preocupados por la evangelización de los nómadas turcos? La falta de visión y un mayor esfuerzo por la evangelización de todas las naciones han sido la mayor falta de la iglesia cristiana a través de los siglos.

5. ¿Cuál fue el mayor error de Las Cruzadas y cómo afecta la evangelización de los pueblos musulmanes hoy día?

Volviendo a Europa, este tiempo se destacó por un florecimiento que excedió el del periodo anterior y fue mucho más extensivo. Las cruzadas, las catedrales, los tan conocidos eruditos teológicos, las universidades y, principalmente, los benditos frailes, conforman el surgimiento del prolongado Renacimiento medieval desde 1050 a 1350. Abruptamente, aparece un nuevo invasor más virulento que nunca, que produce un caos y una catástrofe aún mayores que todas las del pasado. Entre 1346 y 1350, una plaga, la a Muerte Negra, mató más de la mitad de la población de Europa (por lo menos veinticinco millones de los cuarenta millones estimados). Entre los muertos se encontraron la mayoría de los benditos frailes (ciento veinte mil franciscanos murieron tan sólo en Alemania). Podemos suponer que esto fue castigo de Dios sobre Europa por su pésima representación de la misión de Cristo en las cruzadas. Pero nos asombra que la plaga arrasó con todos indiscriminadamente. ¿Por qué fue mandada la plaga sobre niños, mujeres y los buenos frailes y no solo sobre los cruzados? Es difícil adivinar el por qué de estas cosas. Lo que sí sabemos, es que los frailes fueron en especial azotados por ser los únicos dispuestos a atender a los enfermos y sepultar a los muertos.

Nuevamente, Europa se encontraba absolutamente en ruinas. Pero como consecuencia, la influencia papal se diluyó (hubo tres «papas» simultáneos en un momento). Y de la pobreza, la confusión, y el caos prolongado de la situación, surge la mayor reforma jamás vista. De los escombros de la civilización nace la imprenta, máquina que revolucionaria la reproducción de la Biblia con la propulsión del desarrollo intelectual que levantaría Europa a la cima de influencia mundial. Y por fin, Europa escapa de su callejón sin salida en sus flotillas, extendiendo su influencia comercial y política. Y acompañándolos salen los frailes, con la visión de extender el evangelio a otros continentes.

6. ¿Qué suposición hace el autor respeto a la actitud de Dios frente a la plaga que devastó a Europa?

De este entorno, también nace la Reforma Protestante, la gran descentralización cultural de Europa y de la iglesia cristiana. La Reforma se fomenta por el acceso a la Biblia y la posibilidad de su estudio, la aparición de una nueva forma de vivir sinceramente cristiana y la predicación evangélica en Moravia, Alemania e Inglaterra, como también en Italia, España y Francia. Pensar en que no hubo un avivamiento de vida espiritual, estudio bíblico y oración en estos países del sur es un mito. Pero a diferencia de su expresión en Alemania y otros países del norte, este no fue acompañado por una fuerza política de origen nacionalista. La iglesia romana se expresaba en gran parte por el latín, que también formaba el fundamento de los idiomas y normas culturales del sur. En el norte, la Reforma cobro fuerza ya que permitió que los cristianos pudieran identificarse con sus propias culturas, idiomas y nacionalidades, no sólo como cristianos «romanos».

(Pablo mandó que los griegos no se judaizaran, pero los alemanes habían sido obligados a «latinizarse».) Sin un acompañamiento del proceso político, la identificación en el norte con un nacionalismo surgente, hizo que los gobiernos del sur suprimieran al movimiento protestante por considerarlo portador de una doctrina políticamente peligrosa.

Al terminar este periodo, Europa se ve con una fe cristiana vigorosa asentándose en cada nación. Ganó terreno en lo social y en el área política. Y por primera vez, salieron misioneros a otros continentes. La iglesia romana se extiende por los siete mares. Sin embargo, los protestantes no se asoman al tema de la evangelización mundial por más de dos siglos.

7. ¿Cuáles fueron los factores que influyeron grandemente en el desarrollo de la Reforma Protestante?

Período V: hasta los confines de la tierra (1600-2000)

Para el principio de este periodo, los poderes europeos se ven estableciendo su presencia en todos los continentes. El «descubrimiento» de América y su colonización, fue parte de este proceso de expansión colonial. Para el año 1945, estos poderes coloniales controlaban casi el 99,5% del mundo. Para el año 1969, controlaban apenas el 5% de la población no occidental del mundo. En estos increíbles veinticinco años, hubo una explosión del cristianismo al nivel mundial.

Esta explosión, no debería sorprendernos. Sabemos por la historia que cuando se le da rienda a un cristianismo librado de sus asociaciones políticas, tomará raíz en forma espontánea y vigorosa. Así como sucedió en Alemania y los países del norte europeo al final del cuarto periodo, el protestantismo floreció cuando fue independizado en el siglo pasado de su asociación con el imperialismo, al finalizar el quinto periodo. La iglesia en estos últimos años realmente se ha transformado en un movimiento no occidental, con la gran mayoría de sus adherentes residiendo en los continentes de África, América Latina y Asia. Los movimientos más vigorosos han sido los del pentecostalismo que en gran parte, han creado un sin número de organizaciones independientes. Un factor importantísimo de este gran crecimiento ha sido la pérdida de control de las iglesias nacionales por las organizaciones eclesiásticas de los países colonizadores.

Pero volviendo al principio de este período, la primera mitad (1600-1800), fue casi exclusivamente un accionar misionero de parte de la iglesia romana. Pero para el año 1800, esta actividad misionera había declinado por situaciones políticas en Europa. Al mismo tiempo, los protestantes irrumpieron en un movimiento misionero que, en doscientos años, alcanzaría a todas las costas y eventualmente, todos los interiores del los continentes no sólo con el evangelio, sino con un efecto «civilizador» en todo el mundo.

El Dr. Ralph Winter comenta: «los esfuerzos misioneros protestantes de esta época, aún más que las misiones católicas, son los que lograron el establecimiento en todo el mundo de sistemas gubernamentales democráticos, así como también de escuelas, hospitales, universidades y la implantación de los cimientos políticos de nuevas naciones; hechos no anunciados, desapercibidos u olvidados en la actualidad por la mayoría,. Cuando los asiáticos acusan a las naciones occidentales de inmoralidad en la guerra, lo que están haciendo es apelar a los valores cristianos y no, por cierto, a los valores de su propio pasado pagano. En ese sentido el cristianismo ya ha conquistado al mundo».

8. Cuando Winter dice que «el cristianismo ya ha conquistado al mundo,» ¿a qué se refiere?

Pero también nos advierte: «Si la matriz occidental fuera a fallar o titubear, así como la marea es revertida por la nueva fuerza (tercermundista), en su periferia parcialmente evangelizada (al igual que en el patrón de los primeros períodos), sólo podremos referirnos al comentario de Dawson sobre la devastación ejercida por los vikingos y decir que ésta no será una "victoria para el paganismo"».

No hemos aún finalizado este período y las lecciones que podemos aprender de la historia siguen vigentes. ¿Somos suficientemente sabios como nueva fuerza cristiana, para entender estas lecciones y motivarnos a la evangelización de los no alcanzados? ¿Qué tendrá que utilizar el Señor para que su voluntad se cumpla por medio de la iglesia? ¿Serán invasiones (piense en la China parcialmente evangelizada con su enorme ejercito) o pestes (la pandemias de VHI/SIDA y otros virus) o catástrofes (tsunamis, terremotos, huracanes u otros eventos devastadores) los que moverán al pueblo cristiano a fin de alcanzar todas las naciones con el amor y mensaje de Cristo y así lograr el cumplimiento de la Gran Comisión?

9. El Dr. Winter describe el colapso del control político occidental en el mundo como apertura para el crecimiento del cristianismo. Si es verdad que la historia se repite, ¿qué se puede esperar de estos movimientos si se siguen desarrollando en forma desasociada de poderes políticos y eclesiásticos tradicionales?

El crecimiento del cristianismo como una fuerza universal durante los últimos veinte siglos, ha sido verdaderamente admirable. Desde un principio no muy prometedor, con unos pocos discípulos, ha llegado a ser un movimiento mundial que ahora abarca casi toda el área geográfica de la tierra. Esta influencia se ha extendido más allá del mundo de la religión. De parte de individuos inspirados por Cristo y por la iglesia, han comenzado movimientos para obtener ideales cristianos; un ideal que se centra en el concepto de que «su voluntad sea hecha en la tierra». Iniciado por su adaptabilidad universal para todas las culturas, el evangelio se ha propagado de nación a nación, de los judíos a los griegos y luego a los romanos; de parte de los romanos a los bárbaros y luego a los vikingos.

Tarea Integral

Repase el capítulo y busque los principios que podemos aprender de la historia para no repetir los errores cometidos. Citando ejemplos históricos, explique cómo tendríamos que hacer para evitar estos errores.

Preguntas para la reflexión

La fe cristiana tuvo éxito en su expansión en Europa, y originalmente, estuvo cimentado en el Medio Oriente y el norte de África. ¿Cómo explicamos la debilidad de la religión cristiana en esas regiones hoy en día? ¿Cómo se pueden reforzar la fe y los valores cristianos en nuestras familias y sociedades para que no suceda lo mismo?

Lección 15
El movimiento misionero protestante

Hemos recorrido rápidamente los últimos cinco períodos de la expansión del cristianismo. En esta sección, veremos en forma más detallada los últimos doscientos años, una etapa que ha sido marcada por avances muy significativos del movimiento cristiano mundial. Estos dos siglos de la expansión cristiana pueden ser divididos, para su estudio, en tres épocas distintas. En los siguientes extractos, el Dr. Ralph Winter describe cada una de estas épocas, los adelantos del reino logrados durante cada período de tiempo, y las personas que tuvieron una participación clave en los avances pioneros.

Tres épocas de la historia misionera
Ralph D. Winter[40]

La primera época

William Carey, un joven «menor de treinta», tuvo problemas cuando empezó a tomar en serio la Gran Comisión. Al tener la oportunidad de dirigirse a un grupo de pastores, los desafió a explicar por qué no tenía vigencia para ellos la Gran Comisión. Ellos le reprendieron, diciendo: «Cuando Dios se decida a ganar a los paganos, lo hará sin tu ayuda ni la nuestra». No pudo volver a hablar sobre el tema, de modo que pacientemente redactó su análisis titulado: Una investigación sobre la obligación de los cristianos de utilizar medios para lograr la conversión de los paganos.

El resultado fue un pequeño tomo que convenció a algunos amigos a que formaran una pequeña agencia misionera, o sea, los «medios» a los cuales se había referido. La estructura era endeble y precaria, apenas capaz de proveer lo mínimo necesario para que Carey fuera a la India. Sin embargo, el impacto de su ejemplo reverberó a través del mundo de habla inglesa, y su librito se transformó en la «Carta Magna» del movimiento misionero protestante.

William Carey no fue el primer misionero protestante. Durante años, los Moravos habían enviado misioneros a Groenlandia, a Norteamérica, y a África. Pero el librito de Carey, en combinación con el Despertar Evangélico, dio vida a la visión misionera y transformó vidas a ambos lados del Océano Atlántico. La respuesta fue casi instantánea: se fundó una

---
[40] Winter, Ralph D.: «The long look: Eras of mission history» en *Perspectives on the World Christian Movement*. William Carey Library, Pasadena, CA, 1981, págs. 168-176. Traducido con permiso.

segunda sociedad misionera en Londres; dos en Escocia, una en Holanda, y luego otra más en Inglaterra. Para entonces ya resultó claro a todos que Carey tenía razón al insistir que el esfuerzo para organizar sociedades misioneras era esencial para el éxito del proyecto misionero.

En los Estados Unidos, cinco estudiantes universitarios, inspirados por el libro de Carey, se reunieron para pedir la dirección de Dios para sus vidas. Esta discreta reunión de oración, apodada luego como «la reunión de oración del pajar», dio como resultado un «medio» americano, La Junta Americana de Comisionados para Misiones en el Extranjero. Aun más, este grupo comenzó un movimiento misionero estudiantil que hasta el día de hoy es ejemplo y precursor de otros movimientos estudiantiles misioneros.

Es efecto, durante los primeros 25 años después de que Carey se embarcara hacia la India, se formaron una docena de agencias misioneras a ambos lados del Atlántico; y así la Primera Época de misiones protestantes tuvo un buen comienzo. Sin embargo, la realidad es que las misiones de esta Primera Época fueron lastimosamente pequeñas y precarias en comparación con las principales preocupaciones de los europeos y americanos de la época. La idea de organizarse para enviar misioneros no fue de fácil aceptación; pero con el tiempo logró convertirse en la norma establecida.

1. ¿Cuál fue el «medio» que el «librito» de Carey inspiró y cuál fue el impacto?

La influencia de Carey llevó a algunas mujeres de Boston a formar grupos de oración por las misiones. A su vez, esta tendencia llevó a que fueran las mujeres las principales guardianas de los conocimientos y de la motivación misioneras. Transcurridos algunos años, comenzaron a salir al campo mujeres solteras. Y por fin, en 1865, mujeres americanas no casadas establecieron Juntas misioneras femeninas que, al igual que las órdenes femeninas católico romanas, sólo enviaban mujeres solteras al campo misionero y estaban enteramente en manos de mujeres solteras en la base de envío.

Hay dos notas muy positivas que se destacan en esta Primera Época. Una de ellas es la asombrosa demostración de amor y sacrificio de parte de los que salieron. África, en particular, era un continente que intimidaba. Todos los intentos misioneros en África anteriores a 1775 habían fracasado por completo. De todos los esfuerzos católicos y todos los esfuerzos moravos, no quedaba nada. No existía ni un misionero de ningún tipo en vísperas de la Primera Época. Las horripilantes estadísticas de enfermedad y muerte casi inevitables que acompañaron pero no amedrentaron a las decenas de misioneros valientes que salieron después de 1790 en una corriente prácticamente suicida, no tienen paralelos en ninguna otra época ni por ninguna otra causa. Durante los primeros 60 años de la Primera Época, fueron muy pocos los misioneros al África que sobrevivieron más de dos años. Me he visto reducido a lágrimas al reflexionar sobre una devoción de tal magnitud, porque me pregunto si en la actualidad yo o mi pueblo podríamos o estaríamos dispuestos a igualar tal hazaña. ¿Puede Ud. imaginarse a los jóvenes de hoy saliendo al campo misionero, sabiendo que, década tras década, 19 de cada 20 de los que habían salido antes murieron apenas llegados al campo misionero?

2. ¿Qué sacrifico se le pedía a los jóvenes misioneros que salían para servir en África?

Una segunda nota positiva en esta Primera Época fue el desarrollo de una perspectiva de alta calidad de la estrategia misionera. Se reconoció algo parecido a las etapas de actividad misionera, descritas en secuencia por Harold Fuller del Sudan Interior Mission (SIM):

Las relaciones entre la misión y la iglesia: cuatro etapas de desarrollo

- Primera etapa: es una etapa de pionero; se establece el primer contacto con un grupo social.
- Segunda etapa: es una etapa de padre; misioneros extranjeros entrenan a los nacionales.
- Tercera etapa: es una etapa de socios; el liderazgo nacional trabaja a la par y en plano de igualdad con los misioneros.
- Cuarta etapa: es una etapa de participación; los misioneros ya no son socios en plano de igualdad sino que sólo participan por invitación.

Aunque las labores de la Primera Época fueron lentas y meticulosas, rindieron sus frutos; se pueden reconocer las etapas familiares en las cuales se pasa sucesivamente de la ausencia de una iglesia en la etapa pionera, a una iglesia infantil en la etapa de padre, y a la iglesia madura y más compleja en las etapas de socios y de participación (aun en la obra misionera).

Samuel Hoffman de la Junta de la Iglesia Reformada en América del Norte lo ha expresado muy bien: «El misionero cristiano que fue amado como evangelista, y que gustó como maestro, puede terminar provocando resentimiento como administrador».

Dichoso el misionero en cuya carrera se han dado toda la secuencia de etapas. Es más probable que la serie represente el trabajo de una sucesión de misioneros en un campo misionero dado; o puede ser la experiencia de una agencia misionera que en su período inicial comienza obras en varios lugares simultáneamente, y luego halla que las iglesias en muchos de esos lugares maduran al mismo tiempo. Pero para bien o para mal, esta sucesión se ve en el movimiento misionero global a medida que la fiebre de cambio y de nacionalización corre por el pensamiento de todos los ejecutivos simultáneamente y salta de continente a continente, afectando tanto a los campos nuevos que aun están en las primeras etapas como a los más antiguos, que están en etapas posteriores.

De todos modos, para 1865 ya existía un fuerte consenso a ambos lados del Atlántico de que el misionero debía volver a su país de origen cuando había logrado acabar con sus posibilidades de trabajo. Dado que la Primera Época estuvo centrada en las zonas costeras de Asia y África, no es de extrañar que el primer caso de retiro de misioneros ocurriera en un lugar donde no había territorios interiores. Y así, simbolizando las etapas postreras de la Primer Época, ocurrió el retiro de todos los misioneros de las Islas Hawaianas, que en ese tiempo eran un país independiente. Esto ocurrió con legítimo orgullo y bombos y platillos; y cumplió con las más altas expectativas, tanto de esa época como de la época actual, de una progresión exitosa a través de las etapas de siembra, riego, y cosecha misioneras.

3. ¿Por qué el reconocimiento de las cuatro etapas de desarrollo en la misión fue tan importante para el crecimiento de la iglesia institucional en cada país?

La segunda época

Un segundo evento simbólico ocurrido en 1865 es aún más significativo, por lo menos en lo que se refiere a la inauguración de la Segunda Época. Al final de un breve período de servicio misionero, un joven, que como Carey era menor de 30 años, estableció la primera de una serie de misiones cuya meta era llegar a los territorios del interior; y lo hizo a pesar de estar rodeado de quienes aconsejaban lo contrario. Este segundo joven atrevido no fue objeto de mucha atención salvo en lo negativo. Sin embargo, al igual que William Carey, se enfrascó en estadísticas, gráficos, y mapas. Cuando sugirió que era necesario evangelizar los pueblos del interior de China, le dijeron que no era posible llegar a esos lugares; y le preguntaron si deseaba cargar con la sangre de los jóvenes que estaría enviando a la muerte. Quedó aturdido y pasmado por la pregunta. Buscando a tientas la luz, y caminando por la playa, le pareció que al fin Dios le habló para resolver la horrible duda: «No eres tú el que envías a estos jóvenes al interior de China; soy Yo». Se levantó la carga.

4. ¿Cuál es la gran verdad a la que los jóvenes misioneros se expondrían al ir al interior de China, y con la cual Hudson Taylor resolvió su dilema del peligro?

Lo único que poseía eran estudios médicos rudimentarios, sin experiencia universitaria, mucho menos entrenamiento misionológico. Tenía además antecedentes dudosos dado su comportamiento individualista durante su servicio misionero. Fue, sin embargo, simplemente uno más de los «débiles» que Dios utiliza para confundir a los sabios. Aun su estrategia misionera, opuesta a la siembra de iglesias, era asombrosamente errónea a la luz de las normas actuales. Y sin embargo Dios tuvo a bien honrarlo porque su mira estaba puesta en los pueblos menos evangelizados. Hudson Taylor tenía un viento divino a sus espaldas. El Espíritu Santo lo salvó de muchos escollos. Fue su organización, China Inland Mission (Misión al Interior de la China), caracterizada, como organización, por su espíritu de colaboración y servicio, la que con el tiempo sirvió de un modo u otro a más de 6000 misioneros, predominantemente en el interior de China. Transcurrieron 20 años antes de que otras misiones comenzaran a unirse a Taylor en su particular énfasis: las fronteras aun no evangelizadas ubicadas tierra adentro.

Una de las razones por la cuales comenzó tan lentamente la Segunda Época fue que muchos estaban confundidos. Ya existían muchas organizaciones misioneras. ¿Por qué crear otras? Sin embargo, como señalara Taylor, todas las misiones existentes estaban limitadas a las zonas costeras de África y Asia o a las islas del Pacífico. La gente se preguntaba, ¿Por qué ir al interior si aun no hemos completado la obra en las zonas costeras?

No estoy seguro de que sea válida la analogía hoy día, pero la Segunda Época aparentemente necesitaba no solo una nueva visión, sino también muchas organizaciones nuevas. Taylor no sólo comenzó una misión de fronteras inglesa, sino que también fue a Escandinavia y al continente europeo para estimular a los creyentes a comenzar nuevas agencias misioneras. El resultado directo o indirecto fue que surgieron más de 40 agencias nuevas, llegando a ser lo que correctamente debieran apodarse misiones de frontera, más que misiones de fe. Los nombres que llevan así lo indican: Misión al Interior de China, Misión al Interior de Sudán, Misión al Interior de África, Misión al Corazón de África, Misión a los Campos No Evangelizados, Unión Misionera para las Regiones que están Más Allá. A Taylor le preocupaba más la misión que la carrera; cuando murió había dedicado sólo la mitad de sus años de ministerio a China. Dedicó la otra mitad, mediante incontables viajes, a movilizar a los creyentes del frente de envío. Lo que más preocupaba a Taylor no era China, sino la causa de Cristo.

5. William Carey es reconocido por impulsar la creación de agencias misioneras como «medios» de misión. ¿Cuál fue la mayor contribución de Hudson que lanzó la segunda época de la evangelización mundial?

Al empezar a moverse las cosas, y tal cual ocurrió durante la primera etapa de la Primera Época, Dios levantó un movimiento estudiantil. Este fue más masivo que el anterior: el Movimiento de Voluntarios Estudiantiles para Misiones en el Extranjero fue la organización misionera más potente de la historia. En las décadas de 1880 y 1890, el número de estudiantes universitarios era 1/37 de lo que es hoy; pero el Movimiento de Voluntarios Estudiantiles captó a 100.000 voluntarios dispuestos a dar sus vidas para la misiones. Veinte mil fueron al exterior. Y vemos hoy que los otros 80.000 tuvieron que quedarse atrás a fin de re-edificar los fundamentos del esfuerzo misionero. Comenzaron el Movimiento Misionero de laicos y fortalecieron las sociedades misioneras femeninas que ya existían.

Sin embargo, cuando los estudiantes universitarios de la Segunda Época irrumpieron en escena allende los mares, no siempre llegaron a comprender cómo era que los misioneros de la Primera Época habían podido hacer entrega de la responsabilidad a líderes nacionales provenientes de los niveles menos educados de la sociedad. Los misioneros de la Primera Época eran ya una minoría, y el gran número de nuevos reclutas, egresados universitarios, pasaron por alto la sabiduría adquirida por la experiencia. Por tanto, en las primeras etapas de la Segunda Época, los nuevos misioneros, egresados universitarios, en vez de ir a nuevas fronteras, a veces asumían el liderazgo en iglesias ya establecidas, desconociendo así lo registrado por pensadores misioneros de épocas previas, y a veces delegando a segundo plano a los misioneros de la Primera Época y a los líderes nacionales (que habían sido meticulosamente entrenados). En algunos casos, esto causó un enorme retroceso en la estrategia misionera.

6. ¿En qué sentido fueron los misioneros producidos por el movimiento misionero estudiantil, una gran bendición pero también un atraso para la obra al llegar al campo?

A pesar de todo, para 1925 el movimiento misionero más grande de la historia ya estaba en pleno desarrollo. Para entonces, los misioneros de la Segunda Época habían al fin aprendido las lecciones básicas que anteriormente habían pasado por alto; los resultados fueron increíbles. Habían plantado iglesias en mil lugares nuevos, principalmente «tierra adentro» y ya para 1940 se proclamaba la realidad de «iglesias más jóvenes» en todo el mundo como «da gran novedad de nuestro tiempo». La fuerza de estas iglesias llevó a que tanto líderes nacionales como misioneros dieran por sentado que todas las fronteras que aun restaban podían eliminarse por medio de la evangelización natural que realizarían las iglesias desparramadas por todo el mundo. Había un grupo cada vez mayor que se preguntaba si aun eran tan necesarios los misioneros. Otra vez, como en 1865, parecía lógico que volvieran a sus países de origen los misioneros apostados en varios lugares del mundo.

Es importante para nosotros hoy día notar la superposición de estas dos épocas. El período de 45 años entre 1865 y 1910 (que puede compararse actualmente con la época de 1934 a 1980) fue un período de transición entre la estrategia apropiada para las etapas maduras de la Primera Época (la época de las regiones costeras), y la estrategia apropiada para las etapas pioneras de la Segunda Época (la época del interior).

Poco después de la Conferencia Mundial de Misiones celebrada en Edimburgo en 1910, acaecieron las devastadoras guerras mundiales y el colapso mundial de las estructuras coloniales. Ya para 1945 muchas iglesias allende los mares estaban preparadas, no sólo para la retirada de los gobiernos coloniales, sino también para la ausencia de misioneros. Aunque no eran muchos los que gritaban: «Misionero, vete a casa» como lo suponían algunos, habían cambiado las cosas; y así por fin lo comprendieron los creyentes en las iglesias de las bases de envío. Las etapas relevantes ya no eran la de pionero y de padre, sino más bien las etapas de socios y de participación.

Para 1967 el número total de misioneros de carrera de Norteamérica había empezado a disminuir (y ha seguido disminuyendo hasta el día de hoy). ¿Por qué? A los cristianos se les había dado a entender que se habían establecido todas las bases de avanzada necesarias. Para 1967, más del 90 por ciento de todos los misioneros provenientes de Norteamérica estaban trabajando con iglesias nacionales fuertes que ya tenían algún tiempo de existencia.

Sin embargo, no era tan sencilla la cosa. Casi sin que nadie lo notara, había comenzado otra época misionera.

7. En la última parte de la segunda fase, ¿por qué muchos llegaron a la conclusión de que no hacía falta enviar más misioneros?

La tercera época

Cameron Townsend y Donald McGavran, dos jóvenes del Movimiento de Voluntarios Estudiantiles, fueron los que dieron comienzo a esta época. Cameron Townsend estaba tan apurado por llegar al campo misionero que ni siquiera se molestó en terminar sus estudios universitarios. Fue a Guatemala como misionero de la «Segunda Época», trabajando en base a la obra ya realizada. En ese país, como en todos los campos misioneros, había mucho para hacer por los misioneros que trabajaban con las iglesias nacionales establecidas.

Pero Townsend fue lo suficientemente despierto como para notar que la mayoría de los habitantes de Guatemala no hablaban el español. Al ir de una aldea a otra, procurando repartir las escrituras en idioma español, empezó a darse cuenta de que la evangelización en español nunca lograría alcanzar a todo el pueblo de Guatemala. Se convenció aun más cuando un indígena le preguntó, «Si su Dios es tan inteligente, ¿cómo es que no puede hablar nuestro idioma?» Townsend estableció amistad con un grupo de misioneros mayores que ya había arribado a la conclusión de que los grupos indígenas tenían que recibir el evangelio en su propio idioma. Tenía sólo 23 años cuando comenzó a trabajar en base a esta nueva perspectiva.

No cabe duda de que en nuestra época, Cameron Townsend es una persona que merece compararse con William Carey y Hudson Taylor. Al igual que Carey y Taylor, Townsend vio que aun existían fronteras no alcanzadas; y por casi medio siglo enarboló la bandera en pro de los pueblos tribales que habían sido pasados por alto. Al principio esperaba poder ayudar a las juntas misioneras ya establecidas a evangelizar a los pueblos tribales. Al igual que Carey y Taylor, acabó comenzando su propia misión, Wycliffe Bible Translators (Traductores Wycliffe de la Biblia), dedicada a llegar a estas nuevas fronteras. Al principio pensó que había unos 500 grupos tribales no evangelizados en todo el mundo. (Llegó a esta cifra en base al numeroso grupo de idiomas tribales en un solo país, México). Luego modificó este cálculo a 1.000, después a 2.000. En la actualidad se calcula que el número correcto supera 5.000. Al ir aumentando su comprensión de la enormidad de la tarea, también ha ido aumentado el tamaño de su organización. Hoy día cuenta con más de 6.000 obreros.

8. ¿Cuál fue el "descubrimiento" que hizo Cameron Townsend y su contribución al avance del evangelio?

Al mismo tiempo que Townsend cavilaba en Guatemala, Donald McGavran, en India, comenzaba a darse cuenta de la gravedad de las formidables barreras existentes, no tanto lingüísticas, sino sociales. Townsend «descubrió» las tribus; McGavran descubrió una categoría de grupos un tanto más universal. A estos grupos les dio el nombre de «unidades homogéneas»; hoy se los conoce como «grupos sociales» o «grupos humanos». Paul Hiebert empleó la frase «segmentación horizontal» para describir a las tribus, cada una de las cuales ocupa su propio territorio. Habló de «segmentación vertical» para referirse a grupos que se distinguen, no por su ubicación geográfica, sino por rígidas diferencias sociales. La terminología de McGavran abarcaba a ambos grupos, aunque pensó principalmente en la segmentación vertical, que es más sutil.

Una vez que se logra penetrar en uno de estos grupos, y aprovechando diligentemente las ventajas logradas por la penetración misionera, se establece un «puente de Dios» estratégico hacia ese grupo. El corolario de esta verdad es que hasta que no se establezca esta penetración, no puede ocurrir el proceso normal en de evangelización y de siembra de iglesias.

Tal cual ocurrió anteriormente con Carey y Taylor, Townsend y McGavran no llamaron mucho la atención durante veinte años. Pero para la década de 1950 ambos habían conquistado un extenso grupo de oyentes. McGavran no fundó una nueva misión (Townsend sólo lo hizo cuando las misiones existentes no respondieron apropiadamente al desafío de las tribus). Los esfuerzos activos y los escritos de McGavran engendraron tanto el movimiento de iglecrecimiento como el movimiento de misiones fronterizas; el primero dedicado a la expansión dentro de grupos ya penetrados, y el otro dedicado a vías de acercamiento intencionales a los grupos aun no penetrados. Tal cual ocurrió durante las primeras etapas de las primeras dos épocas, la Tercera Época dio a luz a varias nuevas agencias misioneras, esta vez en todo el mundo.

Si la primera época se caracterizó por la evangelización de los pueblos costeros, y la Segunda Época por la de los pueblos del interior, la Tercera Época debe caracterizarse por la evangelización de esa categoría no geográfica, más difícil de definir, de grupos aislados, lo que hemos llamado «grupos no alcanzados». Sabemos que existen unos 8.000 grupos que pertenecen a la categoría de «grupos no alcanzados». Si estos se aglutinan en grupos con características similares, suman menos de 3.000. Pero cada grupo requiere un avance misionero nuevo y propio. ¿Es demasiado pedir? ¿Podrá lograrse?

9. ¿Por qué es importante el concepto de «grupos homogéneos no alcanzados» si pretendemos evangelizar a «todas las naciones»?

¿Podemos lograrlo? La tarea no es tan difícil como parece, dado algunas razones algo sorprendentes. En primer lugar, la tarea no corresponde a los americanos y ni siquiera a los occidentales. La realizarán cristianos provenientes de todos los continentes del mundo. Aun más significativo es que, una vez establecido el avance misionero dentro de una cultura, la estrategia evangelística normal (que para Dios involucra a todo cristiano), reemplaza a la estrategia misionera, ya que se ha finalizado la tarea de penetración. . Además, el mundo moderno se está haciendo cada vez más interdependiente. Literalmente, ya no hay países que no admiten extranjeros. Muchos de los países que se consideraban completamente «cerrados», como Arabia Saudita, están, en realidad, ávidamente reclutando a miles de personas de otros países con habilidades técnicas. Y la verdad es que prefieren a personas que son cristianos devotos y no a occidentales borrachines, mujeriegos, seculares.

Pero nuestro trabajo en la Tercera Época tiene muchas otras ventajas. Tenemos potencialmente una red mundial de iglesias que pueden ser estimuladas a desarrollar su misión principal. Y lo mejor de todo es que nada puede ocultar la realidad de que esta puede y debiera ser la última época. Ningún creyente serio puede desconocer el hecho de que Dios no nos ha pedido que alcancemos a todo pueblo, tribu, y nación sin tener la intención de que esto ocurra. Ninguna generación tiene menos excusas que la nuestra si no hacemos lo que Dios nos pide.

10. ¿Por qué se presenta un cuadro optimista para completar la evangelización mundial en esta tercera época?

La tercera época ha lanzado centenares de nuevos esfuerzos para alcanzar a la gente inalcanzada, grupos que todavía están aislados del evangelio. Sin duda, la fuerza más significativa para esta nueva oleada misionera vendrá de parte de la iglesia de África, Asia y América Latina. Si la historia se repite (y la evidencia está comenzando a señalar que es así), estas jóvenes congregaciones proveerán el mayor impulso para la evangelización de los 8.000 grupos étnicos que aún permanecen sin testimonio de Cristo. Con este despertar mundial de la iglesia, podríamos ver ¡una iglesia en cada grupo étnico en nuestra generación!

En los últimos cuatro siglos, el evangelio ha sido esparcido hasta los «confines de la tierra». Pero la tarea aún no está terminada. Aún permanecen millares de grupos aislados detrás de muros lingüísticos, sociales y culturales para los cuales el evangelio todavía no existe. Se necesitará un despertar mundial de la iglesia para terminar la tarea. Ya vivimos el día en que las iglesias jóvenes de África, Asia y América latina, se han unido al gran esfuerzo final para discipular a las naciones que no han sido evangelizadas.

Tarea integral

Prepare un bosquejo que puede usar en una charla sobre los conceptos misionológicos claves que permitieron grandes avances en la evangelización mundial en cada época. Refiérase a las personas que fueron los grandes impulsores de estos conceptos y lo que les motivó.

Preguntas para la reflexión

Es un hecho que una gran fuerza para la evangelización mundial se está levantando de las iglesias jóvenes de África, Asia y América Latina. ¿Cómo puede ser parte de este movimiento en el lugar donde se encuentra? Registre sus pensamientos en su diario.

Lección 16
Misiones hacia América Latina

«...y los ha reunido de las tierras, del oriente y del occidente, del norte y del sur.» (Salmos 107:3)

Un vistazo del movimiento Cristiano desde sus orígenes en el Medio Oriente hacia el resto del mundo, nos convence que Dios ha movido a su iglesia de cualquier modo necesario, para cumplir su propósito redentor hacia todas las naciones. América Latina ha sido involucrada en esta marcha desde la perspectiva de un continente que ha recibido misioneros desde el momento que pisaron tierra los Conquistadores hasta el día de hoy. Pero también se ha involucrado como pueblo que ha hecho misiones dentro de su propia esferas y también, saliendo de ellas. En estas próximas dos lecciones, trazamos esta historia de misión hacia, dentro de, y desde el continente latino.

Misión hacia América Latina

No cabe duda que el descubrimiento de América por marineros provenientes de la península Ibérica tuvo un impacto profundo sobre el desarrollo del continente. Sus naves no solo trajeron sus ejércitos y gobernantes, sino también sus culturas, costumbres, y también su religión. Mucha de esta historia no es muy placentera. Como siempre, la historia nos muestra que la mezcla de religión con fines políticos e imperialistas, casi siempre resulta en un evangelio embarrado y pobre. Sin embargo, ninguna historia es tan penosa que no podemos aprender de ella. En el siguiente artículo, Mario Escobar nos da una reseña de los primeros esfuerzos misioneros hacia el continente.

El continente latino en misiones
Mario Escobar[41]

El cristianismo en América Latina ha tenido un rico pasado, pero su presente es aún más brillante y su futuro prometedor. Hace décadas que salieron los primeros misioneros evangélicos latinos a otras tierras para evangelizarlas—África, Europa y al norte del

---

[41] Mario Escobar Golderos es licenciado en Historia y director de la revista *Historia para el debate*.

continente americano. En muchos casos estos misioneros han cubierto las necesidades del creciente número de iglesias hispanas formadas por inmigrantes en países de todo el Mundo, pero en otros muchos nace del impulso del pueblo latinoamericano que se convierte en fuerza evangelizadora mundial. En esta breve introducción histórica le animamos a eso, a que forme parte de un momento histórico de Latino Americanos unidos al esfuerzo mundial por alcanzar a todas las naciones.

Misiones católicas: Entre la cruz y la espada

Cristóbal Colón, aunque tenía un objetivo claramente comercial (llegar a las Indias, navegando hacia el Oeste), tenía en su mente también el llevar la fe de Cristo a estos nuevos pueblos y por ello daba gracias al Señor.
Posteriormente y en diversas oleadas muchos misioneros católicos fueron enviados a todas partes de América, en especial del Centro y del Sur para evangelizar aquellas gentes y tierras.

La cristianización del Nuevo Mundo

La evangelización del Nuevo Mundo se inició un poco antes de la Reforma Protestante, a través de frailes españoles, franciscanos, dominicos y jesuitas, por lo que fue fundamentalmente católica en sus inicios.

Las bulas papales entre 1456 y 1514 cedieron a las coronas española y portuguesa la labor de convertir a los pueblos paganos de las tierras que se estaban explorando tanto en Asia y África como en América. Por ello la Corona española mantuvo un control total tanto sobre las personas como sobre las rentas de la Iglesia en el Imperio más grande jamás conocido hasta entonces.

Los frailes españoles, por la influencia humanista de Cisneros[42] (décadas de 1520 y 1530), se encontraban en un buen momento para su labor. Hernán Cortés mismo solicitó al emperador una misión franciscana, y así esta orden dominó la evangelización hasta 1570. Estos primeros frailes introdujeron la imprenta en las Indias y defendieron la libre circulación de las Escrituras. Su predicación era, a propósito, muy sencilla y buscaban la conversión y los bautismos rápidos, para más tarde dar una mejor instrucción. Su éxito así definido fue asombroso. Entre 1524 y 1531 se afirma que hubo más de un millón de conversiones, otras fuentes manifiestan que hacia 1535 se habían producido más de 5 millones de bautismos entre los indígenas.

1. ¿Cuál fue la estrategia de los frailes católicos para lograr conversiones?

La lucha misionera por los indígenas

---

[42] Don Gonzalo Jiménez de Cisneros fue franciscano y luego, Arzobispado de Toledo. Tuvo mucha influencia con la reina católica Isabela.

Los misioneros mantuvieron una lucha constante para proteger a sus conversos de los colonos llegados de España. Procuraban crear comunidades en torno a la iglesia y el convento con un sistema de propiedad de la tierra comunitario, bajo el modelo de La Utopía de Tomás Moro[43]. Con ello buscaban aislar a los indígenas de las influencias paganas de los colonizadores europeos, caracterizados por su baja moral y su codicia.

La violencia de las primeras conquistas se justificaba con la ficción de que los indígenas eran una raza bestial e infrahumana que rechazaba el cristianismo. Hubo diversas denuncias, en especial los dominicos Antonio de Montesinos y Bartolomé de las Casas. Éste último dedicó casi toda su vida (desde 1514 a 1566) a defender a los indígenas, y conseguir la prohibición de esclavizarlos, lo que se consiguió con las «Nuevas Leyes de indias» promulgadas bajo el reinado del emperador Carlos V en el año 1542.

El arraigo de la nueva fe entre los indígenas estaba matizado por sus antiguas creencias, que en la mayoría de los casos no llegaban a abandonar, produciéndose una cierta mezcla de cristianismo con creencias claramente paganas (sincretismo). Por ello sólo se permitía comulgar a los nativos más piadosos y mejor instruidos. Pero poco a poco el desánimo llegó y las esperanzas de tener un clero autóctono se desvanecieron.

2. ¿Cuál fue el punto débil de la rápida «evangelización» de los indígenas americanos?

Bartolomé de Las Casas

Bartolomé de Las Casas fue teólogo y misionero en América a principios del siglo XVI. Fue uno de los primeros en exponer la opresión a la que se sometía a los indígenas por parte de los europeos (españoles fundamentalmente en este caso) y luchó por la abolición de esta situación.

En 1502 se embarcó rumbó a La Española (Actual Santo Domingo), en el Caribe, y como recompensa por participar en diversas expediciones se le concedió una encomienda, es decir una concesión de territorio otorgada por el Rey y con ella, siervos indígenas utilizados en la minería. Fue ordenado sacerdote en 1512 o 1513. Participó en 1513 en la sangrienta conquista de Cuba como capellán a las tropas. Pero en 1514, anuncio que devolvía sus siervos indígenas al Gobernador por razones de consciencia, y se convirtió en defensor de ellos.

La defensa de los indígenas sólo podía hacerse desde España, por lo que decidió volver en 1515 para apelar por un mejor trato. Cardenal Francisco Jiménez de Cisneros se sumó a su causa y concibieron juntos el «Plan para la Reformación de las Indias». Las Casas fue nombrado sacerdote-procurador de las Indias y se le encomendó la tarea de investigar la situación de su población aborigen. Volvió a América y en un largo recorrido por tierras americanas intentó poner en marcha, siempre en contra de la esclavitud del pueblo

---

[43] Tomas Moro es autor de «Utopía», escrita en latín y publicada en 1516, y traducida al inglés en 1551. En su obra, influida por la «República» de Platón, defiende un modelo ideal de organización social, contrario al militarismo y al desigual reparto de la riqueza.

autóctono, diversos establecimientos de «pueblos indígenas libres», en su mayoría utopías. A pesar de sus esfuerzos estos no llegaron a buen término.

Desanimado tras su fracaso, buscó refugio en la vida religiosa y se unió a la orden de los dominicos en 1523, dedicándose a escribir. Su obra más importante fue la «Historia de las Indias» que no permitió que se publicara hasta después de su muerte. En esta obra exponía el «pecado» de la dominación, la opresión y la injusticia hacia los indígenas y daba un repaso a todo lo que había sucedido en la conquista del Nuevo Mundo. Más que un relato puramente histórico era también una interpretación de los acontecimientos, y pretendía que España conociera que las injusticias que estaban cometiendo se volverían contra la propia España.

En 1542 escribió la «Brevísima Relación de la Destrucción de las Indias» en la que decía: La razón por la que los Cristianos han matado y destruido tan infinito número de almas es por cuanto han sido movidos por su deseo por el oro y el deseo por enriquecerse en un tiempo muy breve.

Finalmente sus esfuerzos parecieron que iban a ser exitosos ya que Carlos V promulgó las Leyes Nuevas por las que las encomiendas ya no podían heredarse y los dueños debían dar libertad a los indígenas tras una sola generación. Para asegurar el cumplimiento de la Ley fue nombrado obispo de Chiapas, en Guatemala y en 1545 prohibió la absolución para aquellos que mantuvieron a los indígenas en cautividad en las encomiendas.

Simón Bolívar, siglos después, se inspiró en el pensamiento de Bartolomé De las Casas en su lucha contra España, así como también algunos de los protagonistas de la revolución mexicana.

3. ¿Contra qué mal luchó Bartolomé De las Casas y como encaró esa lucha?

Los jesuitas en Sudamérica

Los jesuitas aportaron un nuevo vigor a la cristianización con su llegada a finales del siglo XIV. Crearon toda una cadena de misiones entre los guaraníes de los valles del río Paraná, iniciada hacia 1610. Agruparon a los s en unos territorios autónomos, llamados «reducciones» (siguiendo la visión de utopías), que fueron cedidos por la Corona española. Existían unas 34 reducciones hacia 1630 con unos 100.000 habitantes.

Estas comunidades tenían una visión e impulso humanista. Eran lugares espaciosos, limpios, bien pavimentados, donde la educación era obligatoria, se gobernaban por consejos democráticos y no existía la pena de muerte. Tampoco tenían moneda y toda propiedad era común. Aunque los padres dominaban la vida de la comunidad y los s tenían poca capacidad de iniciativa, fue un intento impactante del impulso humanista

La rebelión Guaraní por el año 1750 y la expulsión de los Jesuitas del Imperio Español en 1767, dieron fin al sueño de utopía. Las poblaciones de las reducciones fueron bajando por emigración, enfermedades virulentas, y los efectos de las guerras—en particular las turbulentas guerras de independencia.

4. ¿Cuál fue la filosofía detrás de las reducciones y porque fueron desarraigadas?

La evangelización que implementaron los conquistadores fue superficial y mas que nada, una herramienta de la conquista. Los mismos conquistadores y colonos son los primeros que necesitaban arrepentirse y aceptar el señorío de Jesús. Tampoco los esfuerzos misioneros hacia los indígenas fueron efectivos. Se tornaron en proyectos humanistas y paternalistas. El cristianismo sembrado fue susceptible al sincretismo, cosa que hasta el día de hoy se manifiesta en la dicha «religión popular». Tal fue la herencia del catolicismo en tierras Latinoamericanas.

Entran los protestantes

Las primeras iglesias cristianas no católicas en el continente fueron «protestantes», extensiones de iglesias del norte Europeo que emergieron como resultado de la Reforma Protestante. Para establecerse, fue una tremenda lucha. En su mayoría, acompañaron emigrantes europeos y existieron para ellos. Sin embargo, la fuerza liberadora del evangelio no pudo contenerse y para fines del siglo XVIII, las iglesias protestantes estaban arraigadas en tierras Latinas. Bertil Ekstrom comenta:

En Brasil el primer templo anglicano fue construido en Río de Janeiro en 1819, siendo el primer lugar de culto no católico que se construyó en el continente. Durante el siglo XIX llegaron misioneros con el objetivo de dar atención a las colonias de inmigrantes pero también predicar el evangelio a los nacionales.

Algunas de las principales denominaciones que hoy tenemos en el continente llegaron en este período. Los Presbiterianos llegaron a Argentina en 1823, a Colombia en 1856, a Brasil en 1859, a México en 1871 y a Guatemala en 1882. Los metodistas, por su vez, empezaron su trabajo en Brasil 1835, en Argentina y Uruguay 1835, en México 1872, en Chile 1877 y en Bolivia 1901. Los Bautistas enviaron misioneros a México en 1870, a Brasil en 1881, a Argentina en 1881 y a Bolivia en 1895. (Núñez & Taylor, pp. 154,155)

De acuerdo con las estadísticas mas confiables que tenemos la situación en América del Sur en el año 1900 había en las Guayanas 14.376 evangélicos, en la parte hispánica 5.240 y en Brasil 11.376—un total de un poco más de 31.000 personas. Otros datos implican que la comunidad evangélica podría haber sido de hasta 50.000.

5. ¿Qué raíces filosóficas y culturales tenían las iglesias Protestantes?

En el siglo diecinueve y hasta mediados del siglo veinte, el crecimiento evangélico fue paulatino. La iglesia católica, en fuerte alianza con los gobiernos, mantenía un control religioso casi total. Pero en los últimos 25 años del siglo, irrumpió la iglesia evangélica como una gran ola sobre el escenario religioso Latinoamericano. Mario Escobar comenta sobre los factores que apoyaron este impresionante crecimiento del movimiento evangélico.

Factores sociales y económicos de crecimiento

Hacia el 1990 el crecimiento se había acelerado. En países como Chile, Guatemala o Puerto Rico se superaba el 17% de población evangélica y eran más del 10% en todos los países de Centro América. En Brasil hacia 1990 se superaba un 20% de evangélicos y en México un 5%. Unos 80 millones de personas se declaraban evangélicas en América Latina en 1990. Los datos que dan algunos evangélicos son más altos, el 12,4 % en Sudamérica y 19,4 en zona del Caribe.

Los factores sociales y económicos han tenido un gran protagonismo en este espectacular crecimiento. La industrialización de América Latina en el periodo del 1930 al 1960, lo que produjo después de la década de los sesenta un cambio en las economías americanas que empujó a grandes masas rurales a las ciudades. El crecimiento demográfico en América Latina también fue muy acusado. En 1940 había 126 millones de habitantes, en 1970 el número ascendía a 278 millones y hacia el 1990 era de 368 millones. El crecimiento de las ciudades ha sido espectacular. La ciudad de México tiene entre 12 y 15 millones de habitantes, a ella se suman ciudades como Sao Paulo y Buenos Aires.

Crecimiento del siglo XX

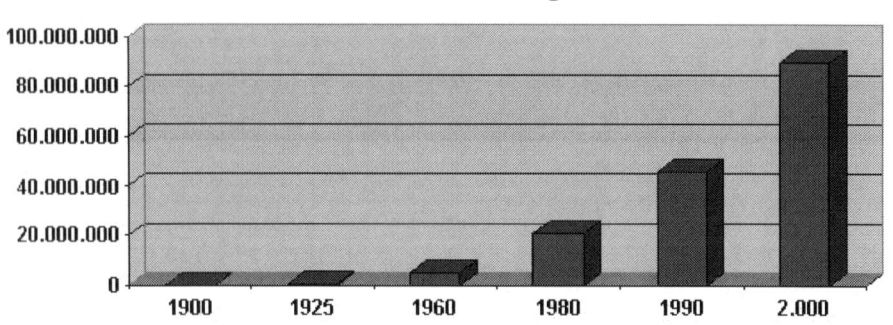

En el ámbito religioso la Iglesia Católica propulsó la expansión de una iglesia popular, que inspirada en la Teología de la Liberación, pretendía cambiar la situación de desigualdad económica y pobreza endémica de grandes partes de la población, pero este movimiento renovador de la Iglesia Católica no caló en las masas americanas y fue paulatinamente abandonado por la jerarquía católica a partir del 1982.

La pobreza, la inestabilidad política, los desastres ecológicos, el desarraigo y la falta de atención pastoral de la Iglesia Católica son factores importantes para explicar el espectacular crecimiento numérico de los evangélicos en América Latina, pero no podemos afirmar que el conjunto de estos factores den como resultado automático dicho crecimiento. Como lo demuestra el ejemplo de países como Bolivia, Perú, Colombia o Ecuador, con grandes bolsas de pobreza, con inestabilidad política constante y con cuadros de sacerdotes parecidos a otros países de su entorno, han sido más impermeables al cristianismo evangélico.

El factor religioso de búsqueda de lo trascendente y la falta de satisfacción con la Iglesia Católica, también tiene que tenerse en cuenta. De hecho la conversión al evangelio supone serio problema en muchas regiones de América Latina.

El pentecostalismo de los ochenta y principios de los noventa es el verdadero causante del aumento espectacular de las iglesias evangélicas en América Latina. De cada 100 protestantes latinoamericanos 60 son pentecostales. Muchas de las denominaciones Pentecostales son autóctonas, fundadas por pastores de los diferentes países.

Países muy secularizados como Uruguay y Paraguay no han respondido de una forma tan masiva al protestantismo. Pero, Argentina, país altamente secularizado tiene un 7,7 % de evangélicos y ha sufrido un crecimiento notable en la década de los 80.

La constante evangelización de los evangélicos también es un factor importante. Un dato curioso es que el crecimiento ha sido generalizado, no existe ningún país en América Latina donde no haya habido crecimiento evangélico.

6. El autor hace un análisis puramente sociológico del crecimiento de la iglesia evangélica. ¿Cuáles son los factores más importantes que han creado esta apertura al evangelio?

Los evangélicos y su aportación social

Tras el breve análisis de los problemas que plantea el cambio religioso en América Latina, debemos analizar los aportes que las iglesias evangélicas pueden ofrecer a la sociedad.

Los millones de evangélicos que recorren las calles de las ciudades y pueblos del continente americano tiene una serie de valores, principios; están organizados, tienen una estructura propia y una red de ayuda a diferentes niveles.

El aporte principal de los protestantes latinoamericanos puede ser una nueva valoración del trabajo, el esfuerzo y la honradez. Por ello la podemos afirmar que la primera aportación del protestantismo latino sería la dignificación del trabajo.

Dignificación del trabajo

La marcada separación de lo material y lo espiritual, la sacralización del sacerdocio y la poca valoración al trabajo manual, llevaron a las sociedades católicas a tomar una actitud casi maniquea, identificando lo material y físico como malo, y lo espiritual como bueno. El misticismo español o italiano son buena muestra de ello.

Las sociedades protestantes empeñadas en desacralizar al estado, fomentar el sacerdocio de todos los creyentes, su afán por la alfabetización para poder leer las Sagradas Escrituras, la democratización de las asambleas de creyentes y la valoración del trabajo como servicio a Dios, rompieron con esa sociedad estamental y estática.

Tal vez las excepciones confirmen la regla, pero lo que si es claro es que el protestantismo suele mejorar el nivel de vida de sus fieles. La sobriedad de los convertidos, la armonía y estabilidad familiar, el apoyo de otros correligionarios, la valoración del esfuerzo y el trabajo, tienden a mejorar la situación de los nuevos convertidos en una generación.

7. ¿Cuáles son los valores protestantes que apoyan al desarrollo económico de una sociedad?

Ayuda a la marginación

La ayuda a los necesitados es una doctrina básica del cristianismo en general y no sólo del protestantismo, pero tal vez la diferencia más significativa con la obra católica es que mientras que el catolicismo tiende a dar caridad (acto de misericordia hacia el necesitado), la tendencia protestante es a prestar recursos. Los pobres son en el catolicismo un sector más de la población, en el protestantismo son una incongruencia. En las puertas de las iglesias católicas siempre vemos pobres pidiendo, pero delante de los templos protestantes no. El católico da al pobre la limosna y esto le acerca más al cielo, la pobreza en cambio denuncia la aptitud pasiva del protestante.

La lucha por las mejoras laborales o contra la esclavitud de los evangélicos en los siglos XVIII y XIX no encontró un componente igual en los países católicos, donde los sindicatos anarquistas y comunistas tomaron las iniciativas sociales. El Ejército de Salvación y otros organismos evangélicos son los primeros en intentar la reintegración del indigente, no aceptando que sea una parte más de la sociedad, sino un fallo de esta, una especie de deformación social.

El catolicismo lleva decenios tendiendo redes de solidaridad, formó en su momento una teología, la «Teología de la Liberación», para combatir la pobreza. Una teología escatológica relacionada con la implantación del Reino de Dios y la formación de una sociedad nueva. El protestantismo, sin embargo, siempre es pesimista con respecto a la sociedad pero cree en la transformación personal, intentando transformar hombres, no sistemas.

En la actualidad miles de organizaciones luchan contra la pobreza y la injusticia social. Por sólo numerar algunas que lo hacen en América Latina: Visión Mundial, Fondo TEAR, MAP Internacional son las más conocidas, pero actúan más de un centenar de agencias. Muchas misiones médicas ayudan en los países con deficientes sistemas médicos, con su propia red de hospitales, clínicas y consultas. Desde el siglo XIX era normal que en cada misión protestante hubiera una escuela, una iglesia y un hospital. Prudencio Damboriena[44] habla en el 1911 ya había en América Latina 11 hospitales protestantes, en 1959 ya ascendían a 41 hospitales y 64 clínicas. El número de colegios hacia los años sesenta era de varios centenares.

Es notable la labor entre los toxicómanos, los niños abandonados, alcohólicos, mujeres maltratadas, discapacitados, el trabajo con los presos, comedores, albergues, programas de desarrollo, vivienda, infraestructuras y educación. La lista es interminable.

8. ¿Cuál es la diferencia marcada entre el punto de partida para la obra social entre los católicos y los evangélicos?

Crítica a la corrupción

Las iglesias evangélicas en su empeño de la transformación personal tienden a ponerse al margen de soluciones políticos a los problemas sociales, pero en los últimos años los organismos que aglutinan a las iglesias nacionales[45], vienen denunciando las políticas económicas injustas, la corrupción y la marginación a la mujer.

En las noticias que presentamos en los temas anteriores, vimos como la temática de denuncia social iba tomando mayor protagonismo. Naturalmente hay excepciones, como el caso cubano, en el que la coyuntura política no hace fácil la denuncia.

Jorge Atienza en su libro «Victoria sobre la corrupción» toca la temática de la corrupción desde el punto de vista personal, animando a la responsabilidad personal y la capacidad transformadora del individuo.

---

[44] Prudencio Damboriena, S.J., El Protestantismo en América Latina, 1963.
[45] La Alianza Evangélica Mundial (WEA) es una federación de 128 alianzas evangélicas nacionales que hacen hincapié en aglutinar los elementos evangélicos en cada país para influir en sus gobiernos y la sociedad.

Uno de los miedos de los protestantes latinoamericanos es el peligro que se corre al involucrarse en política. Los clientelismos, los amiguismos, la búsqueda de intereses personales o cuotas de poder, son algunos temas de reflexión del protestantismo de América Latina.

9. ¿Cuál ha sido el acercamiento de la iglesia evangélica a la corrupción?

Sin duda, el aporte social siempre ha sido parte del efecto de la evangelización. El levantamiento de los países del norte europeo durante la revolución industrial en el Siglo XIX, se atribuye por lo menos en parte a los avivamientos wesleyanos y la creación de una clase media estable. Este efecto «leudante» es mas importante que nunca en América Latina. Pero muchos se preguntan: si ahora hay tantos creyentes, ¿por qué no ha menguado la pobreza, la injusticia, y la violencia en nuestro continente? Es una pregunta que nos insta a una profunda reflexión teológica y misionológica que produzca un concepto distinto del discipulado de nuestros barrios y ciudades, y que nos lleve a una praxis efectiva y transformadora.

Es indudable que un evangelio que enfatiza la transformación personal, cambia vidas y el destino de familias enteras. Históricamente, el evangelio y los valores que propaga han sido el baluarte del desarrollo y crecimiento de la clase media. Este efecto se está produciendo hoy día en Latinoamérica. Sin embargo, el «elevamiento económico y social» nunca ha sido un fin en sí. Con la estabilidad y una cierta prosperidad, la gente tiende a alejarse de Dios. Teniendo trabajo, comida y techo, buscan satisfacer otros apetitos a través de las vanidades del mundo. Esto también influye a la iglesia evangélica que en algunos lugares está experimentando un decrecimiento. Y esta actitud sigue produciendo tremendas crisis en todos los sectores sociales.

Tarea Integral

En base al análisis de esta lección, realice un bosquejo para un charla titulada, «Dios no tienen nietos: La necesidad de evangelizar a cada generación.»

Preguntas para la reflexión

El autor enfatiza los factores políticos y socioeconómicos que dieron al crecimiento de la iglesia protestante evangélica. Pero en el contexto de la historia bíblica, se ve sencillamente como una etapa más de la evangelización mundial. Los grandes problemas sociales siempre producen en la gente un aumento en su búsqueda de Dios. Esto le da al Espíritu Santo una apertura que no se da cuando no se sienten en forma tan aguda los problemas socio-económicos. Por medio de su crisis personal, mucha gente se rinde a Dios, invitando al Espíritu Santo que entre su vida y tome control. ¿Cómo ha sido su experiencia? ¿Cómo puede ser parte de lo que Dios quiere realizar en la vida de personas que le rodean que están pasando por una crisis personal?

Lección 17
De campo misionero a fuerza misionera

La historia de misiones en América Latina no termina con un continente simplemente enfocado en su propia evangelización, tan importante como esto sea. Como lectores de la Biblia y los que confiamos en su autoridad, el compromiso misionero es parte integral de nuestro cometido. El mandamiento de Jesús es: «…id y haced discípulos a todas las naciones». La visión misionera a los pueblos menos alcanzados del mundo se promulga por el Espíritu misionero que Dios ha puesto en los corazones de líderes evangélicos. El Dr. Bertil Ekstrom, historiador del movimiento misionero Ibero-Americano, relata el desarrollo de esta visión.

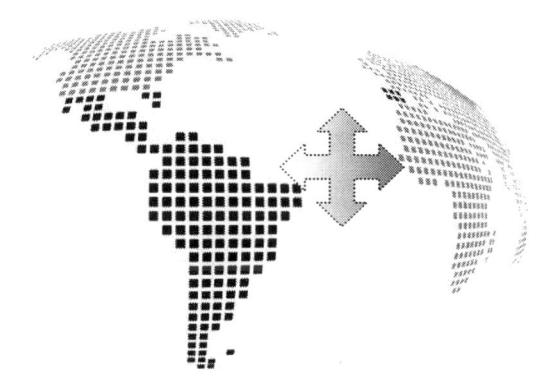

Un movimiento misionero a las naciones
Bertil Ekstrom[46]

Si miramos las fechas cuando surgen las organizaciones misioneras con visión hacia fuera del continente, vemos que hay una fuerte coincidencia con los preparativos para el Congreso Misionero Ibero Americano en Brasil, en noviembre de 1987 (COMIBAM 87), y sus efectos posteriores. En este artículo, hacemos un análisis panorámico del movimiento misionero latinoamericano para lograr entender las características comunes entre los distintos países. Luego, destacaremos las peculiaridades de cada movimiento nacional. Y aunque hacemos hincapié en el movimiento conocido como COMIBAM, con toda humildad, reconocemos que existían corrientes misioneras en Latinoamérica antes de 1987, y que otros existen sin un vínculo directo a COMIBAM.

Antecedentes históricos

Una serie de factores influyeron en el surgimiento y el desarrollo del movimiento misionero Latino Americano. Muchas personas han contribuido en su formación y crecimiento. No hay duda de que es en primer lugar, una obra de Dios. A través de su Santo Espíritu ha soplado en las naciones latinoamericanas el viento misionero y dado origen al movimiento misionero.

---

[46] El Dr. Betil Ekstrom ha servido como Presidente de COMIBAM y Director de la Comisión de Misiones de la Alianza Evangélica Mundial.

De campo misionero a fuerza misionera

Trazando líneas históricas, en 1966, en la ciudad de Berlín, Billy Graham reúne 1.200 personas para el Primer Congreso de Evangelización Mundial. La decisión del encuentro fue de dar continuidad al proceso de movilizar las iglesias evangélicas hacia la evangelización mundial, especialmente hacia los no alcanzados, convocándose un nuevo congreso para el año 1974.

El Congreso Internacional Sobre la Evangelización Mundial de Lausana, Suiza, realizado en 1974, es el marco más importante del siglo XX en la historia de las misiones evangélicas. Su influencia llegó a Latinoamérica a través de los muchos latinos que allí estuvieron, pero también por la literatura y por las consultas posteriores que organizó el movimiento de Lausana. Los precursores de la misionología evangélica latinoamericana, como Samuel Escobar, René Padilla y otros, ofrecieron al congreso en Lausana importantes aportes para la formación de una mentalidad misionera en base a una comprensión integral del evangelio. El énfasis en la teología del Reino de Dios y las consecuencias de la presencia de la iglesia en la sociedad, cambió en mucho los rumbos de la misionología mundial y de la acción misionera global.

1. A diferencia del congreso mundial de 1910, hubo una presencia Latinoamericana en el congreso de Lausana en 1974. Según el autor, ¿cuál fue su contribución?

En 1975, fue organizada la primera asociación misionera nacional del continente Latinoamericano, la Asociación de Misiones Transculturales Brasileñas (AMTB) por iniciativa de varios líderes nacionales y misioneros extranjeros trabajando en Brasil. El Pastor Jonathan dos Santos fue el primer presidente de la asociación. La AMTB fue fundada por nueve agencias misioneras con la participación de varias denominaciones. En el año siguiente, el congreso de la Alianza Bíblica Universitaria en Curitiba, Brasil, sobre misiones en y fuera del país, fue un evento que despertó a muchos líderes emergentes sobre la responsabilidad de la iglesia brasileña en las misiones mundiales.

En 1983, se realizó el Primer Congreso Brasileño de Evangelización en Belo Horizonte, con la participación de líderes de todas las grandes denominaciones y organizaciones misioneras. Luego antes del congreso Jonathan dos Santos había compartido con Luís Bush, pastor de una iglesia misionera en El Salvador (Iglesia Nazaret) sobre el anhelo de expandir la visión misionera por el continente y sugirió que se celebrara una conferencia a nivel iberoamericano. El naciente interese por las misiones fue confirmado en la conferencia Misión '84, organizado por la Iglesia Nazaret de El Salvador, así como el deseo de que se realizara una conferencia continental. Theodore Williams, de la India, en ese entonces el Secretario Ejecutivo de la Comisión de Misiones de la Alianza Evangélica Mundial (WEA), indicó tener la misma inquietud, así como otros líderes a nivel internacional.

A la par de estos sucesos, en Stuttgart, Alemania, el Comité Lausana tuvo una reunión de planificación y el grupo que representaba a América Latina fue desafiado a dar continuidad al proceso de crear una conciencia del mandato misionero. Los líderes de CONELA (Confraternidad Evangélica Latinoamericana) tomaron para sí este desafío y convocaron a una reunión en México, en diciembre de 1984, para discutir el tema. Las organizaciones presentes acordaron co-auspiciar la celebración del primer congreso misionero iberoamericano, que incluiría los países de habla portuguesa e hispana de Europa, y el nombramiento de un Comité Coordinador, quien sería el encargado de implementar la visión. La Iglesia brasileña se puso a disposición para ser la anfitriona del evento.
En 1986, se realizó la Primera Consulta Teológica Iberoamericana en Antigua, Guatemala, con una interesante afirmación doctrinal sobre las misiones con claras definiciones de los términos misionológicos y de las prioridades de la iglesia iberoamericana en cuanto a la

misión de la Iglesia. Esto sirvió de base para lo que se iba a presentar el año siguiente en COMIBAM '87.

2. ¿De qué manera el Congreso Misionero Iberoamericano (COMIBAM '87) fue la culminación de un proceso continental?

Apoyado por una incansable promoción por su director Luis Bush, el movimiento hacia el congreso en Brasil se levanta como una gran ola hacia su destino. Como iniciativa previa, varios congresos misioneros nacionales se realizaron como también consultas y eventos misioneros en las ciudades. Para preparar a los congresistas, se reparte el primer tomo de Misión Mundial: Las bases bíblicas e históricas (Lewis, Jonatán Ed. 1986, COMIBAM) a todos los inscritos y se les exige su estudio en grupos organizados, como formación básica en misiones. El anuncio del congreso despliega iniciativas por todo el continente en la creación de eventos, materiales, ponencias, y canciones sobre misiones.

El Congreso Misionero Iberoamericano de 1987 prorrumpe sobre la historia de las misiones en Iberoamérica como una división de aguas. Aunque ya existía un mover misionero en varios de los países iberoamericanos[47], el congreso en São Paulo aglutina al pueblo y cataliza un movimiento que llegaría a todo el continente. Asistieron a COMIBAM '87, 3.200 delegados de todo los países Iberoamericanos, bajo el lema: ¡De campo misionero a fuerza misionera!

Entre los años 1987 y 1989 hubo una euforia misionera cuando iniciativas nacionales fueron tomadas y un gran número de agencias misioneras empezaron a surgir. El liderazgo de COMIBAM estuvo bajo Luís Bush que había sido nombrado por el grupo coordinador del congreso como el primer presidente de lo que fue reformulado como la Cooperación Misionera Iberoamericana (COMIBAM Internacional). Edison Queiroz fue nombrado director ejecutivo, que con pocos recursos, intentó mantener los contactos a nivel continental y promover la continuidad de la visión de COMIBAM. En Quito estaba ubicada la oficina internacional teniendo al Ing. Roberto Hatch como administrador, hasta su muerte repentina en 1989. Varios congresos fueron realizados como seguimiento a COMIBAM '87 en los distintos países por iniciativas nacionales en Argentina, Chile, Uruguay, Paraguay así como en otras partes del continente.

2. ¿De qué manera el congreso continental COMIBAM sirvió como gran impulso en el desarrollo del movimiento misionero en América Latina?

Desarrollo de la cooperación misionera por medio de COMIBAM

En 1990 un nuevo presidente de COMIBAM fue electo. El directorio nombró a Rudy Girón de Guatemala, un arquitecto que había participado desde el inicio de COMIBAM y con fuerte presencia en el congreso como orador. De forma abnegada y con mucho sacrificio Rudy Girón encabezó el movimiento hasta el segundo congreso en Acapulco 1997. Luchó

---

[47] La cifra estimativa de participación latinoamericana en las misiones internacionales en 1987 era de aproximadamente 1.600 obreros enviados por sesenta agencias.

fuertemente por el establecimiento de una infraestructura continental que mantuviera un espíritu de «movimiento», no de estructura jerárquica.

Para muchos COMIBAM 87 había sido solo un evento glorioso y memorable, pero nada mas. Dudaban la visión que podría captarse el momento y convertirlo en una estructura cooperativa de las misiones iberoamericanas. Pero bajo el liderazgo de Girón, COMIBAM probó que los críticos estaban equivocados y que era posible desarrollar una organización latina que uniese las iniciativas misioneras del continente.

En 1990 fue también convocada la consulta latinoamericana al mundo islámico, CLAME '90, que fue auspiciada por COMIBAM y Pueblos Musulmanes (PMI) en Orlando, Florida, y que trajo al movimiento iberoamericano una comprensión de la realidad del desafío islámico y de la necesidad de capacitación específica para los obreros que serían enviados al mundo musulmán.

La Primera Consulta Iberoamericana Adopte un Pueblo (un grupo humano no evangelizado definido por sus rasgos sociales, cultural y étnicos) fue convocada en 1992 en Costa Rica, y marcó un nuevo énfasis en la dinámica y en la estrategia de COMIBAM. Líderes de la mayoría de los países iberoamericanos concordaron en protagonizar un programa continental de Adopte un Pueblo con el desafío de que la iglesia iberoamericana adopte unos 3.000 de los 12.000 pueblos presentados en ese momento como «no alcanzados» (no evangelizados o sin iglesia «viable»).

Durante estos años, consultas regionales importantes sobre Capacitación Misionera fueron realizadas, la primera en Guatemala (1990) y la segunda Córdoba, Argentina (1991). En estos encuentros, se desarrolló por los participantes, un perfil de cualidades y características ideales para guiar la capacitación del misionero Latinoamericano. También se reconoció la necesidad de levantar centros y programas de capacitación misioneras específicamente para la formación de misioneros transculturales. En Córdoba, se propuso la creación de un centro para el Cono Sur[48]. En los años subsiguientes, se realizaron otras consultas regionales en Colombia, México, y Puerto Rico, así guiando y estimulando la formación de centros y programas de capacitación misionera.

El movimiento misionero Latinoamericano seguía creciendo y en 1993 fueron realizados dos importantes congresos, el Primer Congreso Brasileño de Misiones (I CBM) en Caxambu MG, y el Congreso Misionero de COMHINA, en Orlando FL. Los dos congresos fueron claras expresiones de que ya se daban las condiciones de promover grandes congresos misioneros a nivel interdenominacional. En Brasil, 103 denominaciones estuvieron representadas en el evento del I CBM y una nueva fase de cooperación y de diálogo empezó.

El Primer Encuentro de Iglesias y Agencias Misioneras celebrada en Panamá en 1994 trató el importante tema de la colaboración entre los tres distintos segmentos del movimiento misionero: las iglesias, los centros de capacitación, y las agencias misioneras. Finalizó con el compromiso de todos los presentes de formar redes de iglesias, agencias y centros de capacitación, y de una mayor integración en estas redes.

3. ¿Qué tipo de consultas ha convocado COMIBAM Internacional y cuáles han sido los resultados de estos encuentros continentales y regionales?

---

[48] La creación del Centro de Capacitación Misionera Transcultural (CCMT) se realizo en 1995, en la ciudad de Córdoba, Argentina.

En 1995, se iniciaron los preparativos para COMIBAM '97, en Acapulco, México. Como preparativo, cada país realizó una evaluación de su movimiento a través de encuestas y consultas en cada región. En Brasil donde más de 30 consultas fueron convocadas. La investigación mostró que había cerca de cuatro mil obreros enviados por 300 agencias, de las cuales la gran mayoría eran autóctonas. La celebración del COMIBAM '97 fue con la participación de 2.711 personas. Los temas principales correspondieron al proceso del desarrollo del misionero: su selección, su capacitación, su envío y su cuidado pastoral.

El período de 1998 a 2000 fue marcado por la reestructuración interna de COMIBAM como un movimiento que realmente daba el protagonismo a las regiones del continente y la realización del trabajo cooperativo a ese nivel. En casi todos los países fueron celebradas conferencias y consultas promovidas por el liderazgo nacional vinculado a COMIBAM. En 2000, se convoca la primera Asamblea Internacional de COMIBAM en la ciudad de Lima, Perú con representantes enviados por cada región. (En la semana anterior a la Asamblea una Consulta sobre Cuidado Pastoral también fue realizada.)

Sería largo y tedioso nombrar todos los encuentros regionales y nacionales que se han llevado a cabo en los últimos años. Es suficiente saber que cada año, importantes encuentros se realizan bajo el auspicio de COMIBAM en sus varias expresiones regionales y nacionales. Y ha habido un acercamiento a los países de la península ibérica. Un ejemplo fue la cumbre de líderes en Madrid, en 2002 España, cuando nuevas estrategias de actuación fueron decididas. En noviembre 2006, se realizó el tercer congreso misionero continental COMIBAM, en la ciudad de Granada, España, esta vez evaluando el trabajo de los misioneros latinos en su campo de actuar.

4. ¿Qué rol siguen teniendo los encuentros nacionales y regionales auspiciados por los movimientos ligados a COMIBAM?

Las regiones de COMIBAM

Es imposible hacer justicia al desarrollo histórico y contemporáneo de las misiones a partir de América Latina en esta breve reseña. Cada país tiene su historia que merece ser recordado en detalle. Con esta dificultad muy presente, Bertil Ekstrom intenta presentar algunos aspectos de cada región latinoamericana con el deseo que cada lector se conecte mejor con el movimiento en su propio país y conozca su historia y sus protagonistas.

El Cono Sur (Argentina, Chile, Paraguay y Uruguay)

Los países del Cono Sur de Sudamérica, aunque distintos, tienen características en común. Las primeras iniciativas misioneras se dan dentro del contexto de las denominaciones históricas de origen norteamericana y europea. Los misioneros eran generalmente encaminados a tribus indígenas en estos países o a otros países de habla hispana. La Convención Bautista Argentina, organizada en 1911, así como la Iglesia Gracia y Gloria (1936) están entre las primeras de participar en la evangelización mundial.

En Chile fue principalmente la Convención Bautista (1908) y la Iglesia de Cristo (1954) que asumieron un papel misionero. Últimamente, tanto en Argentina como en Chile, un creciente número de iglesias y denominaciones han desarrollado misiones al exterior. Se nota un desarrollo de organizaciones interdenominacionales a partir de los años 70 y 80. Juventud Con Una Misión (JUCUM) y Operación Movilización (OM) llegan durante estas décadas, y comienzan a llevar a jóvenes para experimentar misiones por todo el mundo. OM, con su barco Doulos, realiza tres circunvalaciones al continente, y fue el verdadero precursor «masivo» de la visión y desafió misionero mundial (1979-81-83). Estos jóvenes «convertidos» a misiones se transforman en líderes protagónicos del movimiento.

En el caso de Paraguay fueron los Menonitas, los Bautistas eslavos y las Asambleas de Dios las primeras denominaciones a involucrarse en las misiones transculturales. La misión Nuevas Tribus estableció su trabajo entre los pueblos indígenas paraguayos en 1946. En Uruguay, debido al poco crecimiento de la Iglesia Evangélica en comparación con Brasil y Argentina, las iniciativas misioneras se resumían en el avance nacional de cada denominación. Solamente en la década del 90 hay una presencia de estructuras de envío transcultural en el país, con excepción de la misión Desafio Misionero que había sido organizada en 1985. Después de COMIBAM 97 en México, hubo un significante número de organizaciones misioneras fundadas en el Cono Sur. Hubo también en un desarrollo en la organización de la iglesia para misiones, con la formación de departamentos y juntas misioneras dentro de las iglesias y denominaciones ya establecidas.

5. ¿Cómo y cuando surgen las agencias para el envío misionero en el Cono Sur?

Brasil

Las pocas organizaciones misioneras transculturales durante la primera mitad del siglo XX, enfocaron las tribus indígenas de Brasil. Luego, arriban las misiones del extranjero como Juventud para Cristo en 1952, Nuevas Tribus en 1953, el Movimiento Estudiantil y la Cruzada Mundial de Evangelización (WEC) en 1963, Alas de Socorro y la Misión Betania en 1964, y la Misión Evangélica a los Indígenas en 1967. JUCUM y Operación Movilización fueran establecidas respectivamente en 1976 y 1986 y tuvieron influencia entre las iglesias evangélicas brasileñas mucho antes de registrarse como organizaciones propias en el país.

La gran mayoría de las agencies misioneras fundadas en Brasil hasta 1970 eran internacionales y vinculadas a estructuras globales ya existentes. En 1972 surge la primera misión genuinamente autóctona, el Betel Brasileño, seguida por la Misión Antioquia en 1976. Con la organización de la Asociación de Misiones Transculturales Brasileñas (AMTB), una nueva era de misiones empieza en el país y un gran número de organizaciones han sido establecidas en los últimos 30 años.

6. ¿De qué manera la formación de estructuras de cooperación como el AMTB es una reflexión del movimiento y, al mismo tiempo, un estímulo al mismo?

Los países andinos (Bolivia, Perú, Ecuador y Colombia)

Los países andinos son caracterizados por una fuerte presencia indígena en su población, principalmente en las regiones serranas y amazónicas. Las primeras misiones y denominaciones que llegaron a la región andina dedicaron su esfuerzo primordial a alcanzar las etnias autóctonas en estos países y las organizaciones misioneras que han sido fundadas a partir de la segunda mitad del siglo XX han seguido el mismo camino.

La Misión Sudamericana y la Unión Bautista fueron establecidas en Bolivia en el año de 1920 con el propósito de alcanzar a los Quechuas y Aymaras. JUCUM llegó en 1983 como la primera organización internacional a involucrar jóvenes en las misiones. En los años 90 varias denominaciones organizaron su departamento de misiones al exterior y algunas agencias interdenominacionales también surgieron en el país, como la Misión Antioquia en 1995.

En el Perú ha había un trabajo misionero hecho por la Iglesia Evangélica Peruana desde 1896 y por otras denominaciones históricas que llegaron en el inicio del siglo XX. La Misión AMEN fue la agencia interdenominacional pionera en organizar equipos de jóvenes peruanos hacia tribus indígenas en el país y hacia otros países dentro y fuera del continente. Los Segadores empezaron su trabajo entre pueblos indígenas en el interior de Perú en 1979. En el período 1988 a 1997 cerca de diez nuevas agencias fueran establecidas elevando considerablemente el número de misioneros peruanos en campos transculturales.

En Colombia, la primera misión interdenominacional fue la Cruzada Mundial de Evangelización (WEC) que llegó en 1933. El trabajo misionero nacional tanto a los hispanohablantes como a las etnias indígenas ya había empezado anteriormente a través de iglesias fundadas por misioneros de Norteamérica y Europa. Las Asambleas de Dios, principalmente a través de iglesias locales como la Iglesia Filadelfia de Bogotá, empezaron a involucrarse en misiones fuera del país a partir de los años 70. En 1974 JUCUM estableció su base en el país como importante factor para el desarrollo de una visión misionera entre las iglesias colombianas. La influencia de COMIBAM 87 y de misiones que crearon bases en el país para finales del siglo XX, como la Misión Kairos, ha sido importante para el movimiento misionero de Colombia.

En Ecuador, las misiones enfocando las etnias indígenas fueron las primeras a movilizar a la iglesia evangélica. Alas de Socorro empezó sus actividades de apoyo a los misioneros en el interior del país en 1947 y la Convención Bautista envía sus primeros misioneros en 1950. Cruzada Estudiantil fundó su base en el Ecuador en 1975 y durante la década de 1970-80 varias denominaciones y iglesias independientes organizaron sus comités misioneros y se involucraron en misiones transculturales. En la década de los 90, importantes misiones internacionales como JUCUM y Operación Movilización fundan sus bases e inician sus servicios a las iglesias ecuatorianas canalizando jóvenes principalmente por medio de misiones de corto plazo.

En general, esta región fue impactada por COMIBAM 87 que generó un despertamiento para misiones hacia otras tierras. Nuevas agencias han sido fundadas enviando a misioneros para contextos fuera de sus países.

6. ¿Cómo estimula a los movimientos nacionales la formación de agencias misioneras?

Venezuela y el Caribe

La primera misión interdenominacional que llegó a Venezuela, fue la Misión Nuevas Tribus (1946). Con gran número de pueblos indígenas, principalmente en la Selva Amazónica, Venezuela sigue siendo un desafío para las misiones latinoamericanas. Varias denominaciones históricas y pentecostales han llevado a cabo misiones entre los indígenas a lo largo del siglo XX. Alas de Socorro[49], activa en Venezuela desde 1963, ha dado un importante apoyo a los misioneros en las remotas aldeas ubicadas en la selva. Últimamente, las actividades de estas organizaciones provenientes del extranjero han sido muy restringidas y varias han sido expulsadas. En las décadas de los años 70 y 80 varias denominaciones e iglesias independientes crearon sus departamentos de misiones y la mayor carga por la evangelización de los pueblos indígenas ahora recae sobre estas. Actualmente la mayoría de los misioneros venezolanos son enviados por estructuras interdenominacionales.

En República Dominicana, es principalmente el trabajo hecho por JUCUM, establecido en la isla caribeña en 1988, que ha dado un importante empuje al movimiento misionero. Las Asambleas de Dios, iniciadas en 1942, así como otras denominaciones presentes en el país han trabajado mayormente con los desafíos misioneros nacionales. En los últimos años, sin embargo, la participación de las iglesias evangélicas dominicanas en misiones transculturales ha crecido debido a congresos organizados por la Alianza Evangélica del Caribe por medio de su conferencia misionera CONECAR, y también por las de JUCUM y COMIBAM.

En Puerto Rico las primeras iniciativas misioneras fueron tomadas por dos iglesias pentecostales, las Asambleas de Dios y la Iglesia de Dios Pentecostal, organizadas respectivamente en 1950 y 1948. Un despertar para misiones ocurrió en la década de los 70 resultando en la participación de algunas denominaciones y de iglesias independientes en el envío de misioneros a campos transculturales. Al llegar JUCUM en 1979, algunas agencias interdenominacionales fueron establecidas.

Centroamérica (Panamá, Costa Rica, El Salvador, Guatemala, Honduras y Nicaragua)

Guatemala posee uno de los movimientos misioneros más antiguos de América Latina, a la par de Brasil, Chile y Argentina. En 1899 es organizada la Misión Amigos que sigue enviando misioneros a países vecinos en Centroamérica y la Iglesia Unida inició sus actividades misioneras en el país en 1929. En 1952, Wycliffe (Instituto Lingüístico de Verano) llegó al país con su trabajo de traducción bíblica. En la década de 1970-80, distintas iglesias y denominaciones empezaron a involucrarse en misiones. La Iglesia Nazaret fue una de las primeras en 1976, seguida por la Iglesia El Camino en 1979.

En Costa Rica las Iglesias Bíblicas (1945), la Iglesia Metodista (1950) y la Iglesia Cuadrangular (1954) dieron inicio a actividades misioneras con énfasis en las tribus indígenas. La fundación de la Federación Misionera Evangélica Costarricense (FEDEMEC) en 1986 fue un importante paso para la cooperación entre las iglesias y agencias misioneras del país, siendo actualmente el más importante canal de envío de misioneros costarricenses.

Las misiones en El Salvador fueron, con pocas excepciones, fundadas en las década 1980-90. En los últimos años ha habido un fuerte interese por la India y conferencias y consultas sobre el subcontinente indio han sido organizadas. Sin embargo, la mayoría de los misioneros siguen siendo enviados por organizaciones denominacionales y trabajan en países vecinos de Centroamérica.

En Honduras el movimiento misionero ha sido dominado por las organizaciones denominacionales que envían a misioneros para países vecinos y a los Estados Unidos. La

---

[49] Una misión que provee a los misioneros transporte aéreo en avionetas a lugares remotos y apoyo en sus comunicaciones.

Iglesia Episcopal fue organizada en el país en 1861 y es una de las más antiguas en Honduras. La Iglesia Centroamericana establecida en 1929 y la Iglesia Metodista (1958) han enviado a misioneros a pueblos indígenas y más recientemente también a otras naciones. JUCUM llegó en 1990 y ha tenido importante papel en desarrollar la visión misionera en el país. En Nicaragua existen pocas organizaciones misioneras, siendo JUCUM la única de carácter interdenominacional, fundada en 1989.

México

México es uno de los países con mayor diversidad étnica debido a la cantidad de pueblos indígenas en su territorio. Las primeras iglesias establecidas en el país, como por ejemplo la Congregacional en 1872 y la Cuadrangular en 1943, hicieron esfuerzos para alcanzar a los pueblos autóctonos. Operación Movilización (1957) fue una de las pioneras en promover misiones transculturales fuera del país. En la década del 1980-90, el número de agencias misioneras creció considerablemente influenciando también a la iglesias y denominaciones a que se involucraren en la obra misionera. COMIMEX, el brazo nacional de COMIBAM, ha tenido un importante papel en los últimos años en la movilización hacia los pueblos y etnias menos alcanzadas dentro y fuera del país. En noviembre de 1997, se realizó el segundo congreso continental de COMIBAM en la ciudad de Acapulco, dando al movimiento nacional un buen impulso.

7. ¿Qué patrón se ve en el levantamiento de visión y estructuras misioneras en los países Latinoamericanos?

Resumen

El aporte de COMIBAM como movimiento continental ha sido de gran estímulo para el desarrollo de estructuras de misiones serias y eficientes, que poseen un sólido apoyo de parte de iglesias locales. Su temprano despertar a la necesidad de capacitación especifica e intencional para misioneros, también ha incentivado el desarrollo de buenos centros y programas de capacitación misionera. El crecimiento del número de misioneros del continente Latinoamericano es motivo de agradecimiento al Señor de la mies. Sin duda, puede crecer considerablemente en los próximos años. Consulte www.comibam.org para conseguir datos adicionales y más actualizados acerca de este crecimiento.

Aunque corrientes misioneras han existido aisladamente en varios países de América Latina por muchos años, fue el congreso misionero COMIBAM 87 en Brasil que realmente sirvió para aglutinar y dar ímpetu al movimiento misionero por todo el continente. Con un lema de cooperación y un fuerte estímulo a la creación y desarrollo de los entes que mueven misiones en cada país, la organización ha servido como gran catalizador de la obra misionera, y lo sigue siendo.

El potencial existente en las iglesias evangélicas en los países latinoamericano para misiones transculturales es enorme. Como uno de los continentes más poblado de iglesias Evangélicas en todo el mundo, su potencial es tremenda. Con su misión integral—una misiología creada en su propio contexto—tiene una perspectiva fresca y vigorosa que puede bendecir al mundo. Pero existen barreras. Gran parte de la iglesia necesita ser despertada a esta visión y capacitada para cumplirla en forma unida. Hay mucho que aprender sobre la colaboración entre iglesias y denominaciones para realizar la tarea. La inestabilidad social y de muchas de sus economías es también un desafío a la estabilidad del movimiento. Sin embargo, a pesar de todo, el movimiento sigue creciendo. En la actualidad,

Latinoamericanos sirven por todo el mundo, aunque hay un enfoque especial en los países «maternos» del sur de Europa, como también en los países musulmanes del norte de África.

Tarea integral

Las breves reseñas de las historias misioneras de las distintas regiones no hacen justicia a estos movimientos. Realice su propia investigación del movimiento misionero en su ciudad, y/o país entrevistando a los protagonistas actuales y los que se acuerdan de la historia, y también realizando investigaciones bibliográficas si hay material. Amplíe la reseña histórica de su país con datos y anécdotas.

Preguntas para la reflexión

Si el potencial de América Latina en las misiones ha de realizarse a mayor grado, ¿Qué tendrá que pasar? ¿Cuáles son los obstáculos más difíciles que hay que vencer?

Lección 18
Ocupándonos con la tarea

Implícita en la tarea misionera es el concepto apostólico de predicar a Cristo donde no ha sido predicado. Definiciones que reducen la obra misionera simplemente al envío de obreros a otros lugares, disminuyen el sentido de este ministerio. Misiones abren brecha. Este ministerio apostólico implica cruzar fronteras culturales, sociales y geográficas para que las buenas nuevas del evangelio sean conocidas. Tomar iniciativa o reforzar este avance anunciado como profecía por nuestro Señor en Mateo 24:14, es la esencia del ministerio. «Y este evangelio del reino se predicará en todo el mundo como testimonio a todas las naciones, y entonces vendrá el fin.»

La obra misionera requiere de personas que se diferencian por su preocupación por los que no han podido experimentar el evangelio. El Apóstol Pablo fue uno de estos misioneros y expresó bien este sentir cuando escribió: De esta manera me esforcé en anunciar el evangelio, no donde Cristo ya era conocido… (Rom 15.20). Es este Espíritu que llama a mujeres y hombres que alcen sus ojos a los campos donde el nombre de Cristo todavía no resalta, nombre único que puede conducirlos a una transformación personal y la vida eterna.

La meta de la misión se fija en estos lugares y poblaciones sin testigos de Cristo. Hay ministerios—centros de capacitación y agencias misioneras—que están para apoyar a la iglesia en atravesar la distancia cultural y geográfica entre ella y estos grupos humanos. Pero el Espíritu Santo no puede guiar a una iglesia que no toma iniciativa en ejercer su responsabilidad en el cumplimiento de la Gran Comisión.

1. ¿Por qué es importante definir con precisión lo que es la obra misionera apostólica y lo que no es?

Un llamado a la cooperación

En la historia de la iglesia, siempre ha habido misioneros. No siempre han sido voluntarios. Algunos fueron llevados cautivos. Otros por la persecución. Otros han sido «invadidos.» Vemos hoy día esta misma dinámica ocurriendo. La persecución sigue siendo un elemento muy importante en la dispersión de creyentes en lugares como la China. Quinientos mil creyentes Filipinos se encuentran cada año trabajando en el extranjero, muchos de ellos llevado «cautivos» por la situación económica de su país que les exige ir a otros lugares para trabajar—lugares principalmente del Golfo Pérsico. Y no cabe duda que la «invasión» por inmigrantes de los países afluentes de Norteamérica y Europa, está ofreciendo muchas oportunidades para que la iglesia los alcance. También ocurre lo mismo en Latinoamérica con fuertes inmigraciones de asiáticos y del medio oriente. En esta lista de oportunidades misioneras, está el desplazamiento de millones de refugiados. Todos estos mecanismos nos ofrecen unas oportunidades para realizar la obra que Dios nos ha encomendado para alcanzar a las etnias del mundo. Dios nos envía a los pueblos como también nos trae los pueblos (Hechos 17.24-27).

Ocupándonos con la tarea

El medio misionero preferido por Dios es el uso de voluntarios—gente llamada y equipada para este ministerio. La gran mayoría de estos voluntarios durante los últimos doscientos años han sido reclutados, enviados y apoyados por organizaciones especializadas en la obra misionera transcultural. Estas «agencias» especializadas de misión dependieron de las iglesias locales, pero no fueron «manejadas» por ellas. Este hecho ha sido causa (a veces comprensible) de desacuerdo con el modelo. Pero mayormente, ha funcionado maravillosamente. Sin embargo, en un mundo hecho mas chico por la globalización, la pregunta que muchos se están haciendo hoy día es: ¿Cómo puede la iglesia local tomar mayor injerencia en la evangelización mundial?

Primero, hay que decir en forma clara: la tarea es demasiada grande y complicada para presumir que una iglesia local puede realizar el trabajo sin el apoyo y la colaboración de otras iglesias e instituciones especializadas en la obra transcultural. El envío de misioneros requiere fe y obediencia. Pero realizarlo sin el apoyo de los que están en y para el desarrollo de este ministerio, es presunción.

Por otro lado, no hay porque la iglesia no pueda tener un papel mayor en el desarrollo de su misionero y en la obra. Avalamos todo esfuerzo por la iglesia de involucrarse en todos los aspectos del envío y el apoyo de sus misioneros. No cabe duda que es el Espíritu Santo quien envía y el patrón más convincente es que lo haga por la iglesia local y no a pesar de ella (Hechos 13.1-3). La clave es la cooperación. En cualquier forma que se encara la pregunta, la sabiduría y la coherencia nos llevan hacia la cooperación. El «ocuparnos» con la tarea es precisamente un llamado a esta cooperación.

2. ¿Por qué es indispensable un espíritu de colaboración para realizar la tarea misionera transcultural?

El paso inicial en la cooperación es la adopción

En octubre de 1992, los dirigentes de COMIBAM se reunieron en San José, Costa Rica, y frente al interrogante de cómo involucrar las iglesias en forma práctica, iniciaron un nuevo departamento denominado «Adopte un Pueblo». El programa fue diseñado para impulsar a cada iglesia en América a adoptar uno de 3.000 grupos todavía sin testimonio viable de Cristo. Aunque no fue implementado tanto como fue conceptualizado, el programa sigue vigente y ofrece el potencial de dinamizar la visión misionera de las iglesias. Una de las expresiones nacionales del programa es la de México donde el esfuerzo se denomina «Alcance una Etnia». El Ing. Moisés López fue uno de los primeros protagonistas del concepto a nivel continental, y en el siguiente extracto nos orienta al proceso.

Alcance una etnia

Ing. Moisés López V. [50]

Muchas personas e iglesias que han recibido la visión misionera se quedan paradas al preguntarse de qué manera práctica pueden involucrarse. Otros se largan no más resultando en esfuerzos aislados y fuera de foco o duplican los esfuerzos existentes. Dios nos exige

---

[50] Moisés Lopez V. es el Coordinador del ministerio Adopte Una Etnia www.alcanceunaetnia.org. El extracto es adaptado del sitio www.comimex.org.

hacer la obra en forma unida (Juan 17), con orden, sin duplicar esfuerzos, distribuyéndonos equitativamente el trabajo, y enfocándonos en las etnias no alcanzadas. Este es el espíritu de Alcance-una-Etnia.

¿Qué es?

Alcance-una-Etnia es una manera simplificada (paso a paso) de involucrar a una iglesia local en alcanzar una de las etnias no alcanzadas del mundo. Es un plan sistematizado, con sugerencias claras de cómo involucrar integralmente una iglesia en misiones. Ayuda a las iglesias a identificar etnias no alcanzadas y a enfocarse en las que están más lejos de conocer el evangelio.

Muchas iglesias están participando en este esfuerzo. Hay iglesias no solo en América Latina, sino en África, Asia y el primer mundo, comprometidas con la adopción de estos grupos no alcanzados. Y quieren trabajar juntos para alcanzarlos.

El compromiso

Al adoptar una etnia, la iglesia se compromete a no cesar en sus esfuerzos hasta dejar una iglesia establecida con las siguientes cualidades:

- La etnia ha escuchado el evangelio de Jesucristo en una manera comprensible en su propio idioma.
- Un número significativo de gente de la etnia ha respondido al mensaje y se identifican como seguidores de Jesucristo.
- La etnia tiene un movimiento de iglesias auto-reproductoras.
- La etnia tiene la Biblia traducida a su propio idioma, y se distribuye ya sea en forma impresa o en casete.

3. ¿Por qué es importante definir la adopción en términos de los resultados que se esperan?

Diez pasos

Para adoptar una etnia, es aconsejable dar los siguientes pasos:

1. Nombrar un Coordinador de Adopción. El pastor tal vez no sea la persona indicada para este puesto por su frecuentemente saturada agenda de trabajo. Tampoco se recomienda que sea el posible futuro misionero, ya que es necesario que alguien con la visión clara y compromiso serio, permanezca en la iglesia después de la partida del misionero.

2. Motivar y informar a la iglesia sobre el proceso de adopción. Esto es un compromiso tomado por toda la congregación, por lo cual para funcionar e involucrarse comprometidamente, debe estar bien involucrada en el proceso y motivada. Para crear compromiso con los no alcanzados, es aconsejable utilizar una guía de oración[51].

---

[51] *La Guía Mundial de Oración* es una excelente herramienta. Consiga información de cómo pedirlo: www.perspectivas.org/guia.htm

Ocupándonos con la tarea

3. Escoger o aceptar una etnia. Bajo la guía del Señor y con la ayuda del Departamento Adopte un Pueblo (Etnia) de COMIBAM en su país o región, puede el coordinador y el liderazgo de la iglesia identificar una etnia adoptable.

4. Ceremonia de Adopción. Una vez que se ha determinado la etnia a adoptar, se celebra la adopción en el clímax de un servicio de la iglesia mayormente asistido y planeado con este fin (música misionera, lecturas misioneras, oración misionera, mensaje misionero, etc.). Es aconsejable avisar al coordinador de Adopte un Pueblo para establecerse como parte de la red de iglesias y agencias que también están enfocados en el grupo.

5. Orar por la etnia adoptada, para que el Señor prepare los corazones, para que Dios quite todo estorbo que ha impedido la penetración del evangelio en la etnia, para que el Señor levante misioneros para esa etnia, y para que la semilla caiga en buena tierra.

6. Reunir información documental de la etnia que puede hacerse en las instituciones oficiales y con agencias misioneras con quien se esté trabajando, o en los archivos y fuentes de datos del Departamento Adopte un Pueblo (Etnia) de COMIBAM.

7. Si hay esfuerzos evangelizadores dirigidos hacia la etnia, mantener nexos de información con la agencia misionera o misioneros para poder interceder por ellos en una manera informada.

8. Reunir un fondo económico que servirá para apoyar al esfuerzo ayudando a cubrir necesidades de misioneros que pueden haber, o para cubrir gastos como viajes de investigación, el entrenamiento de futuros misioneros o líderes de iglesias, o el apoyo económico a misioneros nativos, etc.

9. Enviar su propio misionero o familia misionera, o equipo misionero en coordinación con la agencia misionera y otras iglesias que han adoptado la etnia.

10. Perseverar hasta dejar una iglesia auto-reproductora, que es el objetivo de la adopción.

¿Aprovechará la oportunidad que Dios le está dando a usted y a su iglesia para alcanzar una etnia? ¡Adopte! Cuando llegue a la presencia de Dios, usted verá a miembros de esa etnia adorando al Cordero por su salvación. El nombre del Señor será glorificado porque las etnias habrán sido llevadas de las tinieblas a la luz, de la potestad del diablo a la potestad de Dios. Usted escuchará del Señor estas palabras: «Bien, buen siervo y fiel; bien hiciste, mi siervo fiel».

4. Antes de iniciar el proceso sugerido ¿qué debería lograrse para que una iglesia local o un grupo de iglesias, encaren la adopción de un pueblo no alcanzado?

Una nueva (y vieja) estrategia de envío

En el esfuerzo por la evangelización de los grupos no alcanzados, a menudo surgen problemas de índole práctica que nos pueden acobardar. Para un continente que se cree pobre (aunque no lo es), el envío de misioneros no es barato. Cuesta desprenderse de hombres y mujeres hábiles y consagradas de nuestras congregaciones. Cuesta la capacitación que requiere la obra misionera transcultural. Cuesta comprometerse con los gastos de envío y de un sostén. La carga económica parece enorme. Para muchos, estas barreras son casi insuperables. Una colaboración entre varias iglesias es la única forma der superar muchas de estas barreras económicas.

Hay otras barreras cuando se trata del envío a países que cierran sus fronteras a misioneros. ¿Cómo entrarán los misioneros? Dios está levantando una «nueva» pero también «vieja» estrategia que resuelve por lo menos en parte, esta problemática. Es el envío de misioneros biocupacionales o «hacedores de tiendas», como algunos lo denominan. En el siguiente extracto, el Dr. Blocher nos explica porque esta estrategia es tan importante hoy día.

Testificar y trabajar
Por Detlef Blocher[52]

El modelo bíblico de «hacedores de tiendas» (o biocupacionales), se basa en la vida y ministerio de tres comerciantes: el apóstol Pablo y sus dos compañeros, Aquila y Priscila. En Hechos 18.1-5 leemos: «Después de estas cosas, Pablo salió de Atenas y fue a Corinto. Y halló a un judío llamado Aquila, natural del Ponto, recién venido de Italia con Priscila su mujer, por cuanto Claudio había mandado que todos los judíos saliesen de Roma. Fue a ellos, y como era del mismo oficio, se quedó con ellos, y trabajaban juntos, pues el oficio de ellos era hacer tiendas. Y discutía en la sinagoga todos los días de reposo, y persuadía a judíos y a griegos. Y cuando Silas y Timoteo vinieron de Macedonia, Pablo estaba entregado por entero a la predicación de la palabra, testificando a los judíos que Jesús era el Cristo».

Pablo, al igual que la pareja Aquila y Priscila, hacía tiendas. En esto consistía su oficio, por el que adquirieron la reputación de profesionales que eran cristianos. Eran considerados comerciantes, no cleros, lo cual les dio una identidad secular. Fueron testigos del Señor Jesucristo en la cultura extranjera donde desempeñaron su trabajo.

5. ¿Por qué puede haber sido importante que estos apóstoles tengan una identidad como comerciantes y no religiosos profesionales?

---

[52] Detlef Blocher es un científico y maestro alemán. Ejerció su profesión por varios años sirviendo en el Medio Oriente, lo cual le ha brindado una experiencia «de primera mano» en la concepción y desarrollo de los ministerios biocupacionales. Actualmente, es el director de una agencia misionera en Alemania, la DMG. El extracto se toma de Lewis, J. (2014), *Trabajando tu llamado a las naciones,* Go Global Network.

Hacer tiendas: principios y práctica

En 1 Corintios 9, al igual que en otras de sus cartas, el apóstol Pablo nos explica la razón por la cual integró su carrera con la estrategia misionera en un solo ministerio global. De sus escritos derivamos varios principios importantes.

1. El papel del testigo no debe obstaculizar la propagación del Evangelio.

¿O sólo yo y Bernabé no tenemos derecho de no trabajar? ¿Quién fue jamás soldado a sus propias expensas? ¿Quién planta viña y no come de su fruto? ¿O quién apacienta el rebaño y no toma de la leche del rebaño? ... Si otros participan de este derecho sobre vosotros, ¿cuánto más nosotros? Pero no hemos usado este derecho, sino que lo soportamos todo, por no poner ningún obstáculo al evangelio de Cristo ¿Cuál pues es mi galardón? Que predicando el evangelio, presente gratuitamente el evangelio de Cristo, para no abusar de mi derecho en el evangelio» (1 Corintios 9.6-7, 12, 18).

Pablo deja muy claro que los predicadores de la Palabra tienen derecho a recibir un sostenimiento económico. Otros, como Pedro, utilizaron esta ayuda financiera, pero Pablo renuncia a ello con el propósito de alcanzar una efectividad mayor en su ministerio. Proclamó el Evangelio libre de costo para evitar acusaciones de motivaciones erradas. Nada debe obstaculizar el Evangelio. Ni el sostenimiento económico, ni la posición de Pablo como teólogo, ni su estilo de vida personal; nada que beneficie al embajador mismo debe de poner en peligro la meta de alcanzar el mayor número de personas para Cristo. En tales casos, Pablo renunció a los privilegios que legítimamente le pertenecían.

A los obreros biocupacionales no se los puede acusar de predicar la Palabra con el fin de lucrar económicamente. En muchos lugares esta estrategia tiene una ventaja tremenda sobre los obreros que viven del Evangelio.

2. No ser carga a otros

En 1 Tesalonicenses 2.9 Pablo señala otros aspectos importantes del ministerio biocupacional. «Porque os acordáis, hermanos, de nuestro trabajo y fatiga; cómo trabajando de noche y de día, para no ser gravosos a ninguno de vosotros, os predicamos el evangelio de Dios». Pablo no deseaba ser carga a otros, y mucho menos a aquellos a quienes ministraba. De igual manera los «hacedores de tiendas» pueden vivir de sus propios ingresos y ahorrarle a la Iglesia este dinero, a fin de utilizarlo en el sostenimiento de los ministros tradicionales.

3. Dar valor a la ética de trabajo

Este pensamiento se elabora más adelante en 2 Tesalonicenses 3.7-13: «Porque vosotros mismos sabéis de qué manera debéis imitarnos; pues nosotros no anduvimos desordenadamente entre vosotros, ni comimos de balde el pan de nadie, sino que trabajamos con afán y fatiga día y noche, para no ser gravosos a ninguno de vosotros; no porque no tuviésemos derecho, sino por daros nosotros mismos un ejemplo para que nos imitaseis. Porque también cuando estábamos con vosotros, os ordenábamos esto: Si alguno no quiere trabajar, tampoco coma. Porque oímos que algunos de entre vosotros andan desordenadamente, no trabajando en nada, sino entremetiéndose en lo ajeno. A tales mandamos y exhortamos por nuestro Señor Jesucristo, que trabajando sosegadamente, coman su propio pan. Y vosotros, hermanos, no os canséis de hacer bien».

Con estas palabras se alude a la importancia de una buena ética del trabajo. El trabajo no es una maldición de la Caída sino una provisión maravillosa de Dios. El hombre, creado a la imagen de Dios (Génesis 1.27), debe actuar y trabajar creativamente. No debe permanecer perezoso sino que debe cuidar de la creación y representar a Dios en la tierra. Nuestro llamado consiste en glorificar a Dios a través de nuestro trabajo. Es un honor trabajar y compartir con los que padecen necesidad (Efesios 4.28).

4. Un ejemplo para los nuevos creyentes

A la misma vez, un «hacedor de tiendas» sirve de modelo a los nuevos creyentes, cuando armoniza su trabajo profesional y su vida personal con el Señor. Para crecer espiritualmente, los creyentes jóvenes necesitan de alguien que viva diariamente el discipulado en la práctica. Necesitan no sólo la enseñanza y una adoración emocionante sino también los ejemplos de personas maduras que muestren una vida santa y agradable a Dios.

Todos los aspectos de la vida deben estar bajo el señorío del Espíritu Santo —la utilización del tiempo, las habilidades, las relaciones, el dinero, el trabajo, la familia, la vida en comunidad y el tiempo de devoción personal. Es necesario que los nuevos creyentes encuentren un balance en la vida diaria y aprendan a vencer las tentaciones, frustraciones y derrotas. Es importante que entiendan cómo utilizar las oportunidades diarias, a fin de compartir a Cristo con otros, en forma natural y espontánea. Como cuestión de hecho, Pablo utiliza las palabras «copiar» o «hacer mímica» para describir este proceso.

Muchas veces, el único modelo es el pastor o el misionero, porque no es común que el nuevo convertido, por lo menos al principio, deje su trabajo para dedicarse a tiempo completo al ministerio. Nadie puede ser mejor modelo que un cristiano, que lleva una vida normal y tiene un trabajo secular. Es natural que el nuevo creyente se identifique con el trabajador biocupacional y siga su ejemplo.

6. ¿Por qué integró Pablo su oficio con la labor misionera?

Un contexto para la responsabilidad

En sus cartas, el apóstol Pablo siempre usa el plural (nosotros, nuestro) para referirse a su trabajo (2 Tesalonicenses 3.1; 2 Corintios 8.1). Pablo siempre trabajó en equipo y esto incluía la tutoría a compañeros más jóvenes (1 Timoteo 1.2; Tito 1.4). Fue encomendado por la iglesia de Antioquía, a la cual brindaba informes con regularidad (Hechos 13.2-3; Hechos 14.26-28) y la que juntamente con él participaba en el servicio (Filipenses 1.5; 2 Corintios 8.4). Pablo era responsable, una característica de extrema importancia para la efectividad del ministerio de los obreros biocupacionales.

Ser flexible cuando la situación lo requiere

Aunque Pablo se desempeñaba como obrero biocupacional, tenía la libertad de asumir el rol de misionero tradicional cuando su trabajo así lo requería. Aceptó que la iglesia de Filipo apoyara económicamente su ministerio (2 Corintios 11.9; Filipenses 4.10), pero no aceptó la ayuda de la iglesia a la cual servía. Cuando su equipo evangelístico llegó a Corinto, Pablo regresó a su trabajo de predicador a tiempo completo. Y cuando Silas y Timoteo vinieron de Macedonia, Pablo se dedicó exclusivamente a predicar, testificando a los judíos que Jesús era el Cristo (Hechos 18.5). De hecho, Pablo oscilaba entre su trabajo de hacedor de tiendas y el trabajo de misionero clásico, según beneficiara más al ministerio.

De igual manera, hoy en día necesitamos que los ministros biocupacionales y los misioneros tradicionales trabajen mano a mano. En ocasiones, el obrero biocupacional tendrá que desplazarse al ministerio de tiempo completo, según crezca el trabajo y aumenten las demandas; según sea necesario y viable hacerlo.

7. ¿Por qué es importante destacar que Pablo ganaba la vida con sus manos pero también, recibía ofrendas de iglesias?

Solamente para hacedores de tiendas

Un modelo mucho más puro del ministerio biocupacional lo exhiben las vidas de Aquila y Priscila. Aunque solo tenemos unas cuantas referencias muy esquemáticas que aluden a esta pareja, podemos sin embargo llegar a unas buenas conclusiones (Hechos 18.2, 18, 26; Romanos 16.3; 1 Corintios 16.19; 2 Timoteo 4.19).

Hechos 18.26 nos muestra que Aquila y Priscila tenían un «hogar abierto» y que estaban involucrados en el evangelismo personal. Esta pareja tenía un don especial para discipular y enseñar a personas, lo cual es típico del ministerio biocupacional. En 1 de Corintios 16.19 y Romanos 16.5 vemos que eran líderes de una congregación hogareña. La meta principal del ministerio biocupacional no es el evangelismo sino el establecimiento y el crecimiento de iglesias locales. En países de acceso restringido y durante los períodos de persecución, las iglesias en los hogares constituyen el modelo ideal de plantación de iglesias.

8. ¿Qué características en las vidas de Aquila y Priscila hacían de ellos excelentes misioneros biocupacionales?

La perspectiva estratégica

Existen hoy en día más de dos mil millones de personas que nunca han escuchado el Evangelio. El recuadro de la página siguiente nos muestra los países con el porcentaje más bajo de creyentes evangélicos (según Patrick Johnstone en Operación Mundo). Es evidente que las necesidades más grandes están en África del Norte, El Medio Oriente, así como en toda Asia. Estos son los países del mundo musulmán, del mundo hindú y del mundo budista; países que restringen la actividad misionera cristiana en forma dramática.

La oportunidad

La mayoría de los países de la ventana 10/40 se dividen entre los que están experimentando crecimiento económico y los que se encuentran sufriendo grandes necesidades sociales (por ejemplo, Asia Central). Hay una demanda tremenda por ocupaciones tales como enfermeros, técnicos de laboratorio, fisioterapeutas, médicos, maestros de escuela y maestros vocacionales, entrenadores en deportes, agricultores, especialistas en computadora, mecánicos y técnicos, negociantes, expertos en comunicaciones, contadores y muchos otros. Hay empleos, en el área de la salud, enseñanza de idiomas, entrenamiento vocacional, trabajo de desarrollo, tecnología y con negocios. A los profesionales cristianos se los tiene en alta estima por su ética de trabajo, estilo de vida moral, y respeto por la cultura del país anfitrión; razón por la cual con frecuencia se le tolera que compartan su experiencia cristiana.

Tres bloques religiosos y la ventana 10-40
Países com mayoría de musulmanes, hindues y budistas

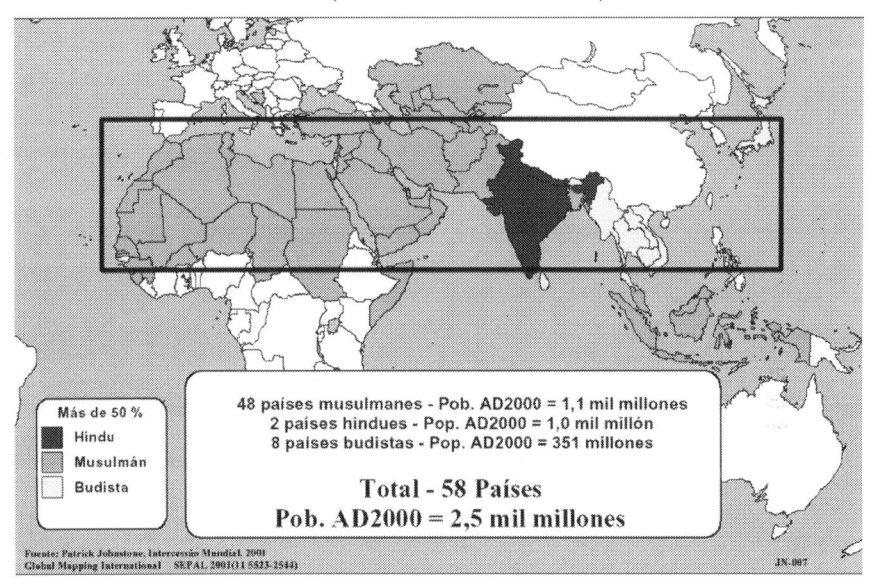

48 países musulmanes - Pob. AD2000 = 1,1 mil millones
2 países hindues - Pop. AD2000 = 1,0 mil millón
8 países budistas - Pop. AD2000 = 351 millones

Total - 58 Países
Pob. AD2000 = 2,5 mil millones

Más de 50 %
- Hindu
- Musulmán
- Budista

En estos países los obreros biocupacionales no son percibidos como proselitistas religiosos sino como peritos profesionales que ejercen una buena labor y contribuyen al desarrollo de la nación. Los obreros biocupacionales tienen un contacto natural con sus compañeros de trabajo en los distintos niveles de la sociedad, contactos que no le son posibles a otros tipos de obreros cristianos tradicionales. Con frecuencia a los obreros biocupacionales se les paga un buen salario, haciendo posible de esta forma que los recursos financieros en la iglesia enviadora se desplacen a otros misioneros. En algunos casos, los hacedores de tiendas, por tener buenos ingresos, pueden contribuir a los fondos misioneros de su iglesia madre o pueden financiar proyectos en su propio país anfitrión.

La satisfacción que le produce su trabajo puede ayudar a compensar la frustración en el ministerio que frecuentemente experimentan los misioneros tradicionales, especialmente en las fases iniciales cuando todavía no se han desarrollado los lazos de confianza. Los obreros biocupacionales no tienen casi restricciones en las visas y no están bajo ninguna sospecha. Ellos encuentran muchas oportunidades para compartir a Cristo en una forma no ofensiva para la cultura. Obtienen empleos en el país que de otra forma los tendrían personas con un estilo de vida y una filosofía no cristiana. Los misioneros que ocupan estos puestos pueden proveer un buen ejemplo a los nuevos creyentes del país.

Por lo tanto, los hacedores de tiendas pueden hacer un aporte importante a las misiones mundiales y pueden complementar el trabajo, siempre necesario, de los misioneros clásicos. En muchos casos los obreros biocupacionales trabajan mano a mano con los tradicionales y utilizan sus dones para ministerios especializados.

9. ¿Cuáles son las razones estratégicas para movilizar y enviar a misioneros biocupacionales?

La obra transcultural es muy difícil. No podemos pretender que se va a realizar sin un amplio espíritu de cooperación. Trabajar unidos honra a Dios y crea efectividad. Como paso inicial, creyentes e iglesias pueden «adoptar» un grupo no alcanzado para engendrar un proceso de fiel oración y apoyo para su alcance. Hay pasos prácticos para iniciar el proceso y unirse a otros protagonistas en la batalla espiritual por estas naciones.

Aunque hay enormes barreras económicas y políticas que se presentan para alcanzar algunos de estos grupos, hay una estrategia importante que Dios está utilizando para sostener y avalar la presencia de misioneros en estos entornos. En muchos casos, los biocupacionales son el medio para ubicar las tropas espirituales en estos entornos. El movimiento biocupacional está tomando fuerza en América Latina, utilizando oportunidades de empleo en países «cerrados» a misioneros, pero muy abiertos a hacedores de tiendas dispuestos a ir, vivir, y ser testigos del amor de Dios.

Pero para aprovechar esta oportunidad, hay que tener una visión clara, capacitarse con una ocupación que se puede utilizar en el lugar de misión, y también capacitarse para la obra transcultural. Un curso que se ha desenvuelto para guiar esta preparación es *Trabajando tu Llamado a las Naciones*. Búsquelo por Internet.

Tarea integral

Describa las formas que usted y la congregación a la cual pertenece practican la cooperación en la evangelización tanto en su propia ciudad como en las misiones mundiales. ¿Cómo podría mejorarse esta cooperación?

Preguntas para la reflexión

El fundamento de la estrategia "biocupacional" es que todo lo que hacemos es consagrado a Dios. No es una actitud fácil de incorporar. Medite sobre la vida de José (Génesis 30-50) quien superó sus circunstancias y fue utilizado grandemente por Dios. Examine sus propias actitudes ocupacionales.

Lección 19
El llamado y la formación del misionero

Hay mucho del llamado y la formación de un misionero que pasa fuera del control humano. Es evidente que Dios conoce a sus siervos antes que nacen (Salmos 139:14; Isaías 44:2). Y su preparación comienza mucho antes que su llamado sea algo consciente, y su capacitación algo intencional. Tomemos el ejemplo del apóstol Pablo. Él nació en un hogar judío en una ciudad donde la cultura dominante era helénica. Su formación fue piadosa por su hogar e intercultural por la ciudad en la cual se crió. No cabe duda que él hablaba y entendía varios idiomas. Leía y escribía hebreo y griego. Nació ciudadano romano, cosa que le dio valiosos derechos y acceso a todo el imperio. En cuanto su educación, se formó en la mejor escuela bíblica de su tiempo, la de Gamaliel en Jerusalén. ¡Y todo esto sin conocer todavía al Señor Jesús! Luego, pasó por varias etapas de capacitación. Pablo no lo sabía, pero Dios había puesto sus ojos en él, y lo llamó a su tiempo para servirle como apóstol a los gentiles.

El llamado

Hay mucha confusión y desilusión acerca del llamado. ¡Cuántos miles han "sentido" un llamado misionero que no han podido realizar! Pero ¿por qué se sienten decepcionados? Muchos parecen creer que el llamado es una experiencia mística donde Dios revela un pueblo o un país específico adonde el llamado tendrá que llegar. A veces, su actitud se torna fatalista. Si no llega, le echa la culpa al pastor, a la iglesia o a Dios mismo. Pero el llamado no es así. Es una respuesta al desafío del ministerio apostólico—el ministerio que apunta a la extensión del reino más allá de sus actuales fronteras geográficas, sociales y culturales (Hechos 26:16-18).

Así lo vivió el apóstol Pablo. Su llamado no fue a un pueblo específico. Fue a los "gentiles" —una clasificación genérica que implicaba todos los que no estaban dentro del judaísmo—los que todavía no participaban de la bendición de Abraham. Su llamado fue a un ministerio específico pero no a un pueblo aunque es importante destacar que con el tiempo, Dios también lo guió a pueblos específicos. Miles de misioneros han servido gozosamente entre pueblos que no fueron de su elección. El llamado requiere de una decisión seria ante el desafío misionera, un compromiso con el servicio, y el asumir la responsabilidad necesaria para avanzar la obra.

Por otro lado, si bien es el que siente el llamado el quien debería disponerse para el ministerio misionero, es la iglesia local quien debería reconocérselo de acuerdo a la evidencia demostrada por sus actitudes, su madurez, sus dones, y su disposición al ministerio. Este análisis también debe tomar en cuenta como Dios lo ha estado preparando a través de su vida. ¿Hay evidencia que Dios lo ha estado preparado para enfrentar el desafío misionero transcultural? o ¿Le ha dado los dones y la pasión para servir con los que "sostienen la 'soga'" para los que son enviados desde de su propio país e iglesia?

El llamado y la formación del misionero

Aunque ambos roles son fundamentales para el éxito del ministerio misionero, no son igualmente reconocidos o apreciados. Cada misionero enviado representa un tremendo esfuerzo y sacrificio de decenas de personas. El rol del que "sostiene la soga" se desestima aunque es tan importante como el que va como misionero. Y los roles se mezclan. En muchos casos, el que siente que debe servir como misionero primero tiene que levantar el ministerio de misiones en su propia iglesia para después, poder ser encomendada por ella. Para muchos, es cuestión de arremangarse y hacer lo necesario para establecer una base que puede sostener el ministerio a largo plazo. Este trabajo es tan noble como el trabajo en el campo.

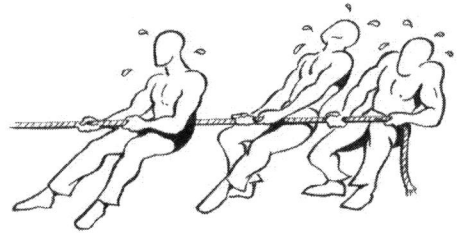

1. ¿De qué maneras puede realizarse el llamado misionero?

La Formación del Misionero

Las relaciones humanas o "comunidad" en la cual nos criamos influyen grandemente en nuestra formación. Esta estructura humana que nos rodea—nuestros padres y familia, los compañeros del barrio y del colegio, los hermanos de la iglesia—como otros factores culturales y sociales que nos permean (idioma, programación escolar, gobierno, instituciones públicas, etc.) son formativos. Nos inculcan con pautas que adoptamos en gran parte inconscientemente, y estos determinan nuestras preferencias y comportamiento frente a determinadas situaciones. Estos elementos circunstanciales dictan quiénes somos y en parte, como somos. Definen nuestro "ser." Esta formación "informal" es el elemento más influyente en nuestro desarrollo como personas. Aunque son circunstanciales, sabemos que Dios utiliza estos elementos para formar sus siervos.

Además de estos factores externos, hay factores internos como rasgos de personalidad que van mas allá del control personal y estos también influyen en el éxito de la persona como misionero. El ser extrovertido y flexible ayudan mucho en la adaptación al campo. Habilidades "natas" como una facilidad para aprender idiomas también son de gran ayuda. Aunque se puede capacitar a un candidato a misionero y ayudarlo a esforzarse para desarrollar cualidades que son importantes para su eficacia, estas habilidades "naturales" que surgen de rasgos de personalidad son parte del diseño genético que Dios provee. El punto clave no es que Dios forma al misionero perfecto, sino que tiene un conocimiento íntimo de cada persona y lo forma para sus propósitos. Algunos servirán como misioneros transculturales y el lo sabe de antemano.

El tema de la formación del misionero no puede evadirse de estos factores. Si creemos que Dios controla nuestros destinos—que nos llama y nos forma para cumplir sus propósitos mucho antes que nosotros tomáramos consciencia de ello—también tenemos que creer que la persona que Él llama para el servicio misionero posee las características que le predisponen para este ministerio "apostólico." No queremos decir con esto que Dios no puede usar a personas como misioneros transculturales que no reúnen todas las características ideales naturalmente. Hay muchas de estas características que pueden desarrollarse a través de una buena capacitación, el esfuerzo, y una práctica constante. Pero no todos lo que sienten un llamado deberían servir como misioneros y para ellos existe la realización de su llamado misionero en la movilización, la preparación de los misioneros, y la administración del ministerio.

2. ¿Cuáles factores de la formación de un misionero no son humanamente controlables?

La formación del misionero por la iglesia local

Dios inicia la formación del misionero y todo le sirve, aún las cosas que sucedieron antes de conocer al Señor. Pero al conocerlo, responder al llamado para el servicio misionero, y ser confirmado en ella por la iglesia, la capacitación se torna más intencional. La iglesia local y los programas de capacitación ministerial juegan un papel importante.

En un mundo ideal, la iglesia local tendría que responsabilizarse por despertar y reconocer el llamado misionero. También debería encargarse de guiar su desarrollo responsabilizándose por su formación espiritual, por sus actitudes y valores cristianas, y por el desarrollo de sus dones y habilidades ministeriales. Debería preocuparse por su salud integral, la integridad de su hogar, y por su testimonio en el trabajo, entre familiares y sus vecinos. Lamentablemente, por sus propias limitaciones, no siempre se logra este desarrollo con éxito.

Si los líderes de una iglesia desean llevar un mayor protagonismo en el desarrollo de sus misioneros, tienen que ser intencionales en este esfuerzo. Con demasiada frecuencia, se reduce este trabajo de formación a unas leves responsabilidades que no desarrollan las cualidades y habilidades que van a necesitar en el campo misionero. La iglesia local debería tener un ministerio especializado en misiones que mantiene la iglesia informada y "enganchada" con el tema. Y parte de este ministerio puede incluir el guiar el proceso de desarrollo del misionero. Pero también debe reconocer sus limitaciones y utilizar los ministerios especializados que existen para servir a la iglesia cuando lo necesitan.

Existen cursos diseñados para la iglesia que ayudan a nuclear a los interesados, darles expresión a su llamado y alimentar el ministerio de apoyo al misionero[53]. Estos estudios deben ser acompañados por un asesoramiento serio de la vida, los dones y el ministerio de los candidatos a misionero. Puede proveerles algunas experiencias para probar su carácter y su llamado, como darles responsabilidad para evangelizar a un pueblo o grupo cercano, pasarlos por un programa de capacitación misionera transcultural, y enviarlos a realizar una experiencia misionera transcultural de corto plazo.

Casi todas las agencias misioneras hoy día, tiene programas de misiones de corto plazo.[54] Estas proveen una oportunidad de ver la obra misionera de primera mano y experimentar algo de lo que es vivir y ministrar en otra cultura. Estas experiencias son buenas tanto para los que pretenderían servir como misioneros, como para los que sostienen la obra desde la base. Para una formación nítidamente transcultural existen los centros de capacitación transculturales. Estas entidades se especializan en preparar al misionero con las herramientas que necesitará para realizar su adaptación cultural y lograr un eficaz servicio en el campo transcultural.

---

[53] El curso *Trabajando tu Llamado a las Naciones* (Lewis, *2010*, Go Global Network), es de interés como orientación fundamental para el desarrollo de la vocación misionera.

[54] Dos de las agencias mas especializadas en proveer esta experiencia son Juventud con una Misión y Operación Movilización.

3. ¿Cuáles son algunas fortalezas y algunas debilidades de la iglesia local en la preparación de misioneros transculturales?

Guía para la capacitación en la iglesia local

El Dr. Patrick Lai[55], destacado investigador misionero, ha realizado estudios extensivos con misioneros transculturales. Según estas investigaciones, los mejores misioneros son los que antes de ir a otro país:

> ... en forma regular testificaban, hacían evangelización en la facultad, evangelizaban casa por casa, condujeron uno o mas estudios bíblicos evangelísticos con personas no cristianas, y describen su relación con la mayoría de los nuevos creyentes que ellos condujeron a Cristo como "amigos íntimos."

Esto no es algo sorprendente. El sentido común nos enseña que personas que son activas en la evangelización en sus propios países y entornos, trasladarán este estilo de vida a su nuevo contexto transcultural. En la práctica uno se va perfeccionando.

El Dr. Lai también enumera las calidades que crean efectividad. En el área de disciplinas espirituales, es interesante resaltar que los que practican el ayuno en forma regular son mas efectivos. El ayuno requiere abnegación y disciplina. Esta gente también lee y estudia su Biblia. Se dedican a la intercesión por y con personas. Habitualmente están leyendo libros por autores cristianos y escuchan mensajes grabados. ¿No deberían engranarse estos hábitos en nuestros misioneros antes que salgan al campo de misión? ¿No veríamos un buen rendimiento en nuestras propias iglesias como primicia de este esfuerzo?

Habilidades sociales también figuran como importantes. Misioneros efectivos crean amistades con mucha gente. No solo intentan crear unas pocas amistades profundas. Tampoco esperan hasta crear una amistad profunda para testificar. Son buenos hospedadores y también les gusta visitar a sus amigos. Aunque estas características vienen por natural con algunas personas, otras personas tendrán que ser entrenadas para ganar estas destrezas sociales.

4. ¿Por qué el contexto de una iglesia local puede ser el lugar ideal para desarrollar estas actitudes, disciplinas y hábitos que hacen al éxito del misionero?

Según el Dr. Lai, los misioneros mas eficaces también reciben capacitación transcultural antes de su partida a otro país. Crean expectativas de acomodarse en su nueva cultura y llegar a deleitarse en sus costumbres y comidas. Quieren disfrutar de lo que sus anfitriones disfrutan. Se esfuerzan por aprender el idioma del país. Los que se preparan con las herramientas necesarias para encarar la adaptación, típicamente tienen éxito en este aspecto tan importante.

---

[55] El Dr. Patrick Lai ha sido misionero. Es el autor de "Tentmaking: Business as Mission" (Biocupacionalidad: El Negocio como Misión), 2005, Authentic Publishing, Colorado Springs.

El perfil del misionero

La capacitación del misionero debería realizarse en base a metas definidas como los que se presentan en el siguiente perfil de Resultados Deseados en la Formación de Misioneros. Programas basadas en iglesias locales necesitarían de un mentor o guía del proceso formativo.

Fíjese en la tabla. Puede observar que la mayoría de las cualidades pueden desarrollarse en la iglesia local si hay interés e intencionalidad. Otras que son herramientas conceptuales y prácticas para aprender idioma y cultura son provistas por centros y programas de capacitación transcultural. El desafío de transformar nuestras congregaciones en semilleros de misioneros locales y globales, comienza en el pulpito con predicación que despierta vocación. Encamina esta vocación, guiando el desarrollo y la formación de los que se dedicarán a este importante ministerio. Esto por la gracia de Dios, está dentro de la capacidad de casi cualquier iglesia local y aun más si iglesias en una localidad se apoyaran mutuamente en este trabajo.

Area General	PERFIL DE RESULTADOS DESEADOS BÁSICOS EN LA FORMACIÓN DE MISIONEROS						
Hábitos del Discípulo	Ayuna en forma habitual	Estudia y medita sobre la Biblia	Es constante en oración & intercesión	Tiene iniciativa para aprender (lee, estudia por sí mismo)	Envía cartas de oración a quienes lo respaldan	Se comunica bien con su iglesia local
Estilo de Vida	Demuestra salud en su matrimonio o como soltero	Es correcto con personas del sexo opuesto	Sabe tomar riesgos medidos	Esta sintonizado espiritualmente y trabaja con Dios	Se prepara para enfrentar ataques demoníacos	Siempre busca oportunidades para ministrar
Habilidad Ministerial	Ha sido discipulado y discípula a otros	Comienza células o iglesias	Es práctico para evangelizar	Es intrépido en testificar	Puede conducir estudios bíblicos	Trabaja bien dentro de un equipo
Ocupación	Tiene una ocupación viable para el campo	Ve su lugar de trabajo como su «parroquia»	Su trabajo es «un ministerio»	Es responsable y rinde cuentas a otros	Tiene permiso oficial para trabajar	Trabaja bien con gente del lugar anfitrión
Destrezas Sociales	Es amigable y forma muchas amistades	Tiene destrezas hospitalarias	Crea buenas amistades	Se divierte con sus amigos	Es parte de un grupo de creyentes íntimos	Se mueve con facilidad y flexibilidad
Destrezas Trans-Culturales	Tiene destrezas de adaptación transcultural	Se interesa en la cultura anfitriona	Es un fiel aprendiz del idioma	Está motivado para adaptarse a su nueva cultura	Provee herramientas en el idioma anfitrión	Sabe ministrar a su pueblo anfitrión

5. Examinando el cuadro del perfil del misionero, ¿cómo se formarían las destrezas transculturales en el misionero?

Fases de la Preparación Misionera
Carlos Scott[56]

Los pastores somos llamados a equipar al pueblo de Dios (Efesios 4:11), y en este caso, a los candidatos para la misión. Esto incluye la experiencia en una variedad de ministerios, colaborando con diferentes personas y con muchas oportunidades de fracasar y triunfar. Esto es la base de toda la preparación. La educación es importante como también la enseñanza bíblica y la capacitación. Pero sin la base de mucha experiencia en el ministerio, todo lo demás puede caer a falta de estabilidad espiritual. El crecimiento espiritual más fuerte se desarrolla con el estudio de la Palabra aplicada en el ministerio.

Fase Uno: El Ser

Ya se han realizado suficientes investigaciones para demostrar que los mayores problemas en el campo misionero se encuentran en el carácter y en asuntos dinámicos espirituales (no temas de conocimiento). Por consiguiente, el desgaste se da más por fallas relacionadas con la cultura, la gente, la iglesia o la competencia en la obra, y no en relación con lo que el siervo sabe o no.

También el tema de la baja autoestima como síntoma de stress asociados con la situación cultural, está estrechamente relacionado con el abandono de los siervos y una eficiencia limitada. Basada en su experiencia en el campo, y en sus investigaciones realizadas, Mario Loss (Misionero de SIM en Uruguay) calcula que solo uno de cada cuatro misioneros se desenvuelve en un nivel equivalente a lo desarrollado en su propia cultura; dos de los tres restantes cojean reduciendo la eficiencia; el cuarto deja por completo el campo.

El entrenamiento tiene por finalidad, disminuir el agotamiento y producir misioneros más efectivos; por lo tanto, un desarrollo curricular debe ser realizado sobre las realidades en el campo y no de academias tradicionales. El aprendizaje debe estar relacionado con la vida, y los futuros siervos deben tener experiencia previa en la iglesia y con el mundo.

Mario Loss en su libro Choque Transcultural dice: "Un obrero mal preparado es un mal obrero". Continúa diciendo: "La responsabilidad de la preparación para ser misionero, recae más fuertemente sobre la iglesia local. Es en la iglesia donde los obreros son moldeados, fortalecidos y lanzados a la obra." Una buena preparación tiene mucho que ver con una expectativa realista de la persona. Cuanto menos experimentados sean los obreros, más supervisión de cerca necesitan. Pablo y Bernabé podían trabajar sin supervisión, pero Juan Marcos, no (Hechos 13-15).

El Ser tiene que ver con la *madurez de carácter*. Daniel Bianchi líder misionero de la Argentina comparte: "La obra misionera no es para las personas perfectas pero sí para los maduros y comprometidos. Se espera que esa persona tenga "los grandes temas resueltos", o por lo menos haya mostrado dedicación para enfrentarlos. Por ejemplo: ¿Cómo se siente ese soltero/a acerca de su soledad? ¿Cómo está ese marido/esposa por el hecho de no poder

---

[56] Carlos Scott sirvió muchos años como pastor de misiones en la iglesia La Puerta Abierta, en Buenos Aires. Su experiencia como guía del proceso de formación de misioneros preparados y enviados por esa iglesia le ha dado una experiencia valiosa. Actualmente, el y su esposa Alicia son los facilitadores de Mision GloCal, que existe para servir a las iglesias locales facilitando el entrenamiento, la movilización y conexión a favor de la extensión del reino de Dios.

tener hijos? ¿Hay temas del pasado que no fueron tratados adecuadamente? ¿Necesita restauración, reconciliación? Una de las principales características de la madurez es la capacidad de mantener los compromisos asumidos. Otra, la de tomar decisiones y hacerse responsable por las mismas, sin echar las culpas a otros de las consecuencias. La misión necesita gente firme pero flexible, de convicción, pero amable".

El *ser* tiene que ver con actitudes correctas. Daniel Bianchi expresa: "Es menester contar con misioneros que tengan actitudes correctas, sobre todo verdadera humildad. Sólo así podrán salir como aprendices más que maestros, como siervos más que conquistadores, como acompañantes más que protagonistas. La misión transcultural es cada vez menos pionera (aunque hay varios aspectos que la requieren de manera urgente, como es el caso de la traducción de la Biblia). Por esta razón el misionero debe relacionarse con la iglesia nacional. Como tal, el misionero debe reconocerlos, amarlos y respetarlos. La identificación es imprescindible como expresión de auténtico amor, y por consiguiente, no está exenta de riesgos, los cuales deben asumirse con gran sabiduría, consejo maduro, sensibilidad cultural, dirección del Espíritu y orientación de la Palabra".

El ser tiene que ver con una vida de relación. Daniel Bianchi sigue: "La vida misionera es una vida de relación. El misionero se vinculará con otros colegas, (generalmente de varias nacionalidades y trasfondos), con cristianos nacionales, con autoridades gubernamentales y con otros a quienes va a servir. No se nace sabiendo cómo tener buenas relaciones; hay que aprenderlo, y aprenderlo bien. Una dificultad para tener vínculos sanos hará que la persona esté discapacitada para el servicio y le ocasionará más de un quebranto. No es de admirarse que los conflictos interpersonales ocuparon el cuarto lugar como causal de deserción misionera tanto en los países misioneros tradicionales como de las nuevas naciones de envío". (Ver "Demasiado valioso para que se pierda", Guillermo D. Taylor, WEA/COMIBAM).

El ser tiene que ver con confiar en el Señor y con depender de Él. Mario Loss dice: "Muchas veces el obstáculo grande del siervo es su propio complejo de inferioridad. Confiamos en lo que somos y no en el Señor, pero cuando estamos en Él, y viviendo en su plenitud, aunque somos incompetentes por naturaleza, nuestra fe vence al mundo y a nuestra carne, porque es Dios quien trabaja en nosotros. Dios es mayor que nuestras circunstancias, y aun que nuestra incapacidad. Él es el Señor, tanto de mi vida como de las circunstancias". Otras veces, el obstáculo es un alto sentido de superioridad. En ambas situaciones, es menester tener una perspectiva clara, ya que no debemos confiar en lo que somos, ni al punto de decir "no puedo", ni tampoco para creer "yo puedo, lo sé todo". La perspectiva correcta es: "Todo lo puedo en Cristo que me fortalece".

El ser tiene que ver con la vida espiritual, el fruto del Espíritu y el devocional íntimo. Esta área afecta las otras, por lo tanto, deberíamos hacernos las siguientes preguntas: ¿Es el obrero una persona de oración? ¿Dónde busca su alimento espiritual? ¿Cómo reacciona ante la frustración? ¿Está abierto para cosas nuevas? Deberá evidenciar el fruto del Espíritu Santo y la llenura del mismo. (Gá 5:22-26). Un carácter que revela el fruto del espíritu, es la demostración de una vida transformada por Jesús, y hecha semejante a Él. Somos llamados a encarnar este tipo de carácter e imagen en toda cultura, tiempo y situación.

A través del trabajo en el ministerio, se busca desarrollar el fruto del espíritu en amor; entonces hay allí sacrificio, piensa en otros; depende del control de Dios y no de las circunstancias, allí hay gozo; hay paz y tranquilidad en medio de los problemas; paciencia, donde hay autocontrol bajo presión; en benignidad, el amor se ve en acciones; en bondad, porque se hace lo bueno aunque los demás no lo merezcan; en fidelidad, ya que se puede contar con él o ella; en mansedumbre se puede disciplinar con ternura; en dominio propio, donde se crucifica al yo, y se tiene autocontrol sobre la carne.

6. ¿Por qué la formación es tan importante en el desarrollo del carácter de un misionero, y por qué debería ser una responsabilidad de la iglesia a la cual pertenece?

Fase Dos: El Saber Hacer

La capacitación misionera es el entrenamiento que tiene que ver específicamente, con el saber hacer el ministerio transcultural. Normalmente, esta fase de preparación no se encuentra en la iglesia local ni en los institutos bíblicos: son cursos de antropología, adaptación cultural, experiencia transcultural, aprendizaje de idiomas, etc. y se realizan en centros y programas de capacitación misionera.

Cuanto más amplia es la preparación, tanto mejor. David Harley dice: "Es sumamente recomendable que la iglesia tenga un programa de preparación misionera bien desarrollado para encausar a las personas con inquietudes. En un paso siguiente la capacitación requerirá la participación de instituciones formales, como entidades teológicas y centros de capacitación misionera".

Daniel Bianchi expresa: "Servir en misiones es estar en un contexto cultural diferente, en ocasiones totalmente opuesto y aún antagónico. La persona debe tener un sentido crítico de su propia cultura y a la vez, contar con herramientas para conocer la cultura anfitriona. Algunos pequeños indicios son: capacidad para escuchar con atención, y mirar las cosas desde el punto de vista del otro, disposición al estudio de otros idiomas, interés por otras culturas, deseo de ayudar a personas extranjeras, gusto por las expresiones artísticas étnicas, placer por comidas exóticas, conocimiento actualizado de la situación mundial, etc."

El *saber hacer* tiene que ver con una Educación Integral. Debemos tener una postura equilibrada entre lo intelectual y lo práctico. Se deben ver destrezas desarrolladas para enfrentar la vida y el ministerio, antes de proveer una respuesta teórica a la vida.

El *saber hacer* tiene que ver con la Observación. El misionero transcultural debe observar, escuchar, ver, preguntar, ser aprendiz, formular sus teorías en base a lo observado, y luego, averiguar la veracidad o error de sus propias teorías, como un procedimiento para su vida en la nueva cultura.

El *saber hacer* tiene que ver con la orientación en el Contexto. La información que necesiten, será la necesaria para el desarrollo de su vida diaria en la cultura anfitriona. No es suficiente confiar en nosotros mismos, en la adquisición de datos y conocimientos, porque el saber hacer tiene que ver con morir a nosotros mismos y no buscar un protagonismo especial. El mayor enemigo para un funcionamiento satisfactorio es nuestro "yo". No es el "enemigo" externo, sino el interno, el que está en nosotros.

El saber hacer tiene que ver con comprender, identificar y aceptar nuevos valores culturales. Somos producto de nuestra cultura y las experiencias formativas a través de ella. Nuestros valores culturales determinan cómo vemos al mundo. Cuando entramos a una cultura anfitriona, debemos contextualizarnos con los nuevos patrones que se nos proporcionan. Es encarnar la nueva cosmovisión sin renunciar a los principios bíblicos.

7. ¿Por qué la formación transcultural del misionero es algo que la iglesia debería delegar a un ministerio que se especializa en esta capacitación?

Fase Tres: El Conocer

El *conocer* es parte de una *actitud proactiva*. Daniel Bianchi comenta: "Debemos buscar personas comprometidas para crecer y desarrollarse en todas las áreas de su vida. Esto incluye la formación bíblico-teológica y misionológica. En otras palabras, si alguien dice que tiene una carga o llamado para la obra misionera, es de esperar que esté dando pasos en pos de esa meta, como ser: lectura de libros misioneros, participación en eventos, experiencias misioneras locales, intercesión y ofrenda misionera regular, servicio en el ministerio misionero de la iglesia, etc. Hay muchas personas que tienen un ideal romántico e inerte de la obra misionera, pasan los años y no hacen nada práctico con su inquietud".

El *conocer* tiene que ver con una *educación continua*. Como actitud y como principio, el misionero nunca deja de estudiar en alguna forma u otra. El principio de la educación de adultos postula que todo proceso educativo debe ser continuo y de por vida. Nunca debemos dejar de estudiar. Siempre debemos avanzar en la educación, tanto formal como no formal.

Estas tres fases no son necesariamente etapas en secuencia; pueden ser simultáneas. Por ejemplo, mientras un candidato está estudiando en el instituto bíblico o está terminando la universidad también tiene su trabajo y puede estar participando en la iglesia con una responsabilidad como maestro, coordinador de un estudio bíblico, etc. Dios conceda que como los que rendiremos cuenta ante el, nos de sabiduría para guiar el proceso del desarrollo de sus embajadores a las naciones del mundo.

8. ¿Cómo acompañan los estudios al desarrollo del misionero? ¿Por qué es importante que se vea como una actividad "de por vida"?

Tarea Integral

Utilizando el perfil del misionero, haga una evaluación de usted mismo o alguien que quiere ser misionero. En las áreas mas débiles, crea un "plan" para desarrollar la actitud o destrezas necesarias para corregir la debilidad.

Pregunta para Reflexionar

Si su iglesia tiene mayor responsabilidad para la formación del ser y el carácter de la persona, ¿lo está realizando? ¿Cómo prepara a personas para encarar ministerios? Evalúe su propia situación y proponga mejorar esta dinámica con los líderes de su iglesia.

El llamado y la formación del misionero

Lección 20
La iglesia local y las misiones

La comunión cristiana no es opcional. Nos necesitamos los unos a los otros para crecer en nuestra fe cristiana, pero también para llevar a cabo los propósitos de Dios. Pero a menos que una iglesia tenga una buena comprensión de su papel en las misiones y el pastor un claro llamado a predicarlo y enseñarlo desde el púlpito, no es probable que la visión mundial se alimente por la vida y enseñanza normal de la congregación. Los cristianos con visión mundial a menudo se sienten frustrados. En estos casos, como primera tarea, aquellos que han sido captados por una visión mundial tendrán que unirse y organizarse para involucrar a su propia iglesia local en el gran desafío de la evangelización mundial. Reúnanse para orar para que la iglesia capte la visión, y estén dispuestos a ser instrumentos de la educación misionera y la promoción de la visión.

No cabe duda que las iglesias locales son el semillero de las misiones; ellas las alimentan con personal, la oración y con recursos financieros. Por eso, para terminar la tarea de la evangelización mundial, se necesita empapar a los cientos de miles de congregaciones que ya existen alrededor del mundo, con esta pasión. La promoción y administración de misiones transculturales a menudo pertenece a un grupo de personas plenamente comprometidas con esta tarea. Por ende, creemos necesario ver un fuerte ministerio de misiones en cada iglesia local.

Efesios 4.11 da una lista de los ministerios establecidos por Dios en la iglesia. Entre ellos, está el ministerio de «apóstol». Si estudiamos el sentido etimológico de esta palabra de raíz griega, entendemos que significa «uno que es enviado». Su equivalente derivado del latín es «misionero», palabra que también significa «uno que es enviado» (con la misma raíz que *misil*). Aunque los apóstoles originales de Cristo tienen su lugar único en la historia de la iglesia, es importante reconocer que el ministerio de enviar misioneros mantendrá vigencia mientras tanto la iglesia exista y haya lugares inalcanzados en el mundo adonde no llegarán las buenas nuevas si ella no ejerce su ministerio de enviar misioneros.

El relato del lanzamiento de Pablo y Bernabé a la obra misionera en Hechos 13.1-3 nos da a entender que hay un proceso en el desarrollo del misionero que culmina con su encomendación por la iglesia y su partida al campo. En el pasaje citado, este proceso comenzó con un llamado particular (v. 2 que en el caso de Pablo fue recibido muchos años antes, Hechos 26.17). Culminó con el asesoramiento final por los líderes (v. 3) y luego fueron encomendados y despachados.

Este patrón nos demuestra que hay un proceso en el desarrollo del misionero con el cual la iglesia está íntimamente ligada. Si una iglesia hoy quiere participar en la Gran Comisión de Cristo, es imprescindible que dé lugar a un ministerio que mantenga la visión misionera, y desarrolle vocaciones con el fin de apoyar el envío de misioneros de su propia congregación y también de otras congregaciones.

Cuando se presenta el desafío misionero, Dios levanta vocación misionera. El envío de cualquier misionero representa la participación de muchos que Dios también llama a prepararlos y sostenerlos en oración y también con finanzas. Cada iglesia necesita un grupo, departamento, o comisión que se capacitan para apoyar a los que tienen esta vocación, mantener la iglesia informada, y llevar adelante un programa misionero de la iglesia. Esto es una labor de amor y entrega. No es fácil ser el que sostiene la soga. Requiere perseverancia, paciencia y por todas las cosas, un corazón que siente la importancia de lo que hace por los misioneros y quienes ellos pretenden alcanzar con el evangelio.

1. ¿Por qué es importante para la evangelización mundial que cada iglesia tenga su propio ministerio misionero?

2. ¿El llamado misionero es únicamente para los que se enviarán? ¿Por qué si o no?

El programa misionero de la iglesia local

A través de los años, Dios ha bendecido un sistema en particular para mantener la visión misionera de la congregación, despertar vocación y recaudar fondos para los misioneros. Utilizado por mucho tiempo con gran éxito, este método se sigue utilizando con muy buenos en las iglesias misioneras de todos los continentes. Un pastor que ha empleado el sistema con éxito por más de 35 años en la Argentina, es Andrés Robert. Con el siguiente artículo, él nos provee una guía para su implementación en nuestra propia iglesia.

La Iglesia Local y las Misiones Mundiales
Andrés Robert[57]

El conocido lema «La suprema tarea de la iglesia es la' evangelización del mundo» no es literalmente un versículo de la Biblia, pero sintetiza admirablemente lo que Dios enseña en su Palabra sobre la misión de su iglesia en la tierra.

Por supuesto, estar de acuerdo con el lema y permitir que el mismo oriente y domine nuestra vida son dos cosas muy distintas. Le llevó a Jesucristo todo el tiempo de su ministerio terrenal inculcar esa idea en la mente y en el corazón de sus discípulos, pero finalmente lo logró. A eso se debe en gran parte la fenomenal expansión de la iglesia durante el primer siglo. Nosotros necesitamos con urgencia tener esa misma convicción y podemos lograrla si estudiamos con cuidado la Gran Comisión y permitimos que el Espíritu Santo la aplique en forma práctica a nuestra vida personal y a la de nuestra congregación local.

Cuando un pastor, una iglesia, o a veces sólo un grupo de miembros de una congregación, llegan al convencimiento de que la misión de la iglesia es evangelizar a todo el mundo, generalmente surge la pregunta: ¿cómo hacer para promover la obra misionera en nuestra iglesia y lograr los mejores resultados?

Muchas congregaciones, sin vacilar, pueden contestar a esta pregunta afirmando que una de las mejores maneras de lograr tal objetivo es celebrar una «Conferencia Misionera Anual».

---

[57] Robert, Andrés: «La iglesia local y las misiones» en Argentina en Mision Mundial. Misiones Mundiales, Santa Fe, Argentina, 1989, págs. 171-181. Usado con permiso.

Qué es una Conferencia Misionera Anual

No es, como algunos podrían imaginar, una varita mágica que por el solo hecho de celebrarse va a causar efectos portentosos. Sí es una herramienta que, bien utilizada, ha producido resultados y bendiciones sorprendentes. Consiste esencialmente en celebrar cada año una serie de reuniones, en las cuales se presentan temas relacionados con la obra misionera. Por ejemplo, se muestran las necesidades del mundo actual, se predica sobre las instrucciones que Cristo dio a sus discípulos para evangelizarlo, se enseñan los medios que Él recomendó para lograr ese fin y se promueve su uso.

Este tipo de programa no debería sorprender a ningún creyente porque en la mayoría de las iglesias se realizan frecuentemente congresos, cursos y series de reuniones sobre temas tales como el evangelismo, la educación cristiana, la familia, etc. En cambio, sí debería sorprendemos que se hagan tantos esfuerzos especiales para considerar las cuestiones arriba mencionadas y no se dedique por lo menos una semana al año para estudiar y promover lo que es y debería ser siempre, la actividad prioritaria de la iglesia, es decir, la evangelización del mundo.

3. ¿Cómo difiere la Conferencia Misionera Anual de otras conferencias que puede tener la iglesia?

Quiénes deben tomar la iniciativa

Para que el cuerpo de Cristo se mueva armoniosamente en el cumplimiento de su misión, Dios ha puesto entre sus miembros a apóstoles, profetas, evangelistas, pastores y maestros (Efesios 4:11). Los líderes que Él ha colocado en su iglesia (pastores, sobreveedores, ancianos, diáconos, etc.) ocupan una posición de autoridad incomparable para enseñar, dirigir, exhortar y orientar al pueblo de Dios en esta tarea. Si ellos tienen visión y pasión misionera, la congregación que presiden pronto también las tendrá. Leyendo los evangelios vemos que Jesús poseía la visión de las multitudes necesitadas, pero sus discípulos (futuros líderes) no la compartían. Sin embargo, el Señor no se desalentó e insistió en la enseñanza con paciencia, exhortación y oración, hasta que ellos no sólo captaron su visión, sino que además vivieron posteriormente movidos por ella.

Es imposible exagerar la importancia que tienen para la obra misionera la visión, la entrega y el entusiasmo que sienten el pastor y los líderes. Tarde o temprano la membrecía compartirá su ejemplo, espíritu y actitud. Este es un aspecto vital para el éxito del programa misionero.

Como bien decía el sabio de la antigüedad en Eclesiastés, «la cuerda de tres hilos no se rompe fácilmente», y hay tres componentes que, unidos, dan fuerza y solidez al programa misionero. Ellos son:

La celebración de la Conferencia Misionera Anual

Por razones obvias, esta debería ser el evento más importante del calendario anual de actividades. Si creemos que la evangelización del mundo es la tarea suprema de la iglesia, el lugar y el esfuerzo que dedicamos al tema en el programa anual deberá reflejar esa supremacía. Para que esto sea así vale la pena tener en cuenta los siguientes aspectos:

La iglesia local y las misiones

1. La mejor fecha. Debe ser la más conveniente para lograr la mayor asistencia y la mejor respuesta de la membrecía. Épocas de exámenes, temporada de vacaciones, meses de intenso frío, etc., pueden influir desfavorablemente. Cuando se descubre la mejor fecha, conviene mantenerla ano tras ano y no cambiarla. La experiencia también ha demostrado que no da buenos resultados mezclar esta actividad con otras como el aniversario de la iglesia, o una campana de mayordomía o evangelismo. Tal proceder es semejante a apuntar con un rifle a dos o tres objetivos al mismo tiempo. No es posible hacer tal cosa: si se lo intenta, se disminuye la concentración en el tema principal y lo más probable es que no se logren las metas propuestas.

2. La extensión. ¿Qué duración debe tener la conferencia? Para producir una fuerte impresión y lograr los mejores resultados, ha de abarcar por lo menos cuatro o cinco días. Lo ideal es dedicar una semana de domingo a domingo. De no ser posible, debe procurarse comenzar un domingo y continuar desde el miércoles o jueves hasta el domingo siguiente. Una buena conferencia debe tener un clímax y éste lógicamente se produce en las reuniones del domingo final. Se necesitan cinco o seis sesiones como mínimo para presentar los diferentes temas guardando un sano equilibrio y para que éstos produzcan un impacto espiritual.

3. El programa. Se desea tener reuniones con un fuerte énfasis misionero y para lograrlo es posible echar mano a varios recursos. Algunos de los medios que pueden contribuir al mejor éxito son los siguientes:

• Promoción adecuada y con bastante anticipación por medio de carteles, boletines, anuncios, etc.

• Preparación y colocación en las paredes de mapas, planisferios, carteles y leyendas con lemas misioneros y textos bíblicos alusivos al tema.

• Impresión de una hoja o himnario especial con himnos y coros misioneros. Elección de una canción lema para cada conferencia anual. Enseñanza de nuevos himnos misioneros en las semanas previas. Preparación de coros y conjuntos para la ejecución de música relacionada con el tema de la conferencia.

• Proyección de películas o audiovisuales misioneros, los cuales ayudan muchísimo a ilustrar y concientizar sobre las necesidades de los campos blancos.

• Invitación a misioneros para que durante la conferencia den sus testimonios sobre la manera como Dios los llamó, sus trabajos, experiencias, éxitos y fracasos. Planeamiento de encuentros, como desayunos o téscena, para que los misioneros puedan conversar y dialogar con los miembros de la congregación y especialmente con la juventud.

• El predicador invitado debe ser alguien que sienta en su corazón el tema de las misiones; que pueda presentar con fuerza y nitidez la enseñanza bíblica sobre el mismo, mostrar la desesperante condición de los pueblos que aún no han sido alcanzados con el evangelio y desafiar a la iglesia al trabajo, al sacrificio y a la abnegación. Conviene que conozca el mecanismo de la Promesa de Fe y sepa explicar este plan con claridad y entusiasmo.

• La reunión del sábado por la noche, que tradicionalmente se emplea en actividades juveniles, debe aprovecharse para predicar sobre el llamado de Dios al ministerio cristiano.

Estos y otros ingredientes similares ayudarán a planear y lograr un programa ágil que renueve la visión, provea rica instrucción bíblica y proporcione también inspiración y desafío.

Establecer metas para el programa misionero

Alguien comparó a ciertas iglesias con un automóvil que tiene el motor en marcha, hace mucho ruido, pero no arranca, no se mueve y por lo tanto no va a ninguna parte. ¿Adónde queremos llegar? Fijar metas implica invertir tiempo, pensamiento y concentración, pero vale la pena hacer esa inversión. Mediante el diálogo, la meditación, la oración y la guía del Espíritu Santo, el grupo dirigente debe presentar en la conferencia metas tales como:

• Qué países, ciudades pueblos o zonas se quieren alcanzar con el plan misionero de la iglesia; pensar sobre todo en lugares lejanos donde es necesario enviar un misionero sostenido por la congregación.

• Meta de jóvenes llamados a la obra en el curso de la conferencia o durante el año. Pedirlos en oración: «Rogad al Señor de la mies que envíe obreros».

• Fijar una cantidad de dinero como meta para la ofrenda misionera mensual que se logrará por medio de la Promesa de Fe y será destinada exclusivamente a la obra misionera. Apuntar al sostenimiento de un misionero, luego al de dos y así sucesivamente. ¿Cómo es posible que establezcamos metas para comprar un lavarropas, un televisor, un automóvil, una casa, o el órgano de la iglesia y no lo hagamos para cumplir con la misión más importante que tenemos en la vida?

4. ¿Cuáles son los elementos más importantes para llevar a cabo una exitosa Conferencia Misionera Anual?

El plan de la Promesa de Fe

El doctor Oswald J. Smith, gran promotor de la obra misionera, compartiendo lo que él experimentó por más de cincuenta años, ha dicho: «Cualquier iglesia que tenga una Conferencia Misionera Anual y que utilice el plan de la Promesa de Fe para las ofrendas destinadas a las misiones, dará diez veces más de lo que daría usando otros métodos».[58]

La Iglesia del Pueblo en Toronto, Canadá, de la cual el citado siervo de Dios fue pastor, es un testigo elocuente de esta verdad. En un informe presentado hace algunos años daba cuenta de estar sosteniendo en forma total o parcial ¡a quinientos cincuenta y cinco misioneros!

Es un hecho comprobado que Dios se ha dignado utilizar y bendecir grandemente este plan, sin duda, porque combina varios principios bíblicos referidos a las ofrendas y porque coloca a la obra misionera en primer lugar. ¿En qué consiste dicho plan? Prácticamente se reduce a llenar una tarjeta, la cual generalmente dice algo similar al modelo.
Pero es muy difícil explicar todo lo que está involucrado en esa decisión cuando se la hace en el contexto de una Conferencia Misionera Anual que ha impactado al pueblo de Dios. La respuesta que se da llenando esta tarjeta, generalmente cristaliza el compromiso que cada

---

[58] Smith, Oswald, citado por Norman Lewis en Triumphant Missionary Ministry in the Local Church.

La iglesia local y las misiones

creyente asume delante de Dios de orar y ofrendar sistemáticamente para el plan misionero de la iglesia.

Cada uno, de acuerdo con su comprensión y su fe, determina la suma mensual con la cual contribuirá. Generalmente se sugiere dar un diezmo generoso para el presupuesto de la obra local y se exhorta a practicar la abnegación, es decir, rescatar el dinero que se invierte en gastos innecesarios para canalizarlos en la obra misionera. Se explica cuidadosamente que no se trata de un pagaré cuyo monto pueda ser reclamado, sino más bien de una relación vertical y personal entre Dios y el dador.

Mi promesa de fe para la obra misionera

Confiando en Dios, prometo dar mensualmente para el programa misionero de mi iglesia la cantidad de: $ _____

Durante el transcurso de la conferencia se reparten tarjetas con el texto arriba citado y se da una breve explicación sobre su contenido. Se alienta a los hermanos a orar por el significado de aquéllas y a reservar el acto de llenarlas para el último día de la serie.

Cuando la conferencia llega a su clímax (la congregación ha ensanchado su visión, ha oído de miles de pueblos, tribus y grupos culturales aún no alcanzados, ha meditado en las órdenes de Cristo, ha escuchado mensajes sobre el modo de ofrendar para sostener misioneros, ha visto a jóvenes responder al llamado de Cristo al ministerio), entonces, dentro de ese clima creado por la predicación de la Palabra, la visión de las necesidades y la guía del Espíritu Santo, se invita a la congregación a orar, a decidir y a llenar las Promesas de Fe. Seguidamente éstas son recogidas, se suman las cifras y el total logrado se anuncia públicamente, proporcionando un motivo de alabanza y gratitud a Dios por su provisión y por la participación que su pueblo puede tener en una empresa tan gloriosa.

Muchas iglesias han comprobado que pueden dar mensualmente sumas abundantes y significativas para la obra misionera, no sólo sin menoscabar las ofrendas para la obra local, sino por el contrario viendo cómo éstas se acrecientan, pues escrito está: «Dad, y se os dará».

5. ¿Por qué es importante que la gente complete y firme su tarjeta de Promesa de Fe?

Algunas recomendaciones complementarias

La instrumentación de esta ofrenda especial para las misiones implica un mínimo de organización necesaria que puede variar de una iglesia a otra, pero debiera incluir lo siguiente:

• Designar una comisión o departamento, de por lo menos tres a seis personas, que incluya un tesorero y algunos encargados de la recaudación.

- Entregar a cada persona que ha hecho la Promesa de Fe, una cantidad de sobres especiales, que por el color y la leyenda se identifiquen rápidamente como destinados para el fondo misionero.

- Designar un domingo del mes (algunas iglesias usan el segundo) como el *Domingo Misionero*, y en esa reunión leer cartas de misioneros, dar informes, mencionar temas de oración, presentar un mensaje alusivo y recoger la ofrenda de las Promesas de Fe.

- Tener un fondo aparte para las misiones y un tesorero o comisión que se ocupe de su recaudación. Esta ha demostrado, en la práctica, ser una medida sabia que ayuda a no ceder a una tentación muy común: la de usar fondos destinados a las misiones para cubrir necesidades de la obra local.

- Periódicamente se deben dar informes escritos que incluyan la cifra que se recaudó mensualmente, la suma que se recibió de cada dador, la cantidad que se envió al misionero y la que queda en caja. Las cuentas claras conservan la amistad y también la confianza de la membrecía en la seriedad del plan misionero y en la de las personas que lo llevan a cabo.

Si las iglesias van a cumplir con su vocación misionera es imperioso que dediquen tiempo y esfuerzo para considerar los distintos aspectos que abarca esta importante empresa. La Conferencia Misionera Anual ha demostrado ser (a las iglesias que la practican) el medio idóneo para lograr ese fin. El Pastor Pablo B. Smith, líder indiscutido de la avanzada misionera mundial, ha dicho con gran visión y agudeza espiritual: «La única manera de reunir suficiente dinero para financiar la más grande de todas las empresas mundiales (la obra misionera), es integrar y comprometer a millones de cristianos en conferencias misioneras».

Es indiscutible la importancia que ha tenido este sistema de apoyo en el avance de la empresa misionera a través de los años. Su empleo ha despertado vocación misionera en decenas de miles de jóvenes y recaudado miles de millones en fondos para la obra misionera. Si cada iglesia en el mundo implementara este programa, sobrarían los obreros y el dinero para terminar la tarea de la evangelización mundial. Lamentablemente, un porcentaje minúsculo de las iglesias tienen una conciencia misionera y un programa desarrollado para su aporte concreto. Procuremos que la nuestra se cuente con las que sí están involucradas en una manera auténtica.

Las sociedades misioneras

La mayoría de las iglesias no tienen los recursos humanos ni financieros para administrar la obra misionera en lugares lejanos. Asuntos como visas, canalización de fondos, orientación al campo y la eventual supervisión de los misioneros en sus tareas, necesitan ser delegados a organizaciones misioneras. Tampoco tienen los recursos para proveer una capacitación para la obra transcultural. Para esto, existen centros especializados en la capacitación de misioneros. Aunque estas organizaciones no son perfectas, ofrecen una alternativa al chaos que ha sucedido cuando iglesias no tomar en cuenta estas estructuras de apoyo. Dios seguirá bendiciendo el empleo de estas estructuras porque las necesitamos, aunque sin duda, las mismas tendrán que modificarse para atender las necesidades y exigencias actuales.

Las agencias misioneras denominacionales

Estas agencias existen como un departamento dentro de la estructura denominacional o preferentemente como entidad autónoma de la administración denominacional. Normalmente trabaja con un porcentaje de las ofrendas denominacionales o con una ofrenda que se junta en todas las iglesias de la denominación, una vez al año o con la promesa de fe. Los misioneros reciben un sueldo fijo de parte de la misión. Los misioneros típicamente son egresados del seminario denominacional. Los campos son fijados por la misión y casi siempre apuntan al apoyo de iglesias establecidas o en la plantación de nuevas iglesias. Algunas denominaciones han aceptado el desafío de abrir nuevos campos entre grupos no alcanzados, aun en los países que prohíben el establecimiento legal de iglesias.

Las misiones de fe

Estas agencias típicamente son de corte interdenominacional. Casi siempre se definen por una visión muy específica en cuanto al campo (África, India, Sudan, etc.), tipo de trabajo (traducción de la Biblia, literatura, radio, etc.), o grupo humano (Musulmanes, Hindúes, estudiantes, sordos, etc.). Están financiadas por ofrendas de iglesias e individuos. Cada misionero busca su propio sustento procurando comprometer a congregaciones y hermanos con una cantidad fija, mensual. El modelo funciona en base a una base amplia de iglesias y hermanos que sostienen al obrero. Los misioneros son reclutados de institutos bíblicos, seminarios e iglesias. La selección se hace por medio de una evaluación de la solicitud de ingreso, entrevistas con el candidato, y a veces, un tiempo determinado en un programa de orientación y/o capacitación para los candidatos. El aspirante a misionero es enviado cuando reúne el compromiso para su sustento mensual y el presupuesto inicial para su colocación en el lugar de misión.

6. ¿Cuál es la mayor ventaja de estos dos modelos tradicionales de agencia misionera?

Un modelo de misiones en colaboración local

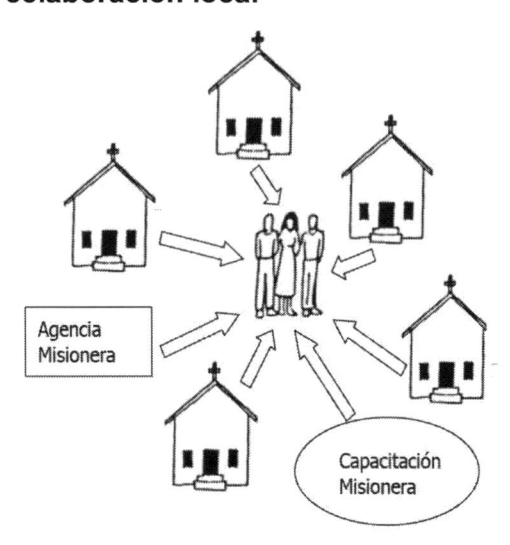

Este modelo enfatiza la colaboración entre iglesias en una localidad y enfrenta el desafío del desarrollo integral de los candidatos y el apoyo que necesitan en su formación, y cuando están en el campo. La idea básica es que una red o asociación de pastores agrupen sus jóvenes y matrimonios con el llamado misionero en una base en su misma localidad (puede ser una casa alquilada por un par de años). Los pastores supervisan en forma personal el proyecto y el desarrollo de los candidatos que se dedican en forma completa a su preparación para ser misioneros.

Un encargado nombrado por los pastores (un misionero de licencia, pastor o misionero jubilado, etc.) guía a los candidatos tanto en el desarrollo integral de su persona como en su vocación misionera. Conduce un proceso que trabaja los temas prácticos y de formación personal. Los candidatos viven en comunidad y aprenden a coexistir, a trabajar, y a ministrar juntos. Desarrollan sus dones y talentos a favor del proyecto. Realizan una praxis misionera en la localidad o entre un grupo étnico cercano. Los candidatos se sostienen por sus empleos o algún micro emprendimiento, y las ofrendas recibidas de las iglesias.

Con la colaboración de algún centro o programa de capacitación misionera, también estudian Biblia y misionología juntos (tal vez a distancia por Internet). Y con la ayuda de alguna agencia misionera, planifican juntos su misión enfocando en un grupo no alcanzado (adoptado por las iglesias). Definen su estrategia y que proyecto realizar. Con la ayuda de los mismos candidatos, las iglesias auspiciantes organizan su ministerio misionero e involucran la congregación en el proyecto con intercesión y sus promesas de fe. Luego, son enviados por las iglesias auspiciantes y pueden ser recibidos por iglesias cercanas a su campo de misión que también asumen un protagonismo como socios en el proyecto.

Lógicamente, este modelo necesitaría contar con personas que estén completamente comprometidos con el proyecto. Necesita un buen líder/administrado y cuenta con socios—una agencia misionera, programas de capacitación y tal vez iglesias receptoras en el campo. Pero se ha comprobado que este modelo es efectivo para preparar a personas con llamado misionero, y las iglesias para enviarlos y sostenerlos.

7. ¿Qué piensa del modelo propuesto? ¿Podría funcionar en su localidad?

Los cristianos con visión misionera no pueden desarrollar este llamado aisladamente. Nos necesitamos los unos a los otros para apoyarnos y llevar adelante el ministerio misionero dentro de la iglesia. La iglesia es la que sostiene al movimiento misionero y su visión y su apoyo son indispensables para el éxito de éste. Pero la iglesia local no puede hacer todo. Necesita de agencias especializadas para canalizar recursos y administrar esfuerzos. Los modelos misioneros tradicionales tendrán que ser adaptados y nuevos patrones creados para implementar las misiones del mundo de los Dos Tercios.

El trabajo no termina con la formación y el envío de los misioneros. Cada congregación o agrupación de cristianos representa solamente una parte del cuerpo universal de Cristo. La interdependencia de este cuerpo existe a nivel mundial. Cada parte del cuerpo hace su aporte particular, pero para poder aprovechar al máximo el potencial de cada una de ellas, el cuerpo tiene que funcionar de una manera coordinada. En términos prácticos, esto significa esforzarnos en participar activamente en cooperación internacional e interdenominacional para lograr los objetivos específicos de la evangelización mundial. Esto cobra aún mayor sentido cuando uno considera la falta de recursos para capacitar y enviar misioneros en particular, de los países de envío nuevos. Hay que buscar también nuevos modelos para preparar y enviar personas calificadas para los lugares más inhóspitos para el Evangelio.

La iglesia local y las misiones

Tarea Integral

Planifique por escrito una Conferencia Misionera Anual para su iglesia. Hágalo con todos los detalles: fechas, metas, orador, coro lema, programa, etc.

Preguntas para la reflexión

La iglesia local debería ser el semillero de las misiones mundiales. Pero existe tensiones entre la agenda típica de la iglesia local y la obra misionera. Frente a estas tensiones, las estructuras de envío se han levantado para llamar, preparar, enviar y supervisar en el campo a misioneros que de hecho, provienen de iglesias locales. ¿Cómo interpreta está tensión en su iglesia? ¿Se siente? ¿Es saludable? ¿Qué puede hacer para mejorar el ambiente misionero en su iglesia y promover un espíritu de colaboración?

Aquí concluimos el primer tomo de *Misión Mundial*, El pueblo de Dios en su Plan Global. Esperamos que haya sido de bendición y que se cumpla la tarea de movilización hasta lo último de la tierra. (Hechos 1:8)

Para consultas y mayores informes, por favor póngase en contacto con nosotros: Info@goglobalnet.org o visite nuestra pagina www.gogloblanet.org.

Made in the USA
Lexington, KY
08 October 2017